Heidegger contre Hegel

Les irréconciliables

Ouverture philosophique
Collection dirigée par Aline Caillet, Dominique Chateau et Bruno Péquignot

Une collection d'ouvrages qui se propose d'accueillir des travaux originaux sans exclusive d'écoles ou de thématiques.

Il s'agit de favoriser la confrontation de recherches et des réflexions qu'elles soient le fait de philosophes "professionnels" ou non. On n'y confondra donc pas la philosophie avec une discipline académique ; elle est réputée être le fait de tous ceux qu'habite la passion de penser, qu'ils soient professeurs de philosophie, spécialistes des sciences humaines, sociales ou naturelles, ou... polisseurs de verres de lunettes astronomiques.

Dernières parutions

NISHIDA Kitarô, *Essais de philosophie, III : La Science expérimentale, Explications schématiques*, traduction de Michel Dalissier et Ibaragi Daisuké, 2010.
Max VIDOT, *L'humanisme éthique en action : humanistique et réalité*, 2010.
Thierry HOULLE, *L'eau et la pensée grecque. Du mythe à la philosophie*, 2010.
Ulrich STEINVORTH, *Petite métaphysique du pourquoi*, 2010.
Paul SERENI, *Chose publique et bien commun chez Marx (Tome I)*, 2010.
Paul SERENI, *Marx, l'association et la liberté* (*Tome* 2), 2010.
Philippe MENGUE, *Proust-Joyce, Deleuze-Lacan : lectures croisées*, 2010.
Philippe MERLIER, *Autour de Jan Patočka*, 2010.
Bouchta FARQZAID, *L'image chez Roland Barthes*, 2010.

Ahmed MAROUANI, *Platon et l'homme dans les derniers dialogues*, 2010.
Béatrice ALLOUCHE-POURCEL, *Kant et la* Schwärmerei, 2010.
Mélissa THÉRIAULT, *Arthur Danto ou l'art en boîte*, 2010.
Agnès BESSON, *Lou Andreas-Salomé, Catherine Pozzi. Deux femmes au miroir de la modernité*, 2010.
Philippe DEVIENNE, *Penser l'animal autrement*, 2010.

Susanna Lindberg

Heidegger contre Hegel

Les irréconciliables

Illustration de couverture © Mika ELO

5-7, rue de l'Ecole polytechnique ; 75005 Paris

http://www.librairieharmattan.com
diffusion.harmattan@wanadoo.fr
harmattan1@wanadoo.fr

ISBN : 978-2-296-11840-9
EAN : 9782296118409

à Fabien

PRÉAMBULE

Hegel et Heidegger sont irréconciliables : voilà ce qu'une histoire déjà longue de commentaires a fini par démontrer. Tels des frères ennemis mortels, ils sont rapprochés par un air de famille et pourtant opposés par la conduite de leurs pensées respectives. Cependant, quelque chose se passe manifestement entre eux, car leur entre-deux conflictuel et insaisissable n'a pas cessé de susciter, outre des commentaires, également des pensées allant déjà ailleurs mais partant essentiellement des incitations hétérogènes provenant et de Hegel et de Heidegger. Pour ne nommer que des absents, je pense notamment, en Allemagne, aux phénoménologues du monde comme Arendt, Fink, Gadamer ou Jonas, ainsi qu'à toute l'école de Francfort et, en France, à Bataille, Blanchot, Lacan, Lévinas, Derrida...

Que se passe-t-il donc entre Hegel et Heidegger ? Ayant étudié ailleurs leurs interprétations respectives des thèmes fondamentaux de l'être, de l'existence, du temps et du *logos*, je pense pouvoir affirmer que leur entre-deux ne s'ouvre pas entre deux thèses incompatibles mais entre deux philosophes irréconciliables. Envisagé comme thèse ontologique ou épistémique, leur entre-deux reste définitivement inidentifiable. Des distinctions claires sont possibles uniquement si on l'examine comme événement d'un dialogue singulier, dont l'objectif déclaré se réduit à la différentiation active des philosophes, mais qui projette aussi comme son horizon la possibilité d'une théorie inattendue de l'historialité.

Ce livre a pour but d'examiner le dialogue entre Hegel et Heidegger *en tant que dialogue*, afin d'exposer la production et la structure de leur entre-deux. Au lieu d'examiner, historiquement, une généalogie hégélienne de Heidegger ou une postérité heideggérienne de Hegel, je voudrais montrer, m'inspirant des approches phénoménologiques et déconstructrices, comment ces penseurs se *présentent* l'un à l'autre, l'un contre l'autre, l'un avec l'autre, et comment ils parviennent à une véritable *explication*. Je pars ainsi d'un fait évident dont la signification est pourtant obscure : l'affinité et le conflit qui règnent entre Hegel et Heidegger.

Leur affinité, *philia*, se fait en tout cas aisément sentir[1]. Leurs problématiques sont sans doute au moins parallèles. Leurs premières grandes œuvres – *Phénoménologie de l'esprit* et *Être et temps* – préparent une question du *logos* de l'être depuis l'examen de l'expérience humaine. Leurs œuvres de maturité – la *Logique* et la pensée de l'*Ereignis* – dépassent le point de vue humain pour penser la façon dont l'être se montre / se donne depuis lui-même. Les deux font de l'histoire le milieu de la pensée et de la langue, sa concrétude. Mais derrière ces problématiques communes, leur affinité se fait inquiétante dans l'accord secret de leurs *pathé*.

L'affinité entre Hegel et Heidegger est d'autant plus insaisissable qu'elle est fortement contredite par l'intensité de leur discorde : un *pólemos* conteste la *philia*. Pour Heidegger, Hegel, incarnant l'achèvement de la métaphysique, est l'opposant par excellence ; Hegel, en revanche, aurait probablement pris Heidegger juste pour un autre *Schwärmer*. Heidegger dit bien que lui-même et Hegel partagent la « même chose de la pensée » dans la mesure seulement où leur désaccord la concernant est absolu[2]. Le cœur du désaccord est l'essence

1 *Cf.* p. ex. H.-G. Gadamer, « Hegel und Heidegger », dans *Gesammelte Werke 3*, p. 98.

2 « Lettre sur l'humanisme » : « Les penseurs essentiels disent constamment le même. Ce qui ne veut pas dire : l'identique. [...] Se réfugier dans l'identique n'est pas dangereux. Mais se risquer dans la dissension pour dire le même, voilà le danger. L'ambiguïté menace et la pure discorde. » (WM, p. 359 / Q III-IV, p. 126.) Dans « La constitution onto-théo-logique de la métaphysique », Heidegger caractérise son dialogue avec Hegel de la même manière : pour Hegel et Heidegger, la chose de la pensée est

même de la pensée car, au fond, la dialectique spéculative et la pensée de l'être ne se reconnaissent pas l'une l'autre comme étant *vraiment* une pensée à la mesure de la Chose. Aucune commune mesure ne peut combler cet abîme, et c'est pourquoi, au lieu de se laisser *présenter* l'un à l'autre, Hegel et Heidegger s'excluent du champ de la pensée. L'entre-deux de Hegel et de Heidegger est extrêmement négatif. Si cette négativité était celle de l'être (le Rien) ou celle du sujet (la Mort), nous saurions l'aborder — grâce à eux. Mais la négativité de leur entre-deux est plus obscure encore, moins saisissable : la désintégration de l'autorité capable de soutenir un discours et, par là, du discours lui-même.

Pour examiner la possibilité d'un discours *à la fois* hégélien et heideggérien – d'un discours que Hegel et Heidegger jugeraient donc intenable et insoutenable – j'étudierai dans ce livre leur affinité et leur conflit comme tels. Leur *philia* et leur *pólemos* sont manifestes : mais en quoi consistent-ils au juste ? Comment analyser l'*écart*, l'*entre-deux* des deux pensées définitivement incompatibles ? Comment décrire la haine et l'amour qui relient les deux pensées *et* les excluent à tour de rôle du domaine de la pensée ? Quel statut donner aux passions des philosophes : est-ce que Hegel et Heidegger eux-mêmes accorderaient le droit de participer au chemin vers la vérité aux passions autres que « l'amour de la vérité » ? Tout d'abord, quel est le statut de la profonde ambiguïté de Heidegger par rapport à Hegel ? Comment se fait-il que Hegel incarne pour lui *à la fois* le pire recouvrement de la pensée et une grandeur incomprise qui nous reste à penser[1] ? Comment peut-il lui être à la fois « le plus proche » et « le plus éloigné », l'indice du « danger » et de ce qui « sauve » ? Sans doute cette ambivalence trahit-elle le combat mimétique (*agôn*) que Heidegger mène avec Hegel[2], et contribue-t-elle

---

la même, l'être. Heidegger veut parler avec Hegel de la même chose de la même manière. « Toutefois, le même n'est pas l'égal (das Selbe ist nicht das Gleiche). Dans l'égal, toute différence s'abolit, alors que, dans le même, les différences apparaissent. Elles apparaissent et s'imposent d'autant plus qu'une pensée est réclamée plus résolument par la même chose de la même façon. » (ID, p. 35 / Q I-II, p. 280.)

1 *Cf.* p. ex. « L'époque des conceptions de monde », HW, p. 99.

2 Philippe Lacoue-Labarthe a montré le rôle du combat mimétique dans

aux contradictions de son interprétation de Hegel. Mais l'agonistique heideggérienne dépasse toute considération psychologique, dès lors qu'elle s'engage sciemment dans le conflit d'explication (*Auseinandersetzung*) au nom de la chose même. Mais qui décide de la chose ?

Pour rendre visible le conflit comme tel, il ne suffit pas de comparer différentes thèses hégéliennes et heideggé riennes (p. ex. sur la négativité, le temps, la vérité, etc.), car en établissant une distribution, la comparaison cache le conflit[1]. C'est pourquoi la comparaison risque de transformer les pensées en simples opinions qu'un « tiers » pourrait juger depuis un point de vue plus général. La troisième thèse qui fonde les thèses concurrentes peut naître alors comme leur *Aufhebung*, mais par là elle supprime déjà le conflit pour

la constitution d'une théorie philosophique : sur le combat mimétique en général *cf.* « L'écho du sujet », p. 262, et sur le combat mimétique entre Hegel et Heidegger, *cf.* « L'oblitération » ; ces deux articles sont publiés dans *Le Sujet de la philosophie*.

1 Parmi les plus belles comparaisons on peut retenir le travail fondamental de Jan van der Meulen, *Heidegger und Hegel, oder Widersteit und Widerspruch*, ainsi que deux articles de Jacques Taminiaux : « Le dépassement heideggérien de l'esthétique et l'héritage de Hegel » (*in Recoupements*) et « Finitude et absolu : remarques sur Hegel et Heidegger, interprètes de Kant » (*in Le Regard et l'excédent*). Le dialogue lui-même est magistralement mis en avant par Dominique Janicaud dans « Heidegger – Hegel : un dialogue impossible ? » qui montre comment la forme même du dialogue contribue à déterminer le contenu. Le même geste se trouve dans le livre passionnant de Bernard Mabille *Hegel, Heidegger et la métaphysique. Recherches pour une constitution* et dans le livre de Karin de Boer, *Thinking in the Light of Time. Heidegger's Encounter with Hegel*. Dans « Dialectique et différence » (*in Le Regard et l'excédent*) et dans le chapitre « D'une ontologie fondamentale à l'autre : la double lecture de Hegel » de son livre *Lectures de l'ontologie fondamentale*, J. Taminiaux explique très pertinemment la spécificité du dialogue Hegel — Heidegger en rappelant pourquoi aucune comparaison ordinaire ne saurait expliquer la violence et l'ambiguïté du geste de lecture de Heidegger. De même, Philippe Lacoue-Labarthe montre dans « L'oblitération » (*in Le Sujet de la philosophie*) qu'il n'est pas possible de saisir le débat heideggérien avec Hegel de manière neutre et thématique mais qu'il faut examiner son dispositif de lecture consistant en alliances et inimitiés stratégiques.

aller ailleurs[1]. Bien entendu, à la fin, quelque pas au-delà sera vital. Dans ce livre, je veux cependant m'en tenir au conflit lui-même, et pour le rendre visible, je dois examiner Hegel et Heidegger comme *sujets d'un conflit*, et non pas comme *objets d'une comparaison*[2]. Je ne présenterai pas de nouvelle thèse sur l'être : en revanche, ma question portera sur le *désaccord des penseurs comme condition même de la pensée*.

Pour saisir le conflit des penseurs, il ne suffit pas non plus d'envisager le rapport Hegel-Heidegger comme une simple relation historique. Hegel n'est pas l'*objet* des études historiques de Heidegger (dans ce cas, le dernier aurait toujours raison[3]) mais son interlocuteur dans un débat historial sur l'historialité. Pour entrer dans un « conflit des sujets », Hegel doit lui parler[4] ; peut-être pourra-t-il même lui répondre, lorsque nous autres tenterons de penser « dans l'esprit de Hegel ». Dans un conflit des penseurs, des penseurs *non-contemporains* peuvent s'affronter en vertu même de leur *simultanéité* paradoxale[5].

J'ai montré ailleurs pourquoi il est essentiellement impossible de comparer les « propositions » hégéliennes et

1 C'est la solution du livre de B. Mabille (*op. cit.*), ainsi que de l'article d'Emmerich Coreth, « Das fundamentalontologische Problem bei Heidegger et Hegel » (p. 23).

2 GA 28, p. 2-3.

3 Comme le montre très bien Denise Souche-Dagues dans « The Dialogue between Heidegger and Hegel » (dans *Martin Heidegger. Critical Assessments*, vol. II), la lecture heideggérienne de Hegel contient trop de fautes pour relever d'un bon travail d'historien de la philosophie. Parfois, cependant, la critique heideggérienne de Hegel est acceptée telle quelle, parce qu'elle fait partie de la pensée heideggérienne elle-même, par exemple dans l'article de Mafalda da Faria Blanc, « De l'idée à l'Ereignis : la lecture heideggérienne de l'ontologie de Hegel ».

4 GA 15, p. 286.

5 Hegel dit : « En philosophie, il n'y a ni devanciers ni successeurs » (Hegel, *Differenz des Fichteschen und Schellingschen Systems der Philosophie*, p. 17 / 106). Comme le dit Heidegger, cela signifie « non pas que tout philosophe est indifférent à tout autre, mais au contraire que tout philosophe véritable est le *contemporain* de tout autre, précisément parce qu'il est lui-même, au plus intime, la parole de son temps » (GA 32, p. 45 / 69).

les « paroles » heideggériennes (*Satz* / *Sage*, etc.), comme s'il s'agissait de thèses nettement définies. Hegel et Heidegger ne *s'entendent* ni sur les questions ni sur les mots ni sur la bonne conduite de la pensée. Généralement, les questions que l'un de nos protagonistes *adresse* à l'autre ne *disent* rien à son destinataire. Hegel et Heidegger ne partagent pas les mêmes problèmes ni ne parlent la même « langue » : leurs concepts sont rarement les mêmes et les quelques mots qui circulent entre eux créent le plus souvent des échos incontrôlables. Leur opposition est rarement directe, ou quand elle en a l'air, l'attaque de l'un est généralement fondée sur des illusions concernant la pensée de l'autre. Voici pourquoi l'étude de leur conflit (qui ne veut pas établir de métalangage supposément neutre) doit écouter chacun des deux selon son propre ton. Penser dans l'entre-deux requiert de s'exposer à deux monologues alternants, comme si on écoutait chacun avec une oreille différente et devenait ainsi une sorte de chambre d'échos où leurs (dés)accords peuvent être perçus. Les deux monologues s'entrecroisent et reflètent la façon dont Hegel et Heidegger, malgré leurs splendides isolements, *se provoquent* l'un l'autre et en viennent à dire des choses qui seraient peut-être restées inaudibles sans cette provocation.

Ma propre position entre Hegel et Heidegger n'est pas tout à fait confortable. Comment aborder la Chose, supposément partagée par eux, si elle les partage aussitôt et se partage elle-même incessamment ? Comment lire les philosophes de manière impartiale si leur compréhension exige également une certaine partialité en faveur de l'un, puis de l'autre ? Comment être fidèle aux deux si, selon eux, la fidélité à l'un exclut catégoriquement toute fidélité à l'autre ? Dans la mesure où je me suis exposée à une double dépossession, des penseurs comme Hegel et Heidegger pourraient caractériser mon entreprise comme une folie[1] ; je leur accorde qu'il est éprouvant d'apprendre à aimer équitablement deux « pères »

1 De semblables « folies » ont été examinées, entre autres, par Jacques Derrida (*Glas*) et Luce Irigaray (p. ex. *L'oubli de l'air*), qui dé/montrent les effets d'une dé/possession philosophique via une présentation spécifique. Mon livre, quant à lui, est issu d'une thèse, où ce type de démonstration est exclu.

aussi hostiles l'un à l'autre. Mais il n'est pas question ici d'« aimer » les grands penseurs. L'enjeu a plutôt été d'apprendre à les distinguer à même leur accord, à les entendre à même leur désaccord, à les reconnaître à même leur conflit : à écouter avec deux oreilles à la fois. L'entre-deux de Hegel et de Heidegger ne se montre pas comme tel et, pourtant, se donne à entendre dans leur dialogue : moins dans les thèses de ce dialogue que dans sa conduite, moins dans ses positions que dans les postures qu'il donne aux dialoguants. Il faut des oreilles souples, comme celles des traducteurs, pour entendre leur dialogue *en tant que dialogue*, et pour pouvoir demander comment il se fait que, malgré le manque de communication entre Hegel et Heidegger, un dialogue formidable *ait lieu* entre eux. Un tel dialogue peut-il être, plus qu'une coïncidence historique, dicté par ce qu'ils appellent la chose même de la pensée – ou révèle-t-il au contraire quelque autre « Chose » ?

Dans ce livre, j'étudie le dialogue lui-même. Je montre les enjeux philosophiques des caractérisations didactiques de Hegel concernant ses dialogues avec les philosophes précédents, et j'examine ce que dit Heidegger de son dialogue avec Hegel, afin de faire venir au jour les présupposés proprement philosophiques de leur dialogue – il s'agira d'un certain nombre de déplacements dans les notions de reconnaissance et d'être-avec, de communauté, d'histoire et de temps. Je n'ai pas étudié seulement ce qui est *dit* du dialogue mais aussi ce qui est *fait* en son nom, montrant comment des éclats de violence inavouable accompagnent la violence légitimée par la théorie du dialogue philosophique. Hegel et Heidegger ne sont certainement pas « des tendres », mais la violence qui règne dans leur explication a des conséquences philosophiques notables. Parce que Heidegger a l'art de dialoguer avec ses pairs, au lieu de simplement les commenter, son explication avec Hegel fait également entendre l'explication que Hegel aurait pu mener, en retour, avec Heidegger. Dès lors, l'explication entre Hegel et Heidegger n'obéit plus à la logique classique du parricide. Elle devient un duel à partir du moment où les coups les plus tranchants ne mutilent plus la pensée de l'autre mais permettent, au penseur touché, de découvrir en lui-même davantage d'adresse, et provoquent en retour, chez l'adversaire, des réponses que celui-ci ne se connaissait pas posséder[1]. Entre Hegel et Heidegger on suit une explication violente entre deux penseurs inégalables, une confrontation crue et sans médiation, dans laquelle tout est polémique, et la polémique des penseurs fait surgir des formes presque inavouables de négativité, telles que la peur, la haine, la fausseté et l'injustice[2]. Observant ces tours, autant de force que de l'esprit, j'ai cherché à comprendre la négativité de la chose de la pensée en examinant celle du conflit des penseurs.

Dans l'explication des pensées depuis l'explication des penseurs, chacun se trouve inévitablement hanté par l'autre, et le débat produit irrésistiblement un Hegel assez heideggérien et un Heidegger quelque peu hégélien. Cette contamination des pensées ne doit pas aboutir à leur confusion mais montrer, au contraire, à quel point et selon quelles procédures de défense chacun des penseurs se justifie devant les malentendus ou les accusations injustes de l'autre. Certes, ils se rapprochent, car l'explication implique également une aptitude à entendre la question de l'autre. Mais cette entente reste souvent dans le domaine de l'insu ou de l'impensé : voici pourquoi j'ai confronté Hegel à la question heideggérienne du sens de l'être (je l'explique dans un autre livre), et Heidegger, à la question hégélienne de la reconnaissance (c'est l'objet de la deuxième partie de ce livre), chacune de ces questions contribuant également à l'éclaircissement de ce qu'est l'explication en elle-même.

Le but de ce contre-interrogatoire n'est donc pas de découvrir un fondement commun des deux penseurs mais de saisir le caractère spécifique de leur proximité. Pour être exacte, selon Hegel et selon Heidegger, les penseurs ne sont pas « proches » mais « *parents* » (*verwandt* : ils ont des affinités) ; il nous incombe de comprendre l'essence spécifique de cette parenté absolument non-naturelle. Les penseurs ne

---

1 Ce qui ne saurait étonner dès lors que, selon Heidegger, nous comprenons l'autre philosophe mieux qu'il ne se comprenait lui-même : la philosophie est là pour être dépassée (GA 29/30, p. 232).

2 Le danger, aussi, appartient à l'explication philosophique (GA 29/30, p. 29).

sont pas « *éloignés* » mais « *distincts* ». Ils ne se « *montrent* » pas l'un à l'autre mais peuvent « *s'entendre* ». C'est pourquoi ils ne revendiquent pas la connaissance de leurs vérités respectives, qu'il s'agisse de la justesse ou de l'*alèthéia*, mais une certaine « justice ». Dans cette justice, il ne s'agit plus de la juste appréciation de leurs théories mais d'un certain « respect », au sein duquel l'un accepte d'entendre l'autre depuis lui-même, à même leur différend.

Toutes ces précautions méthodiques découlent d'un principe que je peux avancer sous la forme d'une proposition : l'explication des penseurs n'est pas un accident psychologique mais une composante essentielle de la philosophie comme telle. Du moins, en est-il ainsi pour Hegel et pour Heidegger. Dans ce livre, je chercherai uniquement à éclaircir leur explication en partant de leurs conceptions respectives de l'explication. Est-il besoin de le préciser : mon propos n'est donc pas de m'ériger en « sujet supposé savoir » – comme le font Hegel et Heidegger – car je veux au contraire exposer quelques limites de la méthode autoritaire dans la philosophie. Si la philosophie doit être dialogique (je le crois) et si elle doit préférer le désaccord et le conflit à l'accord seulement superficiel (je le crois aussi), alors elle doit apprendre à penser en conflit et accepter le conflit lui-même comme partie intégrante de sa vérité. Comme j'espère le montrer, un conflit n'est nullement une confusion : il vient au jour au contraire seulement en éclaircissant les confusions.

Première partie

L'AMITIÉ ET L'INIMITIÉ

DANS

L'HISTOIRE DE LA PHILOSOPHIE

I

SUR LES DEUX SENS DE LA *PHILIA* EN PHILOSOPHIE

Mon propos est d'éclaircir l'événement de l'explication entre Hegel et Heidegger à la lumière de leurs conceptions respectives de l'explication de l'histoire de la philosophie. Pour eux, l'explication des penseurs est l'événement où le rapport d'un penseur à la vérité et son rapport à un autre penseur se croisent. Le rapport d'un penseur à la vérité étant la condition transcendantale de sa pensée et son rapport à un autre penseur étant sa condition existentiale, il arrive le plus souvent que l'on confonde ces deux conditions de la pensée. Nous verrons que Heidegger lui-même est en proie à cette confusion.

Avant de me pencher sur le cas complexe de Hegel et Heidegger, j'aimerais préalablement *situer* le problème de l'explication. Pour cela, point n'est besoin d'une *situation historiale* (*Erörterung*) approfondie : pour commencer, il suffit de simplement raconter l'histoire d'un célèbre mot initial de la philosophie – la *philia*. La double traduction du mot *philia* par « amour » et « amitié » trahit son ambiguïté initiale. L'essence de la philosophie est la *philia* parce que, d'une part, le philosophe aime la vérité et est aimé par elle au point de devoir « aimer la vérité plus que ses amis », comme le disait Aristote. D'autre part, le philosophe a besoin d'amis (maîtres, élèves, interlocuteurs, autres philosophes en général) car, comme Platon ne cesse de l'enseigner, la philosophie n'existe que dans la communauté des hommes libres qu'est la *polis*[1].

Depuis le début (depuis la Grèce), les deux aspects de la *philia* semblent s'exclure. Chaque philosophe prétendant seul à la vérité, les autres philosophes deviennent ses rivaux auprès d'elle, travestie en « Dame Vérité »[2]. Si l'amour compte plus que l'amitié, un philosophe ne peut être l'ami d'un autre — à supposer que les amis parfaits soient, comme le laisse croire un moment Aristote, vertueux *et* distincts l'un de l'autre de sorte que chacun est bon *par lui-même* et exprime son caractère *propre* dans ses actions[3]. Au fond, ces amis parfaits seraient capables d'avoir chacun son propre amour de la vérité, voire, chacun sa vérité. Mais l'expression « à chacun sa vérité » est impossible en philosophie. Pour Aristote, une pareille amitié serait impensable car, que les amis parfaits soient « semblables en vertu » ne signifie pas que chacun ait sa propre vertu unique mais que « les actions des gens de bien sont identiques ou semblables à celles des autres gens de bien »[4]. Vouloir différentes vertus serait aussi désastreux que vouloir différentes vérités — ce serait rabaisser la vérité au niveau d'une opinion et donner champ libre aux sophistes. La rivalité du philosophe avec les autres philosophes n'est ni vaniteuse ni avare (au contraire, il adore partager sa vérité) mais une lutte désespérée pour sa propre existence comme philosophe : il sait que la possibilité d'aimer autrement la vérité conduirait à aimer une autre vérité, dont la reconnaissance transformerait son propre amour de la vérité en simple illusion.

---

1 Comme le disent Gilles Deleuze et Félix Guattari dans *Qu'est-ce que la philosophie ?*, contrairement au Sage, porte-parole solitaire de son message, le Philosophe ne peut vivre que dans la communauté : la communauté permet de prétendre à la vérité et non seulement au mythe (*op. cit.*, p. 8-9).

2 C'est la « vérité devenue femme » de *Par-delà le bien et le mal* de Nietzsche (*Œuvres philosophiques complètes* VII, p. 17)

3 « Les amis parfaits [...] se souhaitent pareillement du bien les uns aux autres en tant qu'ils sont bons » ; « les hommes bons sont à la fois agréables absolument et agréables les uns pour les autres, puisque chacun fait résider son plaisir dans les actions qui expriment son caractère propre ». Aristote, *Éthique à Nicomaque*, 1156 b 5-10, 15-20.

4 *Ibid.*

Dans ce conflit entre l'amour et l'amitié, Platon et Aristote ont essayé de sauver la possibilité de la philosophie en définissant la vérité de sorte que chaque philosophe *véritable* puisse l'atteindre. La vérité selon Platon ne pouvait pas ne pas être reconnue par un véritable philosophe, et celui qui, une fois qu'elle était découverte, ne la reconnaissait pas, n'était que sophiste. Aristote supprimait la différence entre les amis parfaits en disant qu'ils aiment la même chose et, ainsi, l'amour parfait (de la vérité) réunit les amis parfaits (les philosophes). Que la vérité puisse être partagée ne signifie pas que chacun ait sa vérité en propre mais qu'elle est commune : les philosophes partagent sa possession, et deviennent ainsi une communauté philosophique. Dès lors, la communauté des amis selon Platon et Aristote se transforme en école des philosophes. Cette école consiste en un maître (Socrate qui aima la vérité plus qu'aucune autre chose) et en un groupe d'élèves qui aimèrent leur maître plus qu'aucune autre chose (Socrate ne les prit-il pas bien plus souvent pour amant que pour ami ?) Inversement, l'invention de l'école des philosophes signifie en même temps l'invention de la rupture philosophique — car celui qui aime la vérité (autre) d'une manière autre ne pouvait finalement que quitter l'école ou en être exclu. Ici commence donc également la longue histoire des penseurs solitaires — penseurs dont la solitude ne tient pas à une autonomie pure mais à une rupture avec leur communauté d'origine (songeons à Aristote s'éloignant de Platon, à Descartes oubliant activement les pères scolastiques, à Hegel écrivant *Differenzschrift* sur Fichte et Schelling, à Heidegger dédiant *Être et temps* à Husserl…) Dans ces cas, il n'a jamais été question de l'« amitié parfaite » mais simplement de rapports maître-élève, où le philosophe se comporte comme le Fils de la Dame Vérité qui doit renier son Père afin de pouvoir devenir indépendant — et lui-même Père. Dans ce schéma, le philosophe est seul, car l'ingratitude vis-à-vis des pères et des maîtres, à vrai dire le parricide, est la condition de possibilité de sa propre indépendance.

La constellation platonico-aristotélicienne a une longue histoire : Deleuze et Guattari conçoivent encore l'ami du philosophe avant tout comme son rival auprès de la vérité. Fait plus significatif pour nous, Heidegger la répète, entre autres dans « Hölderlin et l'essence de la poésie », lorsqu'il pose le monologue du « Un et Même » à l'origine du dialogue où « nous pouvons nous entendre les uns les autres »[1] : seuls ceux qui sont capables d'entendre le monologue de la vérité appartiennent à ce « nous » et peuvent dialoguer les uns avec les autres. Le dialogue entre humains est possible grâce à « un propos de la pensée » un et même, et non l'inverse. Décidément, le philosophe aime le dialogue — mais le dialogue n'est que le monologue de la vérité.

Ceci est donc l'aporie de la *philia* philosophique : le philosophe *doit* avoir des amis, parce que la philosophie n'a d'autre lieu que la *polis*. Seul peut philosopher celui qui est capable d'amitié. En même temps, le philosophe *ne peut pas* avoir d'amis, parce que la philosophie de son ami met en péril sa propre philosophie et son être de philosophe. Pour qu'il y ait philosophie, l'amitié philosophique est en même temps nécessaire et impossible.

L'aporie de l'amitié philosophique ne signifie pourtant pas que l'amitié philosophique — et la philosophie — n'existent pas. Au contraire, là où l'entendement ne trouve qu'une aporie, s'ouvre la possibilité d'une analyse existentiale de l'amitié. L'entendement se perd dans l'aporie de l'amitié philosophique parce qu'il entend la *philia* uniquement au sens de l'amour de la vérité, et c'est alors que la question de la *philia* revient à celle des conditions transcendantales du « propos de la pensée ». En revanche, lorsqu'on entend la *philia* au sens de l'amitié, la question de la *philia* revient à demander « qu'est-ce que l'ami ? », « qui est l'ami ? », « où sont les amis ? », « quel est l'altérité de l'autre et quel est mon rapport à cet autre ? ». En ce sens, on ne doute pas de l'existence des amis. Il se peut que les amis ne soient pas là, qu'ils soient toujours à venir[2], mais ces jeux de présence et

1 EHD, p. 38-41 / 48-51.

2 Comme dans *Politiques de l'amitié*, où Jacques Derrida trace depuis Aristote l'histoire de la phrase « O mes amis, il n'y a nul amy ». Comme l'ont montré J.-F. Courtine dans « La voix de l'ami » et Derrida dans la dernière partie de son livre, « L'oreille de Heidegger. Philopolémologie (Geschlecht IV) », il y a lieu de s'interroger sur la possibilité de l'« ami » chez Heidegger, dès lors qu'une des seules phrases d'*Être et temps* où il soit question de l'amitié (« en tant qu'entente de la voix de l'ami que

d'absence des amis ne seraient pensables si l'ami ne pouvait exister. Il y a des amis, la philosophie est aussi de l'amitié, et l'ami, ou au moins sa possibilité, m'apparaît déjà « avant » la question de l'amour de la vérité, car la possibilité de l'ami appartient à ma constitution existentiale. L'ami ne contribue à ma transcendance que dans la mesure où il appartient à ma structure existentiale. Ainsi, l'amitié est une autre passion et une autre *philia* que l'amour de la vérité : non pas la condition de possibilité transcendantale de la philosophie mais sa condition existentiale — ou bien, elle est l'existential du philosophe comme transcendantal de la philosophie.

Pour finir cette petite histoire de la *philia*, j'aimerais encore renvoyer à « L'amitié »[1] de Maurice Blanchot qui a, à mon sens, le mieux saisi la *philia* comme condition *existentiale* du penseur (ou de celui qui écrit). Pensant à Bataille mais faisant écho tantôt à Hegel, tantôt à Heidegger, il nous rappelle que dans l'amitié, il n'est pas question de transparence théorique réciproque entre amis ni de leur interchangeabilité éthique. Comme le dit Heidegger dans le § 26 d'*Être et temps*, dans l'amitié, on ne cherche pas à connaître l'autre, au sens où on voudrait savoir ce qu'il est, ni à faire ce qu'il a à faire, au sens où on essaierait de prendre sur soi son souci et sa responsabilité. Il est aussi peu possible de se mettre à la place de l'ami que d'exister à sa place. Blanchot va plus loin encore lorsqu'il demande, outre l'amitié, la reconnaissance de l'ami comme ce qu'il est et ce qu'il a à être *à même son étrangeté*. L'étrangeté de l'ami n'est pas donnée mais produite dans l'« entretien infini » avec lui, par lequel son apparente familiarité se change peu à peu en étrangeté, jusqu'à finir par accompagner l'ami dans la totale étrangeté et séparation qu'est la mort. Dans son étrangeté, l'ami n'est donc pas hors de notre portée : il est proche, présent dans sa parole. Mais plus il s'approche de nous, plus nous reconnaissons son étrangeté — et plus il s'éloigne de nous-mêmes, jusqu'au point où nous n'identifions plus celui qui parle dans cette parole pourtant si familière.

La morale de cette petite histoire de la *philia* est la

---

tout *Dasein* porte avec soi ») provient (de la mort) du *Dasein* propre.

1 Maurice Blanchot, « L'amitié », *in L'Amitié*.

suivante : il est fort difficile de faire coïncider le besoin transcendantal et le besoin existential de la *philia*. Ou bien l'amour de la vérité l'emporte, et l'amitié n'a plus sa chance ; ou bien l'amitié règne, mais nous ne savons plus si ce qui réunit les amis est la vérité, ou si chacun a effectivement la sienne, inaccessible même à son ami le plus proche.

Ainsi, l'amitié constitue la philosophie depuis Platon au moins. Mais afin d'expliquer le dialogue entre Hegel et Heidegger, la référence platonicienne ne suffit pas – car le dialogue platonicien, recelant l'aporie de la *philia*, est un problème plutôt qu'une solution. Il s'agira désormais de voir comment Hegel et Heidegger ont chacun vu son aporie, et comment ils se sont engagés dans la précarité et la difficulté de son entrelacs.

La relation entre Hegel et Heidegger est mieux caractérisée par le *pólemos* que par la *philia*. Au lieu d'ouvrir un terrain d'accord et d'entente, elle est un conflit, une guerre, un combat fratricide et un désaccord complet concernant l'essence de la vérité. Ce désaccord reflète leurs pensées fondamentales et la façon dont ils font accompagner la *philia* par son double sombre : la négativité du travail philosophique chez Hegel et le *pólemos* de / sur la chose philosophique chez Heidegger. L'entrée en jeu du *pólemos* coïncide avec le moment où la question du dialogue des philosophes est re-située dans le domaine de l'histoire de la philosophie. Sans doute l'histoire de la philosophie ne semble-t-elle guère être le domaine de prédilection de la *philia* — les philosophes formant l'histoire de la philosophie aiment certes la vérité mais se traitent les uns les autres d'une manière peu amicale. Plus fondamentalement, un combat des penseurs appartenant à différentes époques ne peut plus être compris à la manière antique, en tant qu'ouvrant une communauté existant dans un même temps et dans un même lieu. Dans la perspective moderne, le combat des penseurs s'étend à travers l'histoire et devient finalement l'échelle de l'histoire elle-même. Le *pólemos* vient dès lors au jour comme trait fondamental d'une autre sorte de communauté philosophique, à savoir de l'histoire de la philosophie. Si le dialogue platonicien présuppose la co-présence des dialoguants (de sorte que l'unité du temps et de l'espace rende possible l'unité du *logos* du dialogue), Hegel et Heidegger n'ont au contraire jamais pu se rencontrer : ils ne sont « contemporains » que dans la mesure où ils ne le sont absolument pas. Et nous verrons en effet que la « contemporanéité » rendant possible leur dialogue montre, paradoxalement, qu'ils appartiennent à des époques différentes, donc à des « lieux » différents et que, en fin de compte, ils parlent des langues différentes.

II

HEGEL ET L'AMOUR QUI VAINC LA MORT MÊME

Hegel traite de l'aporie de la *philia* dans sa philosophie de l'histoire, où la négativité permettant de déployer la *philia* est celle du temps : non pas du temps naturel qui dévore tout, mais du temps historique qui fait mourir et survivre à la mort.

On sait que Hegel a été le premier à examiner la philosophie dans son historialité[1]. À sa postérité, il a légué un antagonisme interne de la pensée (*innere Widerstreit*[2]) sur la nécessité pour l'idée, en soi intemporelle, de se réaliser dans la finitude du temps[3]. D'un côté, l'idée n'existe que dans ses réalisations humaines ; de l'autre, seule l'idée donne un sens aux actes des humains. Les plus grands débats de l'hégélianisme contemporain portent sur l'interprétation de ce conflit. L'idée prédétermine-t-elle les actions, les réduisant à n'être que l'extériorité provisoire de l'idée, comme

1 Pour minimiser les problèmes d'authenticité et d'ordre des notes de cours pour la philosophie hégélienne de l'histoire, je me réfère surtout à ses propres manuscrits. J'indique les citations selon la nouvelle édition de Walter Jaeschke, *Vorlesungen über die Geschichte der Philosophie. Einleitungen. Orientalische Philosophie*, et sa traduction par Gilles Marmasse, *Leçons sur l'histoire de la philosophie. Introduction, Bibliographie, Philosophie orientale.* Sigle : VGP. Parfois, j'utilise aussi l'édition Michelet, dont le sigle est le numéro des *Werke* (W 18, W 20.)

2 VGP, p. 9 / 89.

3 VGP, p. 29-30 / 43-44.

le dit Heidegger[1], et parvient-elle à se réaliser à la « fin de l'histoire », comme le pense Kojève[2] ? Ou bien l'idée est-elle au contraire sa propre création infinie ? Dans ce cas, l'idée absolue apparaît avant tout comme une idée pratique de la liberté qui exige *et* sa réalisation dans l'être-là fini *et* la destruction de tout être-là prétendant l'incarner, non pas parce que ses formations existantes seraient encore insuffisantes, mais parce que, *en tant que formes*, elles sont des limitations pour la liberté[3]. Soutenant cette dernière interprétation, je ne clos pas pour autant le débat, car je crois encore nécessaire de revoir la conception téléologique de l'histoire à la lumière de la pensée heideggérienne de l'*Ereignis*[4]. J'y reviendrai, et fais pour l'instant simplement observer ceci : du moins en ce qui concerne la nécessité, pour l'idée, de se réaliser en tant qu'une histoire de la philosophie, Hegel a peut-être *discerné* plus qu'il n'a finalement pu *comprendre* lui-même. Car tout en désignant la saisie de ce conflit comme tâche la plus fondamentale de la métaphysique, Hegel le présente surtout dans des introductions et en raccourci, hors de l'exposition conceptuelle proprement dite. Son concept

1 Cf. Bernard Mabille, *Hegel, Heidegger et la métaphysique*, p. 36 *sq.*

2 L'idée de Kojève, dans son *Introduction à la lecture de Hegel*, est également défendue par Bernard Bourgeois dans « La fin de l'Histoire Universelle », in *Hegel. Les actes de l'esprit*, p. ex. p. 152.

3 Cette idée est présupposée dans *Hegel. L'inquiétude du négatif* et dans « La surprise de l'Événement » de Jean-Luc Nancy, ainsi que dans *L'avenir de Hegel* de Catherine Malabou, pp. 220-221. Elle est présentée de manière très convaincante par Christophe Bouton dans « Hegel penseur de 'la fin de l'histoire' ? », par Franck Fischbach dans *L'être et l'acte. Enquête sur les fondements de l'ontologie moderne de l'agir*, pp. 85-86 et par Bernard Mabille, *Hegel, Heidegger et la métaphysique*, pp. 92-98, ainsi que par Stefan Matjeschak, *Die Logik des Absoluten*, pp. 291-336 et par Oscar Daniel Brauer, *Dialektik der Zeit. Untersuchungen zu Hegels Metaphysik der Weltgeschichte*, pp. 155-196.

4 Exposée prudemment par Nancy dans « La surprise de l'événement », cette nécessité est aussi formulée par Derrida dans sa réponse à Malabou « Le temps des adieux. Heidegger (lu par) Hegel (lu par) Malabou » en tant que différence entre un « avenir de Hegel » qu'on « voit venir » et un « à-dieu » dont on sait la nécessité structurelle mais dont on ne voit pas la venue. Y aurait-il un horizon autre que téléologique pour une pensée de l'historialité ?

de l'histoire de la philosophie reste plus une exigence de la pensée qu'un concept achevé.

Son inachèvement s'inscrit également dans son mode d'exposition. Au lieu de construire le *concept* de l'histoire de la philosophie, Hegel l'esquisse par des images qui donnent à cette pensée son ton singulier, modulant la tonalité ancienne de la *philia* par des harmonies plus dramatiques provenant du « royaume des ombres » où, selon Hegel, le philosophe est condamné à séjourner[1]. La *philia* y sera dite en termes de joie, d'amour et de feu sacré, et le royaume des ombres de l'histoire de la philosophie sera habité par des morts entre décomposition et résurrection. Le statut de ces images est ambigu, mais on aurait tort de n'y voir que des *topoi* rhétoriques désuets : elles ne sont certes pas encore des concepts, mais elles sont déjà des représentations accordées par le concept à venir et utilisées de manière systématique. En elles, l'imagination préfigure et rend possible la pensée, faisant signe vers le concept à venir. Les images en vue du concept de l'histoire de la philosophie ne se seront jamais changées en concepts mais seront restées le seul vocabulaire hégélien pour l'histoire de la philosophie. Ce vocabulaire nous intéresse cependant aussi parce que Heidegger aura repris ces *topoi* pour en faire des « paroles pensantes » (« le point où le poète / le penseur se tient debout », « la communauté à laquelle il faut préparer le sol », « la détresse du temps », « la confiance », etc.) – dont il attribue certes plus volontiers l'origine à Hölderlin ou à Nietzsche, mais qui sont aussi, de fait, des pas-en-arrière dans la pensée hégélienne de l'histoire de la philosophie.

Quelle que soit l'expression adéquate du rapport ultime entre l'idée et sa réalisation historique, Hegel affirme la *réalisation* de la pensée en tant qu'histoire de la philosophie. La philosophie est essentiellement historique, et « dans l'histoire de la philosophie nous avons affaire à la philosophie

1 « Le système de la logique est le royaume des ombres, le monde des essentialités simples, n'ayant rien de concret ni de sensible. C'est par l'étude de cette science, par le séjour et le travail dans ce royaume des ombres que la conscience réalise sa formation absolue. » (W 5, p. 55 / 45, *cf.* p. ex. W 20, p. 519 / 73.)

même »[1]. Qu'est-ce, donc, que l'histoire de la philosophie ? Voici sa « définition » imagée :

> « Ce que cette histoire nous présente n'est pas autre chose que la *série des nobles esprits*, la galerie des héros de la raison pensante, qui, forts de *cette raison*, ont *pénétré* dans l'essence des choses, dans l'essence de la nature et de l'esprit, dans l'essence de Dieu, et nous ont obtenu le trésor suprême, *le trésor* de la connaissance rationnelle. Ce que nous sommes historiquement, la possession qui nous appartient – nous qui sommes le monde d'aujourd'hui – n'est pas né immédiatement et ne s'est pas contenté de pousser sur le terrain du *temps présent*, mais cette possession constitue l'héritage et le *résultat* du *labeur* de toutes les générations précédentes du genre humain »[2].

Contrairement à une croyance courante, l'idée hégélienne ne se révèle pas au Sage à la Fin de l'histoire dans une contemplation directe. De manière générale, elle n'est pas une idée transcendante préexistant aux systèmes qui la saisiraient graduellement, mais elle *naît* au fur et à mesure de son histoire en tant qu'un « trésor » issu du travail des penseurs précédents. L'idée est la « source de lumière »[3] ou la « vie » animant leurs œuvres, « ce qui ne vieillit pas, ce qui vit présentement »[4]. L'idée n'est pas une forme ou un *logos* donnés dès l'origine, mais bien plutôt l'acte de pensée qui doit renaître dans chaque œuvre. Nous pouvons accéder à l'idée comme « trésor » en nous entretenant avec les « génies » qui l'ont formée. Hegel voit ces derniers comme sujets d'un travail de compréhension et d'expression. Ce sont des agents de l'esprit du monde dont aucun n'est *le* sujet de l'histoire qui incarnerait l'idée complètement ; ils ne *créent*

1 W 18, p. 38/86.
2 VGP, p. 5 / 29, 86.
3 VGP, p. 25 / 40.
4 VGP, p. 47.

pas le *monde* mais *élaborent* seulement un *trésor*.

Contrairement à une autre croyance tenace, l'histoire hégélienne n'est pas une simple *Aufhebung* de toutes les vérités défectueuses du passé dans la vérité autosuffisante du présent, mais un véritable travail et épreuve du présent. Le but de l'introduction aux *Leçons sur l'histoire de la philosophie* est de montrer comment on doit se rapporter aux œuvres des penseurs passés afin d'y découvrir ce « trésor ». Certes, nous devons examiner et critiquer des notions et des arguments passés, mais l'essentiel n'est pas là. L'essentiel est de reconnaître ce qui demeure vivant (même dans un concept pauvre d'un système archaïque) et d'abandonner ce qui est mort (même dans un récent argument sophistiqué). Hegel expose les principes d'une telle reconnaissance dans un vocabulaire de la *philia* qui détermine son actualité philosophique et dont les modulations plus sombres déterminent l'histoire de la philosophie.

La *philia* donne le ton à l'actualité philosophique. Du moins Hegel en appelle-t-il à une *philia,* au tout début de ses *Leçons,* lorsqu'il s'adresse à ses élèves sous les auspices du « feu sacré », de l'« amour » et de la « joie »[1].

Le *feu sacré*, c'est la philosophie, dont les Allemands seraient les « gardiens » de par une vocation à la fois suprême et naturelle, « tout comme la famille des Eumolpides à Athènes avait la garde des mystères d'Eleusis et les insulaires de Samothrace la charge de la conservation et du soin du culte supérieur, comme jadis l'Esprit de l'Univers s'était réservé la nation juive pour la conscience suprême ». La « chose suprême » de la philosophie, le « feu sacré » est la vérité qui se pense ici, comme au début de la *Logique*, d'après le feu héraclitéen, comme le devenir conflictuel donnant lieu au *logos.* Voici le « trésor » : la *philia* comme essence de la vérité.

L'amour est ce que peut se promettre à elle-même la

1 Je me réfère ici au « cahier de Heidelberg » de 1817 publié par Michelet, W 18, p. 11-13/13-15. Comme le manuscrit de Hegel n'a pas été conservé, Jaeschke ne reprend pas ce passage dans son édition, mais nous pouvons probablement nous fier au *ton* rendu par Michelet.

philosophie à partir du moment où elle peut à nouveau être entendue. L'amour est la force de cohésion d'une communauté qui, après une époque de « détresse » et de « combat », est capable de ressentir l'amour qui est dans son fondement. Dès lors, elle est également capable d'aimer et de désirer ce qui est le plus digne d'être aimé : la philosophie. Cette communauté de l'amour est l'Allemagne entière en puissance, mais elle ne s'actualise qu'entre ceux qui auront noué un lien spirituel entre eux – entre philosophes – et qui se reconnaissent mutuellement comme gardiens du « feu sacré ». L'amour, c'est cette *philia* qui unit les membres d'une communauté philosophique.

La *joie*, enfin, est l'affect de Hegel, heureux de pouvoir enseigner la philosophie. La joie de Hegel se traduit par son célèbre appel au « courage de la vérité et [à] la foi en la puissance de l'esprit ». Parlant en termes de courage, de foi et de confiance, Hegel demande une intégrité morale vis-à-vis de la philosophie, plutôt que l'adhésion à une doctrine. Il ne cherche pas à devenir personnellement la conscience de soi de ses étudiants mais s'adresse à leur conscience morale afin d'éveiller leur propre courage, préalable d'une liberté de la conscience. Corrélativement, Hegel se présente dans sa finitude, limitée par une époque presque révolue (sa « vieillesse »), devant la jeunesse qui appartient déjà à « l'aurore d'une belle époque » – qui dépassera peut-être l'époque actuelle. L'histoire ne finit pas ici ; c'est aussi pourquoi la conclusion de ses *Leçons* ne s'appelle-t-elle pas *fin* (de l'histoire, de la philosophie) mais *résultat*, le « point de vue *actuel* de la philosophie »[1].

Comparé au ton sombre de Heidegger dans le *Discours du rectorat*, le discours de Hegel semble joyeux et libérateur. Hegel ne se propose pas comme guide de toute une communauté scientifique mais se présente comme un membre du corps enseignant exhortant les étudiants à penser par eux-mêmes. Certes, son discours semble promettre plus qu'il ne peut offrir. Hegel ne peut que se prendre pour un agent

1 *Cf.* Le chapitre « E. Résultat » de W 20, p. 454 *sqq*. Ch. Bouton décrit bien la façon dont l'histoire finit « pour nous » sans pour autant s'arrêter « en soi » dans « Hegel penseur de la "fin de l'histoire?" », p. 104.

de l'esprit absolu, dont la vérité est indispensable et dont la communauté est la seule possible, et il n'est jamais amène vis-à-vis des contemporains qui ne partagent pas ses idées. Accordons, cependant, que cet « égoïsme » est dicté par sa définition de l'impossibilité de douter comme critère subjectif de la vérité[1]. Hegel ne se prendrait pas au sérieux s'il prétendait savoir comment briser le cercle du savoir absolu.

Ainsi, pour Hegel, la *philia* donne le ton de l'actualité de la philosophie. Le feu sacré est la *philia* comme essence de la vérité, l'amour est la *philia* qui constitue une communauté philosophique particulière, et la joie est la *philia* animant un philosophe qui se met à philosopher : reflet de sa foi et de son courage au moment de la pensée.

Mais la chose suprême est incandescente comme le feu. Foyer qui répand sa chaleur sur l'actualité, elle est aussi foyer de destruction qui consume tout ce qu'elle enflamme. Dans son ambiguïté, le feu est l'image même du double mouvement de la pensée absolue, dans lequel l'*Aufhebung* fait vivre ce que la négativité fait mourir dans la vie éternelle de l'esprit. La négativité vient creuser la *philia* philosophique dès qu'on aborde l'histoire de la philosophie.

La négativité de l'histoire de la philosophie est celle du « royaume des ombres ». Comme dans l'introduction à la *Science de la Logique*, le séjour du philosophe dans le « royaume des ombres » qualifie ici le travail patient du philosophe avec une matière d'apparence morte. Dans *Les Leçons sur l'histoire de la philosophie*, le « royaume des ombres » ne désigne pas simplement les catégories de l'entendement mais des événements historiques de la philosophie : il est l'Hadès, le séjour des philosophes trépassés. La mort est la négativité qui ronge et aiguillonne la philosophie ; et l'histoire de la philosophie est une vie depuis la mort. Lorsque Hegel enseigne à ses élèves le « traitement des philosophies anciennes »[2], il le fait toujours par le biais des trois figures désignant différentes manières de traiter les morts :

1 W 18, p. 32 / 84, *cf.* VGP, p. 141.

2 VGP, p. 43 / 53 *sq.*

on peut les abandonner comme *cadavres* en décomposition, on peut les conserver comme *momies*, ou on peut apprendre à s'approprier leur *héritage*. Les cadavres, les momies et les testateurs nomment donc différentes manières d'appréhender les héros de l'histoire de la philosophie[1].

L'histoire de la philosophie étant pour Hegel l'étude des *héros* de cette histoire, la mort y fait son apparition dès que l'on se demande comment quelque chose de vivant peut provenir des philosophes trépassés. Qu'en est-il de la vie et de la mort des philosophes décédés ? Dans les *Leçons sur l'histoire de la philosophie*, après avoir discrédité plusieurs conceptions de l'histoire de la philosophie, Hegel présente ainsi la sienne :

> « Il en résulte la conception suivante de l'histoire de la philosophie : avec elle, quoi qu'elle soit histoire, nous n'avons pas affaire au passé. Le contenu de cette histoire est constitué des productions scientifiques de la rationalité, et ces productions ne représentent pas quelque chose de passager. Ce qui est élaboré dans ce champ, c'est le vrai, et celui-ci est éternel, il n'existe pas à une époque donnée pour disparaître ensuite. Les corps des esprits qui sont les héros de cette histoire, leur existence temporelle est certes passée, mais leurs œuvres ne les ont pas suivis ; car le contenu de leurs *œuvres* est ce qui est rationnel, qu'ils n'ont ni imaginé ni rêvé, ni conjecturé. Et leur acte ne consista en rien d'autre qu'à puiser le rationnel *en soi* du puits de l'esprit, dans lequel il n'est tout d'abord qu'à titre de substance, d'essence intérieure, pour le mettre à jour et l'amener à la

1 Cette tripartition reflète la division tripartite de la science de l'histoire dans les *Leçons sur la philosophie de l'histoire* : l'histoire originale, l'histoire réfléchie et l'histoire philosophique. Cette division revivra ultérieurement dans la division nietzschéenne de l'histoire en monumental, antiquaire et critique (*Seconde considération intempestive*), reprise par Heidegger dans le § 73 d'*Être et temps* dans la division de l'« objet » de l'histoire en passé (*Vergangenes*), provenance (*Herkunft*) et destinée (*Geschick*).

conscience, au savoir. Par conséquent, ces actes ne sont pas seulement déposés dans le temple du souvenir, comme *effigies* des Anciens, mais ils sont aujourd'hui encore tout aussi présents, tout aussi vivants qu'à l'époque de leur surgissement. Ce sont des effets et des œuvres qui ne sont derechef ni supprimés ni détruits par leurs successeurs. L'élément dans lequel ils sont conservés n'est ni la toile, ni le marbre, ni le papier, ni la représentation ou mémoire – des éléments qui sont eux-mêmes passagers ou qui constituent le terrain de ce qui est passager : mais c'est la pensée, l'essence impérissable de l'esprit, où ni les mites ni les voleurs ne pénètrent ; les acquis de l'esprit, intégrés en elle, constituent l'*être* même de l'esprit. Pour cette raison précisément, cette connaissance ne relève pas de l'*érudition*, de la connaissance des morts, de la connaissance de ceux qui sont enterrés et décomposés ; l'histoire de la philosophie a affaire au présent vivant, au présent qui n'est pas en proie au vieillissement. »[1]

La philosophie concerne la chose la plus vivante – qu'elle trouve dans des philosophes et des philosophies morts. Mais comment trouve-t-on du vivant dans du mort ?

On ne trouve pas le contenu vivant de la philosophie si on considère les philosophes du passé selon leurs « corps », car ainsi on reste dans la (non-)histoire des *cadavres*[2]. La « vie périssable » des philosophes et le support caduc de leurs œuvres semblent « morts » lorsqu'on les examine dans leur singularité contingente. Par-delà la contingence matérielle ou biographique, la contingence philosophique est une vérité ravalée au rang d'une simple opinion. Or, la « philosophie ne contient pas d'opinions »[3], et la mort de la philosophie est

1 VGP, p. 46-47 / 56.
2 VGP, p. 231 / 113.
3 VGP, p. 18 / 35.

précisément sa dispersion en des opinions isolées[1]. Pour lutter contre cette mort, il faut s'appuyer sur la thèse « la vérité est une »[2] et chercher ce qui peut réunir les philosophes malgré leur diversité. Afin de voir dans un penseur du passé plus que l'individualité à la source des opinions, il faut saisir en lui une instance de la « pensée libre, du « caractère général de l'homme en tant qu'homme »[3]. Seulement, selon Hegel, l'homme en tant qu'homme n'existe pas, et s'il existait – si tous les penseurs de l'histoire incarnaient directement l'esprit absolu – tous les penseurs seraient à ce point identiques qu'une *histoire* de la philosophie serait superflue. Or, si les penseurs du passé n'apportent à la philosophie ni la singularité de l'individu ni l'universalité de l'homme, lui apporteraient-ils la particularité de l'esprit du temps qui les a engendrés[4] ?

L'échec d'une deuxième version de l'historiographie de la philosophie — de ce que nous appelons l'histoire des *momies* — nous apprend cependant que la particularité d'un esprit fini ne permet pas de rendre compte de l'unité de la philosophie : le temps la rend également caduque.

Comme l'« histoire réfléchie » des *Leçons sur la philosophie de l'histoire*, l'« histoire des *momies »* présente le passé comme modèle que le présent devrait imiter. Selon Hegel, un pareil geste est insensé, mais pour une raison inverse que dans l'histoire des cadavres : dans celle-ci, tout ce qui est passé semble mort, tandis que dans celle-là on croit que ce qui est passé est encore vivant. Pour Hegel, c'est comme si on essayait de ramener des momies à la vie en les réchauffant[5].

---

1 Isolées, les opinions se réfutent mutuellement : c'est le « règne non seulement des morts, de défunts corporellement, mais aussi de gens tués et enterrés quant à l'esprit » (W 18, p. 32 / 84).

2 VGP, p. 19 / 35.

3 VGP, p. 6 / 87.

4 « L'individu est fils de son peuple, de son monde » (VGP, p. 48 / 57, 119).

5 « Cependant, les *momies transportés dans l'élément de la* vie ne peuvent y demeurer ; l'esprit avait depuis longtemps une vie *substantielle en lui-même* ; il disposait d'un concept plus profond de lui-même et éprouvait par conséquent un besoin de pensée plus grand que ce que pouvaient satisfaire ces philosophies. Une telle réactivation [*Aufwärmen* :

Il faut donc se rapporter à ce qui vit dans le passé, sans pour autant prendre le passé pour vivant. Afin de saisir la longueur du temps philosophique, il faut voir le philosophe du passé à la fois dans sa distance d'avec nous et dans sa contemporanéité avec nous. Pour respecter la longueur qualitative du temps historique, qui a dû se produire afin qu'un esprit du temps disparaisse et qu'un autre apparaisse, Hegel exige qu'on tienne compte de la distance historique qui sépare les « nobles esprits » du lecteur : une philosophie tardive ne doit pas imposer ses catégories et ses questions à une philosophie ancienne qui ne s'était pas posée les mêmes questions, mais elle doit laisser la philosophie ancienne parler avec ses propres termes et dans sa langue[1].

Lorsqu'un philosophe du passé parle avec ses propres termes et dans sa propre langue, il apparaît dans sa distance par rapport à nous. S'il était un « héros » de l'histoire politique, comme César, et si son œuvre relevait de l'« histoire originale », il nous paraîtrait simplement étrange, digne de respect et d'émerveillement mais impossible à transposer dans notre temps. Toutefois, comme il est philosophe, sa situation est plus complexe. Comme tout héros du passé, il est « étrange », sa langue nous paraît « morte », ses principes sont « étrangers » et ses questions ne sont plus les nôtres. Pourtant, il nous livre aussi quelque chose de vivant, il délivre quelque chose qui nous parle depuis notre propre temps et depuis notre propre besoin de penser. Cela est possible parce qu'il ne nous parle pas de vive voix mais par ses œuvres, qui nous parviennent comme des « traductions »[2].

réchauffer, dégeler, éveiller] n'est partant pas à considérer autrement que comme le *chemin* de l'*apprentissage* dans des formes conditionnées et préalables, comme le rattrapage du *parcours* par les nécessaires niveaux de la formation ; de même que se présentent, dans l'histoire, ce genre d'imitation fort tardive et cette répétition de principes devenus étrangers à l'esprit comme un phénomène *passager*, qui s'opèrent également (Originale), de toute façon, dans une langue morte ; ce ne sont que des traductions, non pas les originaux, et l'esprit ne se satisfait que dans la connaissance de *son* originarité *propre* (*seiner eigenen Ursprünglichkeit*). » (VGP, p. 50 / 58, *cf.* 109.)

1 VGP, p. 40 / 50, 44 / 54.

2 Il me semble que pour Hegel, la pensée philosophique ne peut pas

Ces « traductions » ne sont pas des « originaux » (*Original*), lesquels sont « la toile, le marbre et le papier », mais avant tout « les représentations et la mémoire », à savoir, la forme extérieure qu'un héros a donnée à sa pensée intérieure afin de la déposer « dans le temple de Mnémosyne, pour l'éternité ». La représentation originale est ici ce qu'on veut donner à l'avenir, ce qu'on veut garder de l'oubli ; elle est l'œuvre comme ce qui est censé conserver un vouloir-dire. Or, dans l'histoire spéculative de la philosophie, on ne s'intéresse pas à ce que les philosophes antérieurs ont *voulu* dire. Leur volonté tenait à un esprit du temps qui est, pour nous, définitivement perdu. Si seule la « connaissance de notre propre caractère originaire » peut nous satisfaire, c'est que notre propre originarité, *Ursprünglichkeit*, n'a rien à voir avec l'authenticité d'un original, *Original* ; l'originarité n'a pas son commencement dans un original étrange mais dans son *propre* caractère, et l'original étrange n'est que le détour pour arriver à l'originarité propre. Nous lisons les œuvres des philosophes d'antan depuis les besoins de notre propre temps et nous les interrogeons depuis nos questions, inconnues à nos ancêtres philosophiques. Nous les lisons violemment, sans égards pour les représentations et le vouloir-dire du passé. Pourtant, notre violence ne doit pas être arbitraire ou, comme Hegel le dit à propos de sa « réfutation » (*Widerlegung*) de Spinoza dans la *Science de la logique* : « La réfutation véritable doit donner dans la force de l'adversaire et se placer dans l'orbite de sa vigueur ; l'attaquer en-dehors de lui-même et l'emporter là où il n'est pas, ne fait pas progresser la chose »[1]. Telle est la position paradoxale de la traduction philosophique : c'est bien le philosophe du *passé* qui doit nous interpeller (cette force d'interpellation est

se passer de la représentation qui, dans l'acte de compréhension (ou de « réfutation ») est « traduite » : transformée, appropriée. Sur ce point, je m'écarte de l'interprétation de Ch. Bouton que je reconnais généralement être excellente. Dans « L'histoire dont les événements sont des pensées », il dit que la pensée philosophique peut se passer de la représentation et demeurer dans une coprésence constitutive du présent éternel de la pensée (*op cit.*, p. 311, 315). L'idée de la coprésence me semble juste ; celle d'une simple présence idéale me le semble moins.

1 WL II, p. 250 / 41. *Cf.* PDG, p. 27 / 41.

sa « vie »), mais il ne peut nous interpeller que depuis *notre* originarité. Lorsque cela se produit, l'œuvre d'un philosophe antérieur est « traduite » (*übersetzt*) dans notre « langue » et dans nos concepts. Lors de cette traduction, tout ce qui est « extérieur » et caduc disparaît, à savoir : nous ne lisons plus ni le papier, ni la lettre, ni la langue, ni les concepts, ni les problèmes, ni la logique, ni un vouloir-dire ni l'esprit d'un certain temps. Nous nous comprenons nous-mêmes auprès d'un autre, grâce à cet autre et pourtant nullement selon lui[1]. Ultérieurement, nous verrons comment Heidegger extrait chez Hölderlin une logique semblable, une loi du « souvenir » (*Andenken*) censée remplacer la loi de la mémoire hégélienne (*Erinnerung*).

Mais qu'est-ce qui permet la traduction entre deux mondes finis ? Ce qui parle par le penseur du passé sans pour autant se résumer à son vouloir-dire s'appelle aussi son « génie ». Selon Hegel, on saisit le génie d'un penseur passé

1 J'inscris cette explication de la fonction de l'œuvre d'un philosophe antérieur à la suite d'une tradition d'études portant sur la fonction du langage et du signe chez Hegel. La tradition est trop riche pour que nous puissions évaluer chacun des auteurs à leur juste mesure, et c'est pourquoi nous nous contentons ici d'exprimer notre grande dette vis-à-vis des textes suivants, dans l'ordre chronologique : *Logique et existence* de Jean Hyppolite, *Absolute Reflexion und die Sprache* de Werner Marx, « Le puits et la pyramide. Introduction à la sémiologie de Hegel » de Jacques Derrida, *La patience du Concept* de Gérard Lebrun, *La remarque spéculative* de Jean-Luc Nancy, *Hegels System I-II* de Vittorio Hösle et, plus récemment, « L'épitaphe et le tombeau : imagination et raison dans la psychologie de Hegel » de Christophe Bouton.
Je voudrais souligner un fait simple mais parfois difficile à remarquer : le domaine de l'« extériorité » de la signification ou du sens est bien un « passage » de l'esprit à lui-même — mais en sorte que l'esprit revient à lui-même auprès d'un autre esprit — c'est-à-dire dans une « communication ». L'esprit (universel) passe de lui-même à lui-même (et fait disparaître sa forme extérieure) précisément entre l'auteur et le lecteur, entre l'antan et l'actualité, dans une communication entre deux esprits (particuliers). Dans le contexte de l'histoire de la philosophie nous voyons que la représentation hégélienne ne fait pas resurgir la signification originale dans l'événement de la compréhension, mais qu'elle permet des compréhensions différentes. La compréhension est une traduction — mais pas d'une intention.

lorsqu'on se rapporte à lui selon une logique de l'*héritage* – qui est en définitive la bonne manière de se rapporter à lui.

Déjà chez Kant, le génie est accompagné par ses élèves, qui ne savent que le singer (*nachäffen*, *nachmachen*), et par ses successeurs, qui savent hériter de lui (*nachfolgen*)[1]. Comme Kant, Hegel considère que le rapport « génial » à un génie doit être le rapport d'un esprit libre à un autre esprit libre. Plus que Kant cependant, Hegel souligne la nécessité de trouver sa liberté auprès d'une autre liberté, car Hegel ne définit pas la liberté prioritairement comme autonomie, mais comme liberté conditionnée par la liberté d'un autre. Hegel souligne la différence réelle des génies en les rapportant intimement à l'histoire du monde de sorte que chaque génie ou « individu historique »[2] exprime la « détresse » de *son* temps et devienne le destin de *son* temps. L'historialité explique l'altérité réelle entre les génies.

En soi séparés, les génies sont réunis grâce à un médiateur : le « trésor » de la connaissance suprême » que les penseurs ont recélé dans leurs œuvres. L'héritage qui « vit présentement » est bien ce trésor, et non pas le génie en soi. Le « trésor » est la condition de possibilité de la chaîne de l'héritage : ce dont on peut hériter et ce sans quoi il n'y a pas d'héritier. Un héritier ne veut pas arracher son aïeul à la mort, il ne veut pas s'entretenir avec des revenants, mais il réclame ce qui lui est dû : non pas simplement ce qu'a élaboré l'aïeul, telle une œuvre fermée sur elle-même, mais le *trésor*, une œuvre comme un capital conditionnant nos propres entreprises, d'une forme toute différente que celles de l'aïeul. Parce que le trésor contient le renvoi à la disparition de son créateur, il peut en même temps nous lier au génie passé et nous libérer de lui.

La logique de l'héritage garde une duplicité fondamentale. Hériter est à la fois recevoir et s'approprier quelque chose : ce que nous recevons nous forme – mais nous

1 Kant, *Kritik der Urteilskraft*, § 46, B 182, A 180 / 1090 et § 49, B 200, A 197 / 1102.

2 Le génie hégélien n'est pas l'artiste seul mais l'individu historique en général : l'artiste, le grand chef de guerre, un héros de la science. W 13, p. 363 / 373.

transformons aussitôt ce que nous avons reçu en quelque chose de nouveau[1]. Nous *sommes* ce processus d'appropriation : notre manière particulière de transformer l'étranger en propre. Il nous restera à voir comment cette logique, qui ne permet pas l'assimilation pleine du propre à l'être, se distingue des logiques heideggériennes du propre, dans lesquelles on ne peut s'approprier que l'ex-appropriation.

La « chaîne sacrée » de l'héritage d'un « trésor », l'histoire de la philosophie n'est pas une anamnèse dans laquelle l'esprit se rappellerait son propre passé. Elle est la mémoire d'un philosophe qui cherche à se souvenir de ce qu'il n'avait *pas* pensé – de ce qui était pensé par des philosophes précédents et qui lui parvient maintenant dans la forme de restes étranges d'esprits passés. Il pense en rendant une vie à ces restes en soi caducs ; et il n'a de vie propre que dans son effort pour vivifier des vies étrangères. C'est cela le réel de l'histoire de la philosophie, le travail philosophique. Au lieu de s'incarner dans une œuvre, l'idée éternelle doit être cette chaîne.

Trois figures pour la *philia*, trois pour l'Hadès. Les images de l'Hadès modifient l'aporie de la *philia* en affirmant que l'amour de la sagesse n'est possible que dans l'amitié des « nobles esprits » de l'histoire : il y a l'ami – mais il est mort ; il y a la vérité – léguée par les amis décédés. Comment ces images modifient-elles le problème aristotélicien de l'amitié parfaite ?

À supposer que le philosophe doive être un « ami parfait », est-ce que les « amis parfaits » selon Hegel sont identiques ou est-ce que chacun exprime son caractère propre ? Selon le registre de l'actualité où seule la *philia* semble régner (c'est après tout un contexte d'enseignement), il est fort probable que les amis soient « semblables », parce que leurs actions relèvent d'un seul « esprit du peuple » et se rassemblent autour d'un même « feu sacré ». Dans le domaine de l'histoire, au contraire, chaque philosophe doit être considéré selon sa propre liberté et selon sa propre individualité. Ce

---

1 VGP, p. 8 / 88 (*cf.* 30).

sont précisément les différences historiques et géographiques qui permettent à Hegel de reconnaître à chaque philosophe une individualité irremplaçable : fils de peuples et de temps différents, les philosophes ne peuvent pas coïncider.

Et pourtant, si la vérité, à l'instar de l'idée platonicienne, est une et éternelle, comme insiste à le dire Hegel, les différences entre philosophes ne seront-elles pas annulées à la fin, lorsque les philosophes, travaillant depuis le « caractère général de l'homme en tant qu'homme » auront laissé tomber leurs particularités ? Pour éviter cette incohérence, nous devons penser la vérité « une » de l'histoire de la philosophie comme le fond négateur et créateur de la vérité. Peut-être Dieu pourrait-il voir l'idée ; mais les philosophes de l'histoire ne voient que les effets de la générosité et de la négativité du fond aveugle qui fait naître la vie de l'idée.

III

HEIDEGGER ET LA GUERRE DE LA SAGESSE

L'entrecroisement du rapport d'un penseur à la vérité et de son rapport aux autres penseurs constitue un nœud dans le cheminement de Heidegger.

Il est évident que, pour Heidegger, le rapport du penseur à la vérité est la condition transcendantale de sa pensée. À partir d'un pas-en-arrière dans Héraclite, central depuis l'*Introduction à la métaphysique*, et magnifiquement condensé dans « Aléthéia » (*Essais et conférences*), il parle de la vérité en termes de *philia* et de *pólemos*[1]. Dans sa propre pensée, Heidegger aura développé la *philia* selon le mot allemand *Mögen* (*aimer* et *pouvoir*) : l'être « aime » en se donnant, et le caractère « possibilisant » de son « don » se pense depuis la possibilité co-originaire de son « retrait » (*kruptesthaï*)[2]. Le *pólemos*, quant à lui, règne sur l'apparaître des « étants-présents » (*die Anwesenden*), car il *montre*, *edeixe*, ce qu'ils sont en les séparant les uns contre les autres[3]. Confronté à l'être qui l'« aime », l'humain s'y rapporte selon son *Vermögen*, son pouvoir-être, lequel s'explique moins

1 *Philia* vient du fragment 123 : *phusis kruptesthaï philei*, « Nature aime se cacher », que Heidegger traduit par « Das Aufgehen (aus dem Sichverbergen) dem Sichverbergen schenkt's die Gunst » (, ce que André Préau rend par « l'émerger (hors du se-cacher) accorde sa faveur au se-cacher ») (VA, p. 263 / 328). *Pólemos* vient du fragment 53 : « Conflit (*pólemos*) / est le père de tous les êtres, le roi de tous les êtres / Aux uns il a donné formes de dieux, aux autres d'hommes, / il a fait les uns esclaves, les autres libres ».

2 VA, p. 263-264 / 327-329.

3 EM, p. 87 / 122 ; VA, p. 269-271 / 335-337 ; WM, p. 418.

dans le vocabulaire de l'amour que dans celui de l'angoisse, de la mort et de la détresse, pour culminer enfin dans une pensée d'« impouvoir » qui, en pouvant « ne pas pouvoir », peut enfin « laisser être » l'être – ce qui est tout le contraire cependant de l'abandon pur et simple de l'être à sa disparition. Ainsi, Heidegger approfondit la pensée antique de la *philia* (être comme possibilité correspondant au pouvoir-être de l'humain) en montrant le conflit dans son cœur, le *pólemos* et le *kruptesthaï* indiquant le retrait de l'être correspondant à un impouvoir de l'humain.

Moins évidente est la façon dont Heidegger analyse le rapport d'un penseur à un autre penseur comme condition existentiale de sa pensée. D'une part, comme Hegel, il pense que l'histoire de l'être ne peut s'étendre que dans des dialogues avec des penseurs précédents[1]. D'autre part, ses dialogues ne semblent s'adresser aux autres penseurs que comme détours vers l'être, s'évaporant sous la lumière de la vérité. Cette impression provient de la conception heideggérienne de l'histoire de l'être comme répétition du « même » à travers la diversité des paroles de l'être[2]. L'objectif principal de Heidegger étant ce « même » (l'être dans le mouvement de sa donation), les pensées précédentes sont souvent présentées comme symptômes de l'errance, voire de l'égarement, notamment si, comme la pensée hégélienne, elles appartiennent à l'« époque de la métaphysique »[3]. En principe, l'« errance » n'est pas un terme critique destiné à écarter l'adversaire du domaine de la pensée, mais il reflète néanmoins le désir de Heidegger de prêter l'oreille, par-delà l'errance des paroles de l'être, avant tout à la vérité de l'être. Pour lui, penser l'histoire de l'être équivaut à risquer un pas-en-arrière dans son origine impensée : jamais encore pensée, toujours à penser[4]. Précisément *dans la mesure* où cette pensée de l'être reste une pensée *à venir*, nous ne saurions l'attribuer

1 Voir Michel Haar, *Heidegger et l'essence de l'homme*, p. 138.

2 Voir Jean-Luc Marion, « Du pareil au même, ou : comment Heidegger permet de refaire de l' "histoire de la philosophie" », p. 142, 155.

3 Voir Henri Birault, « Existence et vérité d'après Heidegger » p. 74.

4 Voir Jean-François Courtine « Du besoin de la philosophie », dans *Heidegger et la phénoménologie*, p. 29.

aux penseurs *ayant été* ; tout au plus à Heidegger lui-même en tant qu'il prépare une « pensée à venir ». Ainsi, si Hegel, tout en dépassant le vouloir-dire des penseurs précédents, cherche néanmoins en principe l'esprit qui se manifeste dans leurs subjectivités, Heidegger dépasse le vouloir-dire des penseurs précédents dans la direction de la clameur de l'être qui, en principe, annule la subjectivité pensante.

Heidegger situe donc l'« autre penseur » dans une position paradoxale : n'apparaissant qu'en tant qu'il fait apparaître l'oubli de l'être – n'apparaissant qu'en disparaissant – il *doit* et ne *peut pas* participer au chemin vers l'être. Sa pensée parle en tant qu'elle a « oublié » de penser (l'être) — mais *elle* ne parle pas. Une distinction entre le *pólemos* pour l'ouverture de l'être et le *pólemos* entre les penseurs sera nécessaire pour comprendre la complication introduite par la position paradoxale de l'« autre penseur » dans la pensée de l'être.

Pour moi, les dialogues heideggériens avec Hegel sont à la fois un exemple destiné à élucider la pensée heideggérienne sur ce point obscur et le nœud qui l'a d'abord fait apparaître. Comme l'explication heideggérienne de la présence de l'autre penseur dans ses dialogues est parcimonieuse, j'étudierai à la fois ce que Heidegger *dit* de ses explications avec Hegel et la façon dont ce qu'il *fait* avec Hegel déborde parfois ce qu'il propose de faire. Certes, Hegel n'est qu'un de ses interlocuteurs. Le rapport de Heidegger à Hegel ne recèle pas une théorie générale du dialogue heideggérien ; au contraire, une telle théorie est même impossible, car le dialogue heideggérien refuse de se soumettre à une quelconque « méthode » ou « manière de traiter avec les philosophes antérieurs ». *Le* dialogue n'existe pas, il n'y a que *des* dialogues à chaque fois uniques. De même, on ne dialogue pas avec *le* dialogue en dialoguant avec *un* dialogue. Le dialogue heideggérien avec Hegel n'est donc qu'un *cas*, non un type ou un exemple pour tous ses entretiens.

Le cas Hegel me semble cependant remarquable car cette explication est particulièrement serrée. Heidegger ne continue pas la pensée hégélienne en la radicalisant, comme il le fait avec Kant, Schelling et même Nietzsche, mais s'y oppose au contraire résolument tout au long de son parcours.

Il s'agit d'une opposition de principe, visant le cœur de la pensée hégélienne et ses œuvres les plus essentielles, et n'accordant à Hegel la grandeur que pour mieux le désigner comme adversaire par excellence. Le caractère du dialogue heideggérien avec Hegel est, de manière pour lui exceptionnelle, celui du *combat*.

Heidegger décrit son combat avec Hegel dans les termes d'une noble confrontation auprès de la chose conflictuelle de la pensée : « La lutte entre des penseurs est la "lutte amoureuse" qui est celle de la chose même. Elle les aide mutuellement à atteindre l'appartenance simple au même, en quoi ils trouvent la conformité à leur destin dans le destin de l'être. »[1] Mais par-delà la prétention heideggérienne à un noble duel entre adversaires égaux, le lecteur ressent souvent aussi une rivalité inavouable se traduisant en « coups bas », dans lesquels la pensée hégélienne est simplifiée à outrance comme pour mieux garantir l'originalité de la pensée heideggérienne. Par exemple selon le cours de Heidegger sur *La négativité*, Hegel *ne pense pas* le rapport entre l'être et le néant, ni la négativité, ni la subjectivité, ni la pensée, ni la différence, etc., car l'essence générale de sa pensée est son « manque de question » – ce qui est manifestement exagéré et provocateur[2]. L'attitude de Heidegger à l'égard de Hegel est profondément ambivalente : il le comble d'honneurs tout en l'insultant, il le lit avec pénétration tout en étant aveugle aux points sensibles. Cette oscillation vient spécifiquement au jour lorsque Heidegger s'indigne des efforts de commentateurs pour le rapprocher, lui, de Hegel ; dans ces cas, le dialogue Hegel-Heidegger se présente parfois comme un effort pour traiter avec la menace que Hegel représente quant à l'identité de la pensée heideggérienne[3].

---

1 « Lettre sur l' "humanisme" », WM, p. 332 / Q III-IV, p. 96.

2 GA 68, pp. 14, 21, 27, 37, 38 (les numéros de pages originaux sont indiqués dans la traduction).

3 P. ex. *La "Phénoménologie de l'esprit" de Hegel* : « On s'efforce actuellement de divers côtés de prouver — après que j'ai moi-même souligné le premier la liaison remarquable qui existe entre *Être et temps* et la philosophie de Hegel — que la problématique d'*Être et temps* se trouverait déjà chez Hegel. Ces tentatives sont tout à fait dans l'ordre s'il s'agit de faire expéditivement justice de mon originalité prétendue.

Le dialogue heideggérien avec Hegel se présente à la fois comme partage d'une même chose de la pensée et comme dénégation d'une dette fondamentale. Quelle est la chose dont il est si difficile d'être l'héritier ? Peut-être, bien que Heidegger laisse la question en marge, est-ce avant tout la pensée d'une transcendance historiale. Dès lors que, pour Hegel et pour Heidegger, la pensée de l'historialité de l'être ou de la raison implique une pensée du dialogue, dans le dialogue heideggérien avec Hegel, le dialogue lui-même est en jeu.

a. Le vocabulaire du débat heideggérien avec Hegel

Hegel aura accompagné Heidegger tout au long de son chemin pensant. Sa présence est constante mais relativement discrète, et constitue rarement le centre unique de ses préoccupations. Heidegger n'a pas une lecture unique de Hegel mais diverses lectures appartenant à différentes phases de son propre parcours. Pour les désigner, il utilise trois termes : « dissociation clarificatrice » (*die abhebende*

Il y a beau temps que ce travail d'abaissement, de rapetissement, ou, pis encore, de reconnaissance à contrecœur fait les riches heures de l'historien scientifique de la philosophie. Il faut aussi dire que ce travail est le plus facile qu'on puisse faire ! [...] Les efforts zélés que l'on déploie pour montrer qu'*Être et temps* n'est pas une autre chose qu'une vieille histoire doivent sinon exercer sur l'auteur un effet modérateur salutaire. Ce souci moral de la modestie de l'auteur est lui aussi tout à fait normal. Mais une autre chose, et bien plus décisive, est de savoir si ces manœuvres rusées peuvent prétendre servir Hegel et lui faire honneur. Ici, la réponse est non. Car s'il existe un auteur à qui il serait vraiment aberrant d'attribuer la problématique d'*Être et temps*, c'est bien Hegel ! En effet, la thèse : *l'essence de l'être est le temps* s'oppose diamétralement à ce que Hegel a cherché à montrer dans toute sa philosophie. Bien plutôt doit-on donner à la thèse hégélienne une forme inverse : l'être, pour lui, est l'essence du temps — à savoir l'être en tant qu'infinité. » (GA 32, p. 209 / 221.) Ou encore le Colloque sur la dialectique : "Müller : Comment l'Absolu [de Hegel] se situe par rapport à votre concept de l'être ? Ne sont-ils pas au fond très proches l'un de l'autre ? Heidegger : Il n'y a pas d'opposition plus tranchée !" *(Colloquium über Dialektik*, p. 20 / 16).

Verdeutlichung), « explication » (*Auseinandersetzung*) et « dialogue » (*Gespräch*)[1]. En revanche, il n'utilise pas d'autres termes possibles, comme par exemple *Zwiesprache*, *Widerholung*, *Schritt zurück*.

Les termes auto-réflexifs ne surgissent pas immédiatement. Dans l'introduction que Heidegger a rédigée en 1972 pour la première édition de ses *Écrits de jeunesse*, il rapporte que son intérêt pour Hegel et Schelling s'éveilla dès ses études de théologie à Freiburg, en 1910-1914[2]. En 1916, dans la conclusion de son travail d'habilitation sur *Le traité des catégories et de la signification chez Duns Scot*, l'intérêt s'est intensifié au point d'annoncer la confrontation fondamentale avec Hegel comme une tâche décisive à venir. Elle n'a pas lieu dans ce texte. En effet, Heidegger sait que l'« esprit vivant », dont il parle abondamment, fait signe vers Hegel, mais se contente de l'entendre dans l'acception courante de son milieu intellectuel : depuis le besoin de penser d'une manière proprement historique et de comprendre Dieu d'une manière spéculative. C'est *Heidegger* qui pense, alors, que « L'esprit ne doit être compris que lorsque toute la plénitude de ses exploits, c'est-à-dire *son histoire*, est relevée (*aufgehoben*) en lui, et dans la compréhension philosophique de cette plénitude toujours croissante est également donné un moyen constamment croissant pour la libération de l'esprit absolu du Dieu. »[3] Heidegger reviendra sur la conception hégélienne de Dieu, cette fois pour lui opposer sa propre voix, dans un texte tardif décisif : *La constitution onto-théo-logique de la métaphysique*. La question qui l'occupe davantage après son travail d'habilitation porte sur la temporalité et l'historialité de l'existence.

Dès le début d'*Être et temps*, Heidegger souligne la nécessité de poser la question de l'être en la rendant transparente dans son histoire. Dans le § 6, il précise que cette déconstruction (*Destruktion*) de la tradition ontologique doit passer par des *Auseinandersetzungen* – des *explications,*

---

1 *Cf.* la présentation récente de ce parcours par F. Dastur, *Heidegger*, p. 190.

2 GA 1, p. 57.

3 GA 1, p. 408.

discussions, *confrontations* ou *débats* – « *contrôlables* »[1]. La résonance hégélienne de ces propos s'explique par la proximité, admise dans *Être et temps*, entre les deux pensées de l'histoire (§ 78) mais, dans la mesure où Heidegger commence *Être et temps* en s'opposant à la pensée hégélienne de l'être (§ 1) et finit ce livre en s'opposant à sa pensée du temps (§ 82), il ne saurait certainement pas s'approprier telle quelle la compréhension hégélienne de la temporalité de l'être comme histoire.

Dans *Être et temps*, Heidegger n'explique pas la troublante proximité entre la philosophie hégélienne de l'histoire et sa propre conception de l'historialité. Comme pour préparer une explication, il amorce néanmoins, dans le § 82, ce qui semble être son premier débat avec Hegel au sujet du temps. Mais, en fait, le § 82 n'est pas encore l'explication (*Auseinandersetzung*) revendiquée dans le § 6. Heidegger dit qu'il veut simplement clarifier, *verdeutlichen*[2], sa propre pensée du *Dasein* en la dissociant, *abheben*[3], de la pensée hégélienne. Heidegger présente sa pensée en la dissociant d'une autre pensée, qui n'est ni commentée ni critiquée pour son propre compte, mais qui doit seulement illuminer le fond contre lequel il est possible de clarifier le *Dasein* et préciser ses contours. À la fin du § 82, Heidegger s'interrompt :

---

1 SZ, p. 27 / 42. Je traduirai *Auseinandersetzung* par « explication ».

2 « La fondation hégélienne de la connexion entre temps et esprit est spécialement appropriée pour préciser indirectement, par voie de confrontation (*indirekt zu verdeutlichen*), l'interprétation du *Dasein* comme temporalité et la mise en lumière de l'origine du temps du monde qui viennent d'être accomplies. » (SZ, p. 428 / 291.)

3 « [...] La réponse à ces deux questions servira simplement à *préciser* (dient... einer abhebenden *Verdeutlichung*), par contraste avec celle de Hegel, l'interprétation précédente du *Dasein* comme temporalité. Elle n'élève aucune prétention à traiter, ne serait-ce qu'avec une complétude seulement relative, la multiplicité de problèmes qui, chez *Hegel* justement, leur sont liés, et cela d'autant moins que son intention n'est nullement de « critiquer » Hegel. Si une dissociation (Abhebung) de l'idée de la temporalité qui a été exposée par rapport au concept *hégélien* du temps s'impose, c'est parce que ce concept représente l'élaboration conceptuelle la plus radicale – et qui est trop peu remarquée – de la compréhension vulgaire du temps. » (SZ, p. 428 / 291.)

« L'interprétation hégélienne du temps et de l'esprit, ainsi que de leur liaison est-elle légitime et repose-t-elle en général sur des fondements ontologiquement originaires, cela ne peut encore être élucidé. » Heidegger désigne cette opération par le mot *abheben* (dissocier, retirer, lever, dégager, ôter), que je retiendrai comme un premier nom de sa relation à Hegel.

Peu après *Être et temps*, Heidegger revient non seulement sur la question de l'historialité, restée inélucidée, mais également sur la question du sens de sa démarche. En réalité, il ne présentera jamais de lecture compréhensive de l'historialité selon Hegel[1], mais la problématique générale de l'histoire apparaît cependant comme arrière-fond de ses réflexions « méthodologiques » concernant son dialogue avec Hegel. Ainsi, le premier de ses cours sur Hegel, *Der deutsche Idealismus* (1929), s'ouvre sur une méditation sur l'« explication contrôlable ». Heidegger cherche alors tout abord un *nom* pour désigner le rapport historique entre deux penseurs :

> « Nous saisissons l'histoire seulement à partir de l'avenir. C'est seulement ainsi qu'elle vient au dialogue (*Gespräch*) [note de Heidegger: « >objet< – deux sujets »], et la méditation n'est plus une comparaison mais un débat (*Zwiegespräch*) que nous devons mettre en marche – et encore, un débat qui est nécessairement une explication (*Auseinandersetzung*), c'est-à-dire un combat (*Kampf*), lequel est bien entendu complètement différent de ce qu'on appelle la >polémique scientifique<. »[2]

Dans ce passage, le rapport historique entre deux

1 La question de l'historialité n'est cependant pas élucidée spécifiquement par rapport à Hegel. Comme le dit Karin de Boer, « aucun texte de Heidegger publié à ce jour n'explicite la façon dont la philosophie de Hegel est dominée par la temporalité » (*Thinking in the Light of Time*, p. 199). En effet, la perspective heideggérienne sur la temporalité et sur l'historialité hégéliennes doit être déduite, comme en creux, via Hölderlin.

2 GA 28, p. 6.

penseurs revêt quatre noms : dialogue (*Gespräch*), débat (*Zwiegespräch*), explication (*Auseinandersetzung*) et combat (*Kampf*). Heidegger choisit le mot *Auseinandersetzung* pour désigner son opération dans tous ses cours entre 1929 et 1941, notamment dans la partie « Hegel » de *Der deutsche Idealismus*, dans la conférence « Hegel und das Problem der Metaphysik » (1930), dans son cours du semestre de l'hiver 1930/1931 paru sous le nom de *La « Phénoménologie de l'esprit » de Hegel*, dans le cours *Die Grundfrage der Philosophie* (1933, GA 36/37), dans le cours sur la *Négativité* (1938/1939, 1941, GA 68) et dans le cours sur l'« Introduction » de la *Phénoménologie de l'esprit* (1942, GA 68). Dans les essais « Hegel et son concept de l'expérience » (1942/1943) et « Hegel et les grecs » (1958), il ne nomme pas son opération. Ce n'est que dans son dernier texte consacré à Hegel, paru plus de dix ans après (1956/1957), qu'il change de mot : au lieu de l'*Auseinandersetzung*, *La constitution onto-théo-logique de la métaphysique* utilise le terme *Gespräch*. Mais le séminaire du Thor de 1968 est à nouveau une *Auseinandersetzung*.

Le premier nom pour une « explication contrôlable » est donc *Auseinandersetzung*. Ce mot est pour Heidegger d'abord une traduction du mot *pólemos*, la « guerre » qui, selon le fragment 53 d'Héraclite, fait apparaître les étants-présents les uns contre les autres[1]. Bonne traduction, le mot allemand *Auseinandersetzung* dit littéralement « l'acte de poser l'un hors de l'autre », et il peut signifier un face-à-face de deux « sujets ». *Auseinandersetzung* signifie à la fois l'explication au sens de compte-rendu, de commentaire et d'éclaircissement, et l'explication au sens de règlement de compte ou de dispute. Le traduisant par *explication*, j'aimerais faire entendre quelque chose de son essence conflictuelle et souligner son sens de confrontation, d'opposition et de

1 Le *pólemos* d'Héraclite (*cf.* p. ex. EM, p. 87 / 122) est d'abord un mouvement de l'être. Selon un mode « archi-politique », cela peut également renvoyer à la *guerre,* qui ne doit pas être entendue comme *agôn* (GA 36/37, p. 89). Mais il renvoie également très souvent à l'explication de / avec un autre penseur, comme au début de *Hegel und das Problem der Metaphysik.*

séparation.

Le dernier nom donné au débat avec Hegel, dans *La constitution onto-théo-logique de la métaphysique*, est *Gespräch*, dialogue. Dans ce texte, Heidegger présente son dialogue avec Hegel comme dialogue sur l'histoire de la pensée mais, comme nous le verrons à l'instant, sa lecture revient à supprimer, plutôt qu'à développer, la conception hégélienne de l'histoire. En plus de ces lectures qui réfléchissent son propre geste, Heidegger a également quelques textes sur Hegel se passant de réflexions méthodologiques, et dont le caractère principal me semble toujours être la *traduction*.

Ces positions et attitudes de lecture reflètent et produisent l'évolution du rapport de Heidegger à Hegel. Parce que mon propos est moins l'évolution du seul Heidegger qu'une pensée « entre » Hegel *et* Heidegger, je ne vais pas examiner cette évolution en fonction de facteurs biographiques ou historiques[1]. En revanche, je me concentrerai sur la nécessité conceptuelle qui commande ces positionnements. Il se trouve que Heidegger rassemble la question de l'être dans un « dialogue », dans lequel un accord annoncé s'avèrera aussitôt être un désaccord absolu concernant le sens de l'être. Il se trouve aussi que Heidegger étudie le problème du temps par une « dissociation clarificatrice », qui porte en réalité

1 Une approche chronologique se justifierait surtout si on cherchait à savoir quel est le rôle de Hegel dans le « tournant » (*Kehre*) de Heidegger. A ce sujet, on consultera, en plus de l'ouvrage d'Otto Pöggeler, *Der Denkweg Martin Heideggers*, p. 160, les ouvrages d'Annette Sell et d'Andreas Großmann. Sell fait remarquer que le « tournant » a lieu en même temps que l'explication heideggérienne du premier chapitre de la *Phénoménologie de l'esprit*, en hiver 1930-1931 (Annette Sell, *Martin Heideggers Gang durch Hegels Phänomenologie des Geistes*, p. 13). Großman retrace le tournant jusqu'à « Qu'est-ce que la métaphysique » (1929), et surtout dans *Les concepts fondamentaux de la métaphysique* (1929-1930) (Andreas Großmann, *Spur zum Heiligen. Kunst und Geschichte im Widerstreit zwischen Hegel und Heidegger,* p. 83). Großmann interroge surtout la simultanéité des lectures de Hegel – que Heidegger finit par abandonner au profit de Hölderlin –, du tournant et de l'engagement nazi. En effet, le lamentable cours de 1933 dans lequel l'engagement nazi de Heidegger est le plus manifeste, est un cours dirigé contre Hegel.

sur le nom qu'il faut donner au « sujet » (conscience de soi / *Dasein*). Il se trouve, enfin, que « explication » porte toujours sur le problème de l'historialité et de la communauté. Je voudrais exposer la nécessité, obscure mais contraignante, qui le force à étudier le temps par la séparation, l'historialité par la confrontation, et l'être par le dialogue, afin de montrer comment leur constellation esquisse les contours d'un tournant époqual.

Je présenterai, dans ce qui suit, ces trois approches de plus près, en essayant de faire ressortir la gravité du problème adressé par Heidegger et la complexité de ses solutions. Le but de mon approche est de montrer quelque chose qui, chez Heidegger, n'était pas exactement thématisé, bien que je ne veuille pas l'appeler son impensé (*Ungedachtes*) non plus. Peut-être n'était-ce qu'un instinct sûr, comme la pensée hégélienne de l'historialité de la philosophie.

b. Dialogue

Je commencerai par la fin, par *La Constitution onto-théo-logique de la métaphysique* de 1957, dans lequel nous pouvons espérer trouver « le dernier mot » de Heidegger sur Hegel. On sait que l'enjeu du dialogue est décisif : la « chose même », l'être. Dans ce texte, Heidegger choisit le mot pacifique « dialogue » (*Gespräch*) pour caractériser son débat avec Hegel sur l'être, afin de signifier que le conflit de l'être n'est pas une querelle *entre* les penseurs mais la conflictualité *propre* de l'être[1]. Faisant écho à la

---

1 « Un dialogue (Gespräch) avec un penseur ne peut porter que sur la « cause » de la pensée. « Cause », d'après la définition qu'on en donne, désigne le cas litigieux (Streitfall), le litige (das Strittige), et celui-ci ne peut être pour la pensée que *le* cas (Fall) qui le concerne. Dans ce cas litigieux, le litige n'est aucunement imputable à la pensée, laquelle, pour le créer, aurait saisi le premier prétexte venu (der Streit dieses Strittigen wird keineswegs vom Zaun gebrochen). La « cause » ou l'« affaire » de la pensée est un différend dans ce qu'il a de litigieux (das in sich Strittige eines Streites). Le sens principal de *Streit*, « litige », (vieux haut-allemand

concorde des penseurs, le dialogue porte sur la « mêmeté » des pensées hégélienne et heideggérienne de l'être, car les deux pensent l'être comme différence et dans son histoire. Cependant, Heidegger y insiste, à la fin ni la différence ni l'idée sous-jacente de l'histoire ne sont identiques : il faut au contraire bien distinguer entre la différence dialectique et la différence ontologique, entre l'histoire de ce qui a été pensé et l'histoire de l'impensé, entre la pensée comme *Aufhebung* et la pensée comme *Schritt zurück*, etc. Creusant ces différences, Heidegger finit par produire une différence abyssale entre lui-même et Hegel : la conception hégélienne de l'être serait l'idée « onto-théo-logique » d'une *causa sui* immobile, laquelle est à l'extrême opposé de la pensée heideggérienne de l'historialité de l'être comme *Ereignis*.

Tout cela est bien connu. La chose est cependant loin d'être aussi évidente que la voix ferme de Heidegger nous induit à le croire. Voyons d'abord la « chose même », puis le dialogue qui la fait venir au jour.

En disant que la « chose » de son dialogue avec Hegel est « l'être », Heidegger introduit déjà sciemment une torsion dans la philosophie hégélienne, dans la mesure où Hegel dirait plutôt que sa « chose » est la raison, la pensée[1]. Admettons cependant avec Parménide, suivi par Hegel et Heidegger, que « la même chose sont la pensée et l'être ». Selon Heidegger, le traité de Hegel sur l'être est la *Science de la logique*, que Heidegger a souvent enseignée et qui est également à l'horizon de la *Constitution onto-théo-logique de la métaphysique*[2]. Ce qu'est la théorie de l'être dans la

strit), n'est pas « discorde » (Zwietracht) mais « pression », « contrainte » (Bedrängnis). Le cas litigieux de la pensée contraint la pensée (die Sache des Denkens bedrängt das Denken) en ce sens qu'il conduit celle-ci d'abord à son propre cas (Sache) et, de ce cas, à elle-même. » (ID, p. 31 / Q I-II, p. 277, tr. légèrement modifiée.)

1 ID, 36 / 282.

2 Sur la *Logique* comme traité sur l'être, p. ex. HPM, p. 22 et sur la désignation par Heidegger de ce livre comme adversaire par excellence, HPM, p. 16 et 56. On connaît les travaux suivants de Heidegger sur la *Logique* car il y renvoie depuis son habilitation ; pendant la rédaction d'*Être et temps*, en 1925/1926 et 1927 il dirige des travaux pratiques sur la *Logique* ; il y renvoie dans le cours *Der deutsche Idealismus* en 1929

Science de la logique est une question trop complexe pour être exposée ici – j'y reviens dans un autre travail – mais je peux donner quelques repères permettant au moins de la situer. Selon Heidegger, citant une phrase de Hegel, le contenu de la *Logique* est « la présentation de Dieu tel qu'il est selon son essence éternelle, avant la création de la nature et de l'esprit fini »[1] ; dans ce contexte, « l'être est l'immédiat indéterminé »[2], ce qui est selon Heidegger un véritable « non-concept »[3]. Selon Heidegger, l'être hégélien se résorbe donc dans l'idée éternelle, figée dans un système purement rationnel et fonctionnant comme la *causa sui* décrite dans la *Constitution onto-théo-logique de la métaphysique*. Cela étant, il est également possible de lire Hegel d'une manière très différente. Sans doute le fondement de son système est-il l'idée, mais celle-ci est essentiellement dynamique. L'idée est la vie, l'effectivité et la liberté, et la tâche de la pensée est de saisir le mouvement même de cette dynamique : l'idée en acte, l'idée dans sa production conflictuelle incessante. Il est possible de montrer que, si l'être décrit dans la *Logique* hégélienne est compris selon ce dynamisme, il est en réalité très proche de l'être selon Heidegger – qui ne veut bien

---

et, après le cours sur la *Phénoménologie* en 1930-1931, il donne une conférence sur la *Logique* en 1930 et y revient pendant le *Rektorat* (le cours *Die Grundfrage der Philosophie* en 1933) et immédiatement après. En 1938-1939 et 1941 il dirige un groupe de travail sur la négativité en se référant aussi à la *Logique* (paru sous le titre *La Négativité*). Enfin, *Identité et différence* de 1956-1957 est issu d'un cours sur la *Logique*. En plus de ces travaux spécifiquement consacrés à la *Logique*, son œuvre, et notamment les cours sur Héraclite, contient d'innombrables renvois passagers à cet *opus magnum* (GA 55, *Heraklit* (1943-44) et GA 15 : Heidegger et Fink : *Heraklit* (1966-67)). Selon la liste des cours et des séminaires de Heidegger compilée par Alfred Denker, le séminaire de 1955/1956 aurait traité la logique de l'essence et celui de 1956/1957 le commencement de la science. Daniel Fidel Ferrer rapporte qu'un manuscrit de ces cours existe probablement. Ces informations par Denker et Ferrer se trouvaient en 2009 sur le site de Daniel Fidel Ferrer (http://personal.cmich.edu/~ferre1df/).

1 WL I, p. 44 / 19 ; cité dans GA 36/37, p. 76, HPM, p. 30

2 HPM, p. 22, GA 36/37, p. 73, GA 68, p. 30 / 49.

3 GA 68, p. 31 / 50.

entendu pas le savoir[1].

De la même manière Heidegger exacerbe une différence qu'il serait tout aussi possible d'estomper lorsqu'il décrit, dans la *Constitution onto-théo-logique de la métaphysique*, la mêmeté des conceptions hégélienne et heideggérienne de l'histoire de la pensée en la divisant selon les mouvements de l'*Aufhebung* et du pas-en-arrière (*Schritt zurück*). Selon Heidegger, l'*Aufhebung* hégélienne « saisit » et « fonde » l'histoire[2], et sa compréhension totale du sens de l'histoire épuise l'histoire dans sa conclusion. Le pas-en-arrière doit, en revanche, libérer l'histoire pour son avenir : en cherchant l'impensé dans l'histoire, il vise à donner à penser (à) l'avenir. Selon Heidegger, « le seul penseur de l'Occident qui, dans la pensée, a été touché par l'histoire de la pensée, c'est Hegel[3] ». Mais dès lors que Hegel cherche la *raison* dans l'histoire, il ne peut que résumer cette historialité dans la présence à soi de l'esprit absolu. Ainsi, tout en pensant de manière historiale, au sens de l'événement (*Geschehen*), Hegel ne penserait pas de manière *proprement* historiale, à savoir au sens de l'*Ereignis*[4]. Selon Heidegger, Hegel envisage l'histoire réelle comme extériorité par rapport à l'idée et non comme être qui se donne à penser à même son histoire[5]. Conséquemment, la philosophie de l'histoire hégélienne consiste à soumettre l'histoire à la loi de la pensée et à l'ordonner en un système[6]. Se bouclant comme une téléologie, la loi hégélienne de l'histoire ne peut libérer l'histoire à son advenir depuis ce que Heidegger appelle, dans « La parole d'Anaximandre », l'*eschaton* de l'histoire[7]. La pensée hégélienne de l'histoire n'en est donc que la clôture (d'autres diraient : la « fin »), consistant à soumettre l'histoire à la loi

1 L'interprétation réductionniste, voire le refus d'interprétation de l'être comme acte, par Heidegger, est clairement exposée par Franck Fischbach dans *L'Être et l'acte*, p. ex. p. 19, 28-29, 193.

2 ID, p. 39 / Q I-II, p. 284.

3 HW, p. 319 / 389. *Cf.* ID, p. 33 / Q I-II, p. 279 ; GA 28, p. 211.

4 ID, p. 34 / 280.

5 ID, p. 33-34 / Q I-II, p. 279-280.

6 « Lettre sur l' "humanisme" », *in WM*, p. 332 / *Q III-IV*, p. 96.

7 HW, p. 323 / 349.

d'airain de l'idée et à empêcher, ainsi, l'advenir de l'être[1].

Cette interprétation heideggérienne désigne sans doute un risque réel dans la pensée hégélienne de l'histoire, mais en rabattant *toute* la réflexion hégélienne sur l'intemporalité de l'idée, il escamote ce qui, dans la pensée hégélienne, pourrait lui lancer un défi. Heidegger évite notamment la *question* de Hegel : « comment l'idée, étant intemporelle en soi, peut-elle avoir un être-là (Dasein) dans le temps ?[2] » qui ouvre, depuis l'antagonisme entre l'éternité de l'idée et la temporalité du réel, une réflexion fondamentale concernant l'assimilation de l'idée dans le temps, laquelle se montre aussi dans l'étonnement portant sur la *longueur du temps* et la *lenteur* de l'esprit du monde[3]. À partir d'ici, il serait possible de comparer *l'étendue du temps concret* et *l'épreuve de l'être* chez Hegel et Heidegger. Cependant, la pure et simple identification des deux pensées de l'être et du temps n'est pas possible, dans la mesure où l'historialité et la temporalité sont des *pensées* concernant ce qui ne suscite, chez Hegel, que l'*étonnement*. Nous pouvons penser que si Hegel s'arrête, étonné, devant l'extension du temps, son arrêt s'explique alors par le fait que le temps, comme le dirait Kant, n'est pas une idée mais une des conditions de la phénoménalité en général ; l'essence de la conscience étant la pensée, elle ne peut que désigner et non pas saisir le phénomène pur. Heidegger, par contre, constitue le *Dasein* comme corrélat de la phénoménalité en général. Le *Dasein* est celui qui trouve sa vérité par voie de description du phénomène qu'il est lui-même : il est capable de *se tenir* devant l'*étendre* du temps et, faute de lui rendre raison, de le décrire tel qu'il lui apparaît. Pourtant, bien que capable de *montrer* l'étendre du temps, lui non plus ne peut le *saisir* ; dès lors, Hegel et Heidegger décrivent des *expériences* fort semblables de l'être.

Et Hegel et Heidegger cherchent un « trésor » dans l'histoire de la philosophie. En l'appelant « être », et en

---

1 On trouvera un excellent résumé des points de désaccord sur l'histoire dans l'article de Michel Haar, « Structures hégéliennes dans la pensée heideggérienne de l'Histoire ».

2 VGP, p. 29 / 43.

3 VGP, p. 34-36 / 47-49.

établissant une distinction ferme entre sa révélation progressive (Hegel) et la pensée de son oubli (Heidegger), Heidegger risque de le confondre avec une vérité hors du temps. Il me semble pourtant que le « trésor » partagé par Hegel et Heidegger est la vérité historiale et la vérité de l'historialité.

Des tensions particulièrement fortes guettent donc sous le calme du mot « être », que Heidegger propose comme « chose même » de son dialogue avec Hegel. Voyons maintenant comment Heidegger construit le dialogue qui rassemble un conflit aussi intense. Pour expliquer comment il aborde l'histoire de la philosophie – et donc aussi la pensée hégélienne – Heidegger dit d'abord, dans la *Constitution onto-théo-logique de la métaphysique*, qu'il observe la même loi du dialogue que Hegel : la pénétration dans ce qui a déjà été pensé.

> « Pour Hegel, la loi d'un dialogue avec l'histoire de la philosophie est de pénétrer dans la vigueur et dans toute l'étendue de ce qui a été pensé par les penseurs précédents (*früheren Denkern*) [...]
> Pour nous, la loi d'un dialogue avec la tradition est la même, pour autant qu'il s'agit de pénétrer dans la vigueur de la pensée d'autrefois (*früheren Denkens*). Seulement, nous ne cherchons pas cette vigueur dans ce qui a été déjà pensé, mais dans un impensé d'où le pensé reçoit son lieu d'essence.[1] »

Dans ce passage, Heidegger saisit exactement la façon hégélienne de s'adresser, dans le passé, aux penseurs précédents : Hegel cherche, dans l'histoire de la philosophie, des traces des sujets agissants, cherchant à les saisir « là où ils sont ». Heidegger, en revanche, ne cherche pas dans la tradition « ce qui a été pensé par les *penseurs* précédents » mais

1 ID, p. 37-38 / 282-283, je modifie la traduction, car Préau estompe la distinction, pour moi essentielle, entre *frühere Denkern* et *früheres Denken*.

« la *pensée* d'autrefois » et dans celle-ci, l'impensé, donc en un sens « ce qui n'est pas là ». Le dialogue heideggérien caractérise la « cause » de la pensée et non pas le rapport entre des interlocuteurs : il est le *pólemos* du cas litigieux contraignant la pensée et non pas la polémique opposant des penseurs. Plus tard, j'examinerai si Heidegger ne va pas jusqu'à « oublier » ou à « éviter » le rôle exact de l'« autre penseur » dans le dialogue historique, et si cet oubli ne trahit pas également l'oubli d'une certaine question de la transcendance historiale.

Mais comment Heidegger mène-t-il sa lecture ? Notons d'abord que la critique heideggérienne de l'« onto-théologie » hégélienne est une paraphrase directe et littérale de l'explication hégélienne de sa « réfutation » (*Widerlegung*) de Spinoza dans le chapitre « Du concept en général » de la *Science de la logique*, cité plus haut[1]. En mimant le geste par lequel Hegel prend ses distances d'avec son prédécesseur « métaphysique » difficile, Heidegger dit en fait quelque chose qui s'applique davantage à Spinoza qu'à Hegel. En réduisant la pensée hégélienne de l'être à une *causa sui* éternelle, Heidegger oblitère la possibilité d'une interprétation très différente de l'être ; à savoir l'interprétation dynamique et foncièrement historique de l'être comme vie, activité et liberté ; à savoir l'être comme *vie de l'esprit*. Or qu'est-ce que Heidegger fait ici, au juste ? Il ne s'agit pas *simplement* de choisir entre deux interprétations possibles de Hegel. J'essaie d'éclaircir le problème en l'intensifiant : Heidegger attribue à Hegel les mots d'un autre penseur (la « *causa sui* » de Spinoza, l'« onto-théo-logie » de Heidegger) et il oblitère les mots propres de Hegel (« la vie de l'esprit »). Il est possible de montrer que ceci est en fait un geste constant dans ses lectures de Hegel : il refuse les *mots* de Hegel en les remplaçant par d'autres mots (surtout dans « Hegel et son concept de l'expérience », *Absolut* devient *Absolution*, *Denken* devient *Vorstellen*, *Sein* devient *Seiendes*, *Bewegen* devient *Gelangen*, etc.). La stratégie est singulière, car avec bien d'autres philosophes Heidegger pense au contraire en expliquant *leurs* mots (en particulier Héraclite). Les mots

1 WL II, p. 250 / 41.

de Hegel sont au contraire rejetés par Heidegger – non pas dans un effort pédagogique destiné à nous rendre Hegel plus accessible, mais dans effort historial pour gagner « les mots de notre pensée » par un rejet actif des « mots métaphysiques » de Hegel.

Parfois cela se produit comme une guerre sur les traductions de Héraclite : dans la mesure où Héraclite aura dit les premières paroles de l'être, leur interprétation par Hegel en termes de « devenir » et d'« actualité » est censée achever l'« époque de la métaphysique » ; alors que leurs étranges traductions par Heidegger en une nouvelle langue de l'être et de l'apparaître sont censées ouvrir le chemin pour une nouvelle époque de pensée. Heidegger prépare la possibilité d'une nouvelle pensée de l'être précisément en rejetant les *mots* de Hegel en tant que mots métaphysiques.

Mais avec les mots de Hegel, ses pensées aussi sont oblitérées. Je ne peux pas le montrer ici – je le fais ailleurs – mais je constate qu'en suivant Hegel avec ses propres termes on le verrait parvenir beaucoup plus proche de Heidegger que celui-ci ne voudrait jamais l'accepter. À la fin, les deux conceptions de l'être seraient pratiquement indistinctes, et il semblerait que Heidegger rejette Hegel si énergiquement précisément parce qu'il est si proche de lui.

Une précision s'impose cependant. Heidegger dit que sa conception de l'être est la *même* que celle de Hegel – et non pas *identique* : *selbe, aber nicht gleiche*. C'est vrai, mais j'aimerais ajouter qu'ils sont aussi *indifférenciables* ou *indiscernables*. Il n'y a pas de *mots* pour *identifier* l'être « partagé » par Hegel et Heidegger. Il *ne peut pas* y en avoir, car les mots de Hegel sont explicitement rejetés par Heidegger[1], tout comme les mots de Heidegger auraient peut-être été ridiculisés par Hegel, en sorte que, au lieu d'une parole de l'être, nous n'avons que des *conflits de traduction* entre *Entstehung* et *Aufgehung*, *dialektische Differenz* et *ontologische Differenz*, *Widerspruch* et *Auseinandersetzung*,

1 Dans « L'Oblitération », Philippe Lacoue-Labarthe a trouvé une expression heureuse pour désigner ce refus d'accord concernant « la chose même » : le « stratagème de l'é-loignement » (*op. cit.* p. 136-137).

Vernunft et *Sprache*, etc. Dans ses lectures de Hölderlin, Heidegger avait dit que le dialogue est fondamentalement un monologue de l'être : mais ici, l'être se retire dans son indicibilité et son manque de noms propres, et tout ce que nous pouvons *entendre* est le dialogue dans lequel il n'y a aucun accord sur le nom de l'être. Selon Heidegger (et selon Hegel), l'être ne peut pas être manifeste sans son *logos* – sans mots. Dominique Janicaud a dit que « les concepts manquent pour penser cet affrontement »[1]. J'ajoute simplement : cette rupture est définitive et irrémédiable, parce que la « méthode » même de Heidegger consiste à rejeter les mots de Hegel.

Voilà pourquoi le conflit Hegel-Heidegger est à la fois si insistant et évasif. Cependant, si la « chose » de la pensée se retire définitivement, le conflit à son sujet continue néanmoins à se faire sentir. Ce qui apparaît, est précisément le conflit : l'affinité et le désaccord des pensées, leur « parenté » (*Verwandtschaft*) problématique. Mais comment peut-on penser, *comme telle*, une chose aussi floue qu'une *affinité* ?

c. Distinction clarificatrice

Sur le non-fond de l'être, Hegel et Heidegger seraient donc indistincts mais, pour saisir leur distinction, peut-être devrions-nous aborder leur conflit autrement. La *Constitution onto-théo-logique de la métaphysique* implique sans doute le long dialogue que Heidegger avait déjà mené avec Hegel. Dans la « dissociation clarificatrice » d'*Être et temps* et surtout dans les « explications » de sa période intermédiaire, l'enjeu déclaré des débats de Heidegger avec Hegel n'est pas l'identification d'une *chose* commune mais l'identification des *participants* du débat : ainsi la « mêmeté » implique-t-elle une pensée de la différence depuis ses termes. Bien entendu, « Hegel » et « Heidegger » n'apparaissent pas alors comme individus mais comme éponymes de deux positions philosophiques, et leur conflit vise à distinguer deux manières différentes d'affronter la question de l'être, en l'occurrence,

1 Dominique Janicaud, « Heidegger – Hegel : un dialogue impossible », p. 157.

la dialectique et la pensée de l'être. Nous pouvons nous représenter ces « manières » comme des « méthodes », au sens de mouvement ou de chemin de pensée dont l'auto-réflexion constitue l'instance subjective de la philosophie, dont l'essence est l'enjeu du débat. La dimension du conflit sur l'être se laisserait-elle donc déterminer comme débat entre deux conceptions du « sujet de la philosophie », plutôt que comme débat sur « l'objet de la philosophie » (l'être) ? Laissons provisoirement de côté le sujet absolu, qui correspond à une question différente, et examinons simplement les « sujets » en dialogue. Dans ce cas, le « sujet » est l'être de l'humain face à la question de l'être : la conscience de soi ou le *Dasein*.

Il me semble en tout cas que tel était l'enjeu de la première confrontation sérieuse de Heidegger avec Hegel dans *Être et temps*. Comme je l'ai déjà dit, le célèbre § 82 d'*Être et temps*, contenant la « déconstruction » heideggérienne du concept hégélien du temps, n'est en fait pas une véritable *Auseinandersetzung* en vue de la re-position de la question de l'être, mais seulement une clarification et une distinction préalable, eine *abhebende Verdeutlichung*. L'intention déclarée de Heidegger n'est pas de critiquer Hegel ni d'examiner sa théorie en détail – par exemple la question décisive concernant la relation entre temps et éternité est explicitement laissée de côté – mais de clarifier sa propre théorie du *Dasein*.

Il n'est plus nécessaire de remontrer les insuffisances de l'interprétation heideggérienne de la théorie hégélienne du temps[1]. On peut dire avec Catherine Malabou que la lecture heideggérienne, qui vise à montrer la « vulgarité » de la conception hégélienne du temps, est elle-même « vulgaire »[2].

---

1 *Cf.* en particulier J. Derrida, « Ousia et Grammé », in *Marges de la philosophie* ; Denise Souche-Dagues, « Une exégèse heideggérienne : le temps chez Hegel d'après le § 82 de Sein und Zeit » ; C. Bouton, « La conception hégélienne du temps à Iéna », in *Philosophie*, n° 49 ; O. D. Brauer, *Dialektik der Zeit*, p. 135-154 ; S. Majetschak, *Die Logik des Absoluten*, p. 266-275 ; Dennis J. Schmidt, *The Ubiquity of the Finite*, p. 24-62 ; Karin de Boer, *Thinking in the Light of Time*, p. 255-265.

2 Le scandale est bien résumé par Catherine Malabou qui écrit dans *L'avenir de Hegel* : « La lecture que Heidegger propose de Hegel à la fin

Heidegger réduit Hegel à Aristote afin de souligner sa propre originalité – alors qu'il aurait tout aussi bien pu opter pour une lecture généreuse, par exemple en montrant combien il doit à Hegel concernant l'historialité.

Je pense, néanmoins, qu'en concentrant ses efforts sur la seule question du temps, Heidegger finit pas oblitérer le véritable objet de sa distinction. Il me semble qu'afin de distinguer le *Dasein* de la pensée hégélienne, le problème du temps est secondaire, et que le problème fondamental est la distinction entre le *Dasein* et la *Selbstbewusstsein* (conscience de soi). En tout cas pour moi cette comparaison serait pertinente : est-ce que *Être et temps* fournit une interprétation plus profonde de l'existence humaine que la *Phénoménologie de l'esprit* et si oui, en quoi la dépasse-t-il ? Après tout, leurs projets sont parallèles : les deux décrivant le chemin de l'être humain depuis une expérience ordinaire, limitée et tragique vers les questions philosophiques les plus fondamentales ; les deux prenant la réalité finie au sérieux ; et les deux demandant quel genre de « conversion » sera nécessaire afin de questionner le sens et la raison. De ce point de vue, il est facile de voir que les analogies entre les deux projets sont aussi frappantes que leurs incompatibilités.

La parenté des deux livres vient au jour le mieux lorsqu'on se demande comment l'un et l'autre conçoivent l'essence de *l'être humain* – qui constitue sans doute un élément du « sujet de la philosophie » selon l'un et selon l'autre. On sait qu'au cœur d'*Être et temps* est la définition de l'être du *Dasein* comme temps, à laquelle Heidegger oppose la définition hégélienne du temps naturel – par ailleurs, Heidegger dit aussi que toute la philosophie hégélienne résulte d'un *oubli* de la question « qu'est-ce que l'homme ?[1] » Mais qu'en est-il au juste ? Il est possible de montrer que Hegel pense

---

de *Être et temps*, pour incontournable qu'elle soit, nous laisse perplexe sur un point essentiel : pour affirmer que Hegel porte à son accomplissement la conception du « temps vulgaire » qui préside au destin de la métaphysique occidentale, Heidegger n'en vient-il pas à pratiquer ce qu'elle dénonce ? N'est-il pas conduit à *niveler le temps de la dialectique pour montrer que le temps dialectique est un temps nivelé* ? » (*Op. cit.*, p. 178.)

1 *Cf.* p. ex. DI, § 4.

non seulement que le temps est chose humaine[1] mais plus précisément que le « Je est dans le temps et le temps est l'être du sujet lui-même »[2]. Néanmoins, la temporalité n'est pour Hegel qu'une condition abstraite de l'humain, qu'il s'agit plutôt de penser selon sa concrétude. *L'être humain* est, pour Hegel, un *vivant* dont *l'être est son acte*[3] et dont *l'idée est la liberté*[4]. Sa temporalité se concrétise en une « histoire » déterminée et doit se penser comme la négativité qui anime celle-ci : c'est la temporalité de l'action qui sans cesse forme l'humain sur et contre ses formes passées. Il n'est pas possible d'enfermer l'humain dans une définition définitive : il n'*est* rien de déterminé mais il se *fait*[5]. Ses actes déterminent son histoire, mais sa liberté lui permet de refuser la fatalité historique et de créer un nouvel avenir. C'est pourquoi l'idée de l'homme n'est aucune figure particulière : elle est la figuration elle-même, la figurabilité et la plasticité générales[6].

1 Comme le dit notamment A. Koyré, « le temps hégélien est, avant tout, un temps *humain*, *le temps de l'homme* » (« Hegel à Iéna », *in Études d'histoire de la pensée philosophique*, p. 177).

2 *Esthétique*, W 15, 156 / 143.

3 PDG, p. 242-243 / 231.

4 « La liberté est une donnée de la conscience » qui détermine l'homme en tant que volonté libre (GPR § 4, p. 46-49 / 57-58). En tant qu'être spirituel, l'homme est libre, mais il n'a pris conscience de sa liberté que lentement. Selon Hegel, ni les Orientaux ni les Grecs mais « seules les nations germaniques sont d'abord arrivées dans le Christianisme, à la conscience que l'homme en tant qu'homme est libre, que la liberté spirituelle constitue vraiment sa nature propre. » (VPG, p. 31 / 28.)

5 C'est pourquoi l'homme est semblable à l'imagination, comme une réserve nocturne d'images du passé, d'où raison et folie peuvent surgir : « l'homme est cette nuit, ce néant vide, qui contient tout dans sa simplicité – une richesse de représentations infiniment multiples, d'images, dont aucune ne lui échoit en ce moment – ou qui ne sont pas en tant que présentes. Ceci est la nuit, l'intérieur de la nature, qui existe ici – Soi pur… » (*Système d'Iéna* 1805-1806, tr. Jacques Taminiaux, *Naissance de la philosophie hégélienne de l'État*, p. 194-195.)

6 Nietzsche n'est pas l'unique philosophe à comprendre l'humain comme une plasticité infinie : l'idée remonte à l'idéalisme allemand. Pour ce qui concerne Hegel, le thème de la plasticité a été repéré en particulier par Gérard Lebrun (dans *La patience du concept*), Jean-Luc Nancy (notamment le « Préambule » de *La Remarque spéculative*) et

Si Heidegger pense l'être humain depuis le *Je = temps*, Hegel le pense en revanche depuis le *Je = nous*[1]. Contrairement à Heidegger, qui nous contraint de penser le *nous* depuis le *temps*, Hegel propose de penser le *temps* depuis le *nous* : le temps revient au Je depuis un monde, qui s'articule comme un « nous ». C'est pourquoi aussi le temps de l'individu est inséparable du temps de son « peuple » (ou de n'importe quel contexte fini). Le temps ne se montre pas chez Hegel comme dimension des possibilités du Je solitaire : il est d'emblée défini comme élément de l'effectivité d'une vie dans le monde avec les autres. La solitude n'est qu'une abstraction provisoire du *nous*, mieux, une suspension momentanée de la logique de la reconnaissance qui le détermine : la conscience qui croit pouvoir se déterminer seule n'est que la conscience malheureuse et aliénée. Or le *Dasein*, étant un pas-en-arrière dans le *cogito* cartésien et le Je kantien, atteint le niveau le plus originaire de l'analyse lors d'une suspension du monde et des autres. Alors il est seul : serait-il aussi *aliéné* ? Hegel pourrait le lui reprocher, car il s'est toujours opposé à la tradition cartésienne et kantienne consistant à fonder la pensée sur le Je. Partant de cette observation, ne pourrions nous pas penser que le « nous » hégélien contient des éléments, notamment la logique de la reconnaissance, qui font signe vers un impensé de Heidegger ?

Œil pour œil, question pour question… Je pense, néanmoins, que la différence la plus essentielle entre le *Dasein* et la conscience de soi se réduit à une différence d'accentuation : au niveau *le plus originaire*, le *Dasein* est déterminé par la question du temps, alors que la détermination *la plus originaire* de la conscience de soi est sa reconnaissance *de* et *par* d'autres consciences de soi. La conscience de soi est aussi temporelle mais, contrairement au *Dasein*, sa solitude n'apporte aucune vérité, et la solitude devant la mort ne conduit pas à une forme spécialement révélatrice de conscience de soi (en fait, il n'y a pas de mort solitaire dans la *Phénoménologie de l'esprit*, qui est pourtant une

---

Catherine Malabou (en particulier le ch. II de « Introduction » de l'*Avenir de Hegel*).

1 PDG, p. 145 / 149-150.

véritable histoire de l'expérience de la mort). De son côté, le *Dasein* est aussi *Mitsein*, mais le *Mitsein* ne devient guère plus qu'une modification inauthentique du *Dasein*. Or si le *Dasein* est défini premièrement mais non exclusivement en fonction du temps, et si la conscience de soi est définie premièrement mais non exclusivement en fonction d'autres consciences de soi, il est facile de comprendre le principe de leur distinction – même s'il n'est pas facile de démêler ses conséquences. Cependant, Heidegger ne mentionne pas du tout cette différence lorsqu'il veut clarifier les contours du *Dasein* par rapport à la pensée hégélienne. Au lieu d'examiner la temporalité de l'homme chez Hegel, au lieu de méditer le rôle de la mort dans la constitution de la conscience de soi, et au lieu de demander comment l'homme fait l'histoire dans laquelle l'idée et le temps coïncident, il rabat la question de la temporalité hégélienne sur la temporalité abstraite de la *Naturphilosophie*, dont le contraste avec la temporalité extatique du *Dasein* serait bien entendu tranchant même si on l'étudiait plus généreusement que ne le fait Heidegger. Voici une opposition facile mais peu éclaircissante, à supposer qu'on veuille prendre Hegel au sérieux.

Que se produit-il donc dans la lecture heideggérienne de Hegel dans *Être et temps* ? Premièrement, Heidegger réussit à distinguer sa théorie très clairement de Hegel : la temporalité extatique du *Dasein* n'est pas la temporalité abstraite de la nature. Deuxièmement, cette distinction ne laisse pas de chance à la pensée hégélienne, car ses questions sont oblitérées, ses réponses simplifiées à l'extrême, et ses mots encore une fois supprimés. Troisièmement, Heidegger ne prête aucune attention à une problématique hégélienne importante, qui pourrait défier sa propre pensée sérieusement, à savoir la pensée de la reconnaissance et de la communauté. Quatrièmement et pour moi de manière la plus intéressante, si Heidegger avait examiné le *Dasein* en ces termes hégéliens, il aurait aussi pu donner une explication plus satisfaisante de ce que lui-même fait par rapport à Hegel. Après tout, un dialogue philosophique implique une forme de « reconnaissance » et constitue une sorte de « communauté philosophique ». Lorsque le *Dasein* est défini surtout en fonction du temps, il est trop solitaire pour comprendre sa propre relation à d'autres façons d'« être là », y compris à d'autres perspectives sur la subjectivité du temps.

Revenons à notre problématique fondamentale. Il n'était pas possible d'expliquer la relation heideggérienne à Hegel simplement en demandant ce qu'est la « chose de la pensée » qu'ils partagent (l'« être »), car les deux théories étaient indistinctes. Maintenant il s'est avéré que l'effort pour les distinguer en différenciant leurs conceptions de l'être humain (qui pose la question de l'être) échoue pour la raison opposée. Les deux formes d'existence humaine sont trop distinctes pour communiquer, les concepts de l'un ne répondant pas aux questions de l'autre. C'est pourquoi je pense que la formulation de la question demeure insuffisante tant qu'on cherche l'essence du dialogue philosophique dans son « objet » ou dans ses « sujets ». En revanche, il restera à examiner le dialogue lui-même comme rapport et comme événement.

d. Explication

De fait, un dialogue a lieu entre Hegel et Heidegger : il les tient comme dans un champ magnétique qui les rapproche et les éloigne à la fois. Si l'unité du dialogue ne se laisse pas dire en identifiant une Chose partagée et si la tension entre ses participants ne se laisse pas expliquer en identifiant ses Sujets, il reste à examiner le dialogue lui-même comme champ d'attraction et de répulsion, comme événement qui produit sa chose et ses participants, et non l'inverse. Ainsi, l'identification des pôles du dialogue serait une conséquence possible du dialogue, plutôt que son origine.

Heidegger montre l'identification graduelle des « penseurs » et de la « chose » *depuis* le dialogue – l'émergence de deux *logoi* différents sur l'être depuis le conflit qu'est l'être – lorsqu'il décrit son rapport à Hegel comme étant une *explication* (*Auseinandersetzung*). En effet, c'est avant tout sous ce nom qu'il analyse son rapport à la *pensée de Hegel*, et non pas simplement à l'être impensé.

Toute explication est un combat sous le signe du désaccord et de la dissension. Malgré sa référence au *pólemos*, l'explication comme procédé de lecture ne se résorbe pas en une guerre héraclitéenne au cœur de l'être, mais se définit explicitement comme une lutte entre penseurs[1]. Contrairement à la *philia* du dialogue platonicien, le *pólemos* de l'explication ne cherche pas la concorde mais veut le différend qui ferait apparaître la différence des penseurs. L'explication exacerbe le combat des penseurs, creuse leur différend jusqu'à ce que la chose implose en un gouffre infranchissable. Si Heidegger « aime » Hegel, c'est seulement en tant que digne adversaire avec qui mener un « combat amoureux ». Dans « Die Grundfrage der Philosophie » de 1933, Heidegger va jusqu'à interpréter le *pólemos* en termes qu'on dirait inspirés par Carl Schmitt : l'explication n'est pas un *agôn* entre opposants amicaux mais un *pólemos* des ennemis[2]. Cette logique peut

1 P. ex. : « La seule manière essentielle d'aborder un autre philosophe – qu'il s'agisse d'un contemporain ou d'un philosophe antérieur – est d'entrer avec lui dans une *explication* (*Auseinandersetzung*). Mais loin de dégénérer jamais en conflit et polémique, l'explication est une lutte (*Kampf*). Ceux qu'elle met aux prises visent le même, ils s'engagent l'un pour l'autre dans le même questionnement. La lutte est d'autant plus simple que la question posée tient davantage à cœur et n'en est que plus simple. Nous tient à cœur ce genre de questionnement qui naît du fond de l'existence de celui qui questionne pour creuser toujours plus profond en lui. L'explication philosophique essentielle n'est pas affaire d'érudition, elle est toujours une intime nécessité inhérente à l'existence de l'homme. » (HPM, 16-19.) *Cf.* aussi : GA 15, p. 286 ; GA 28, p. 6, 231-232, 344 ; GA 32, p. 43-46 ; GA 36/37, p. 13-15, 90-92 ; GA 49, p. 140 ; GA 55, p. 41 ; GA 65, p. 187 ; GA 68, p. 3-10.

2 Pauvre en pensée et lamentable comme acte politique, le cours *Die Grundfrage der Philosophie* de 1933 reste révélateur en ce qui concerne le terme explication : « Grand et simple se tient au début [du fragment 53 d'Héraclite] la parole : *pólemos*, guerre. Ce qui est voulu dire par là n'est pas une occasion extérieure ni une préférence pour "la chose militaire", mais ce qui est décisif : se tenir contre un ennemi. Nous l'avons traduit par "combat" pour nous en tenir à l'essentiel ; mais d'autre part il est important de méditer ceci : le mot n'est pas *agôn*, lutte dans laquelle deux opposants amicaux mesurent leurs forces, mais combat comme *pólemos*, guerre ; à savoir, le combat est sérieux, l'opposant n'est pas un partenaire mais un ennemi. Le combat comme se tenir contre l'ennemi, ou plus clairement : endurer une explication. » (GA 36/37, p. 90.) Heidegger poursuit en disant que l'ennemi pour l'existence d'un peuple (*Dasein des*

également expliquer le procédé de la *Constitution onto-théologique de la métaphysique* : sans doute Heidegger y décrit-il un monologue de l'être dont les penseurs ne sont que des fonctions – mais cet être se *montre* uniquement comme litige à son sujet, lequel se *dit* en produisant la différence entre deux positions philosophiques adverses. L'explication est la production d'un différend philosophique qui n'est pas immédiatement donné.

Dans le § 1 de *Der deutsche Idealismus* Heidegger avait distingué l'explication de la « polémique scientifique » (celle-ci portant sur un objet, dont les sujets débattent sans s'y engager personnellement) et de l'histoire de la philosophie (faisant du passé un *objet* de recherche). En déployant l'explication dans les termes pour lui exceptionnels de « sujet » et d'« objet », Heidegger dit que l'explication veut réveiller l'*actualité* du sujet historique en lui rendant son caractère de *sujet* parlant, en sorte qu'il nous parle et nous mette en question[1]. Ce n'est que face à un « sujet parlant » que nous-mêmes pouvons devenir des « sujets » – au sens spécifique de : commencer à demander qui nous sommes nous-mêmes. L'explication est un dialogue dans lequel deux « sujets » se confrontent en tant que « sujets », et émergent en tant que « sujets » grâce à leur confrontation. Dans l'explication, un penseur explique la pensée d'un autre en s'y opposant, de manière à expliquer sa propre position en retour.

Nous savons que l'usage du mot « sujet » est malaisé pour expliquer ce que fait Heidegger ; lui-même ajuste son vocabulaire tout de suite après le § 1 de *Deutsche Idealismus* en affirmant que les participants de l'explication ne sont pas des « sujets » mais des *Dasein*. Mais que peut être, pour Heidegger, la confrontation des deux *Dasein* ? La question recèle des difficultés inattendues dans la mesure où elle en appelle à une pensée de l'être-avec authentique que

---

Volkes) n'est pas nécessairement extérieur, mais qu'il est plutôt essentiel de découvrir, voire de créer son ennemi intérieur. Cependant, l'ennemi intérieur de « notre germanité » n'est tout de même pas une « race juive » mais la philosophie hégélienne en tant qu'accomplissement de la métaphysique (*ibid.*, p. 13), ainsi que la philosophie platonicienne.

1 GA 28, p. 4 ; GA 15, p. 286 / Q III-IV, p. 372.

Heidegger n'a pas formulée dans les analytiques de l'être-avec (*Mitsein*) et de l'historialité (*Geschichtlichkeit*) d'*Être et temps*. Dès *Der deutsche Idealismus*, il est clair en tout cas que les *Dasein* qui se confrontent dans l'explication ne sont pas des « individus » mais des « nous », qui se pensent en termes du « là » (*Da*)[1]. L'explication est un événement historial dans lequel deux sites de l'existence historiale se mesurent l'un contre l'autre et ouvrent ainsi la dimension de l'histoire entre eux (par exemple : l'histoire se produit lorsqu'on mesure l'écart entre l'« achèvement de la métaphysique » et la « possibilité d'un autre commencement » nommée dans *Die Beiträge*). Une explication philosophique appartient à l'historialité du *Dasein*, qui identifie son époque en identifiant sa différence avec d'autres époques.

Quelles sont les conséquences de l'idée d'explication pour la lecture heideggérienne de Hegel ? D'un côté, l'explication heideggérienne avec Hegel contribue certes à l'auto-identification de Heidegger, qui se « situe » par rapport à Hegel en cantonnant son adversaire à l'achèvement des époques de la métaphysique, du subjectivisme et de la représentation. Il produit sa distance d'avec Hegel par des lectures véhémentes passant arrogamment sur le texte de son prédécesseur et défigurant sa philosophie, ne laissant guère

1 « L'explication n'advient pas entre deux systèmes mais dans *l'advenir du Dasein lui-même*. Pour être plus exact : l'idéalisme absolu appartient à l'histoire de notre propre *Dasein* : l'explication avec lui est l'explication essentielle du *Dasein* avec lui-même. Et ce combat est, pour nous, aujourd'hui, particulièrement aigu… Pour parler depuis les problèmes qui viennent d'être traités : commencement de la philosophie – pas de problème ! Car conformément à la finitude il est tout aussi fini, c'est-à-dire "arbitraire" ; on commence de manière tout à fait factuelle là où on se tient debout. Mais où est-ce que nous nous tenons debout ? Et par quoi devons-nous commencer ? […] Par nous-mêmes ! Nous déferions-nous de ce funeste fait d'être rejetés sur nous-mêmes ? En effet, seulement si nous saisissons en nous-mêmes le *Dasein* comme tel. […] Chaque philosophie est ce qu'elle est seulement si elle est philosophie de *son* temps, c'est-à-dire nullement lorsqu'elle suit la volonté néantisante des contemporains. La philosophie doit être philosophie de "son temps", ce qui veut dire : elle doit être de sorte que le temps soit *temps pour elle*. » (GA 28, 231-232.)

de place pour une réponse hégélienne. Pour le dire brutalement, les morts ne peuvent pas répondre, bien qu'ils puissent faire parler les vivants. Mais d'un autre côté, la considération *philosophique* du *fait* de l'explication ouvre une problématique inattendue pouvant avoir des répercussions déstabilisatrices sur cela même que Heidegger appelle « la pensée ». Pour rendre compte de sa propre opération, Heidegger aurait besoin d'une pensée de « l'être-avec authentique », qu'il n'a jamais développée systématiquement et à laquelle Hegel, pour sa part, serait en mesure de contribuer. Par là, Hegel pourra « répondre » à l'attaque de Heidegger, non pas en répondant à sa question mais en lui lançant, en retour, une question concernant le rôle de l'autre dans la philosophie. Ce déplacement, induit par l'explication avec Hegel, sera l'objet de toute la deuxième partie de ce livre.

Mais ne laissons pas encore la question du dialogue philosophique. Notons encore que, même si la pensée heideggérienne de l'explication reste à plusieurs égards une esquisse, elle contient malgré tout des éléments pour une nouvelle interprétation du problème classique du dialogue. Bien qu'il distingue ses propres notions du dialogue et de l'explication – l'explication est un *combat entre* deux sujets (p. ex. Hegel et Heidegger) tandis que le dialogue est un *combat sur* une chose (p. ex. être) – les deux ont inévitablement une racine commune dans le dialogue platonicien, qui est la référence obligée de toute notion philosophique du dialogue. On s'aperçoit vite que ni l'explication ni le dialogue ne sont des reprises directes du dialogue platonicien : ils ne le « répètent » qu'en déplaçant et en changeant ses enjeux[1].

---

1 « D'un Entretien de la parole » : « […] J. – Mais en ce sens, les *Dialogues* de Platon eux-mêmes ne seraient plus des Entretiens (Gespräch). D. – J'aimerais laisser la question ouverte et seulement attirer l'attention sur ceci : ce qu'est un entretien (Gespräch) se détermine et reçoit son ton à partir de *cela* d'*où* ceux qui, apparemment, seuls parlent, les hommes, sont *inter*pellés (*an*gesprochen). » (UZS, p. 151-152 / 138.) Heidegger ne clora pas la question du caractère spécifique du dialogue platonicien – en fait, il ne l'analyse jamais comme tel. Comme le dit J. F. Courtine, de manière hyperbolique mais pourtant convaincante : « à une ou deux exceptions près, Heidegger n'a jamais traité expressément de Platon. » (J. F. Courtine, *Heidegger et la phénoménologie*, p. 133-134).

Chez Heidegger, le mot « dialogue » (*Gespräch*) – que nous connaissons déjà bien – ne se réfère pas tant au « dialogue » platonicien qu'à la théorie platonicienne de l'*interprétation* (*hermeneuein*) présentée dans *Ion*[1]. Selon l'image du *Ion*, la source de la poésie est le divin ; les Muses transmettent l'inspiration divine au poète, qui la transmet au rhapsode, qui la transmet à son tour aux auditeurs, en sorte que tous sont liés en une chaîne comme par une force magnétique. De même, par exemple dans « Retour », Heidegger montre la chaîne le long de laquelle le besoin de la parole est envoyé vers le poète. À la cime de la chaîne se trouve « le plus Haut », « celui qui est celui qu'il est », et qui, analogue à la *phusis*, aime ouvrir et éclaircir[2]. Il est la source du « salut » (*Gruss*), mais le salut lui-même est présenté par ses « messagers », des « dieux »[3]. Le poète est « salué » lorsque la pure possibilité de la parole lui apparaît : cela l'arrache à son existence seulement humaine et le transporte vers les dieux. Sa vocation demeure cependant avant tout le « retour » depuis cette *mania* de l'inspiration vers les hommes, qui à leur tour le saluent à leur manière[4]. En tant que le poète « fonde ce qui demeure », « le pays est préparé comme la terre de la proximité de l'origine »[5] : désormais, les dieux pourront se faire sentir en tant que proches ici même, parmi nous. Seulement alors, les « autres », les « parents du poète » (*die Verwandten*), à savoir avant tout le penseur, pourront à leur tour être concernés par le salut divin qui a touché le

---

1 Dans *Parmenides*, Heidegger explique aussi le poète comme « herméneute (*hermeneutes*, l'interprète du mot » (GA, 54, p. 188). Pour une analyse détaillée du *Ion* comme matrice de l'herméneutique heideggérienne, *cf.* Jean-Luc Nancy, *Le partage des voix*, p. 40 *sq.*, poursuivie par Jean Greisch, *La parole heureuse*, p. 27, 321

2 EHD, p. 18-19 / 23.

3 EHD, p. 16 / 20. Les messagers du « retour » sont des *aggeloi*, anges, et « D'un entretien de la parole » les identifie à Hermès.

4 Ici, nous voyons bien pourquoi le dialogue hölderlinien ne répète plus le dialogue socratique, en tant que celui-ci vise une *connaissance de soi*, mais le récit socratique de l'inspiration divine, en tant que celui-ci montre comment une certaine *dépossession de soi* est la condition de possibilité de l'accès à la vérité.

5 EHD, 28 / 35.

poète. Ainsi la vérité traverse les mots, la poésie, la pensée et finalement tout le site de l'existence ; le « site » se montre comme lieu de rencontre des « mortels » et des « immortels »[1]. Voici donc en abrégé l'événement de la vérité qu'est le *là*, et que Hölderlin le poète « fonde » lorsqu'il « dicte le chez soi » (*dichtet das Heimische*)[2]. Dimension du sens du site est ce rassemblement précaire entre le céleste *locus* divin, source de la vérité, et le terrestre *locus* humain. De même, les « dialogues » de Heidegger avec Hölderlin sont essentiellement des interprétations de Hölderlin qui est présenté comme interprète des signes divins. En revanche, ses « dialogues » avec Hegel souffrent de l'impossibilité d'identifier le « là » qui serait le *locus* commun de la vérité.

Si le *Gespräch* porte encore cette référence à Platon, l'*Auseinandersetzung* ne renvoie plus à Platon mais invite à faire un pas-en-arrière depuis Platon jusqu'à Héraclite. Traduction du *pólemos* qui sépare les uns des autres et montre, *edeixe*, qui et que sont les étants-présents (*die Anwesenden*), l'explication n'est pas à son origine une réunion sociale, comme le dialogue platonicien, mais la distribution quasi ontologique des contrées de l'être (comme p. ex. le célèbre « quadriparti »). Lorsque le terme est pourtant utilisé pour caractériser un certain type de débat philosophique, il indique un changement de tonalité : si la tonalité (*Stimmung*) des dialogues platoniciens est la *philia* (amour de la sagesse, amitié des philosophes), la tonalité des explications heideggériennes

1 Dans *La parole heureuse*, Jean Greisch rappelle que le sens principal du dialogue est, pour Heidegger, le rapport du penseur à la « chose même » et non le rapport entre « humains » : « pour Heidegger, le dialogue est l'origine du langage seulement s'il est accordé à la temporalité festive par l'*Ereignis* lui-même. [...] L'entretien ne veut ni ne désire rien d'autre que le sacré lui-même. C'est ainsi, et ainsi seulement, que Heidegger inscrit le désir dans l'espace de la parole essentielle. » (*Op. cit.*, p. 373.) Conséquemment, « Il faut penser une signifiance antérieure au système de la langue. Mais Heidegger ne pense pas cette signifiance première comme exigence éthique, m'ordonnant autrui. Il la pense à partir de l'entretien des divins et des humains. » (*Op. cit.*, p. 372.) Le rapport à autrui, ainsi que le dialogue avec lui, ne sont que des conséquences d'une parole de l'être (*op. cit.*, p. 360-361).

2 EHD 129 / 165.

est, au contraire, le *pólemos* (le retrait de la vérité de l'être, le désaccord des philosophes). Entre Platon et Heidegger, l'amitié devient inimitié et combat. Le dialogue platonicien détermine la communauté philosophique authentique. L'explication heideggérienne détermine l'unique être-avec authentique qu'il ait jamais décrit : la communauté philosophique dont la dimension est l'histoire de la philosophie. L'explication historique étend les dimensions de la communauté lorsque ses participants ne partagent plus le même temps, lieu et langage. Au contraire, ils vivent dans des lieux différents en des temps différents, ils parlent des langages différents et ne se rencontrent jamais les uns les autres. Seul des textes restent du passé, et « la mort de l'auteur » est la condition même du « dialogue » d'un texte moderne avec un texte ancien.

L'explication vise à « situer » l'adversaire. Sans doute, elle l'*explique* – mais en fait les explications de Heidegger avec Hegel contestent la vérité découverte par Hegel au lieu de l'interpréter. En se dégageant de la vérité hégélienne, Heidegger « situe » Hegel « là-bas », loin de « notre là » : l'explication sépare les lieux historiaux de vérité et déploie ainsi la dimension de l'historialité du *Dasein*. Mais si la philosophie se réduisait à l'établissement de la vérité propre (contemporaine) en opposition avec d'autres vérités (passées), elle échouerait vite dans un relativisme décevant. Ainsi l'objectif de Heidegger ne peut se réduire à la simple situation du soi ni, même, à la tâche incessante de distinction des positions au sein de l'indistinction de l'être : l'objectif ultime de Heidegger reste la compréhension de l'historialité même de l'être en tant qu'il permet ces positionnements multiples. Pour le dire autrement, la tâche du penseur n'est pas de « bâtir » « notre site historial » mais d'exposer la temporalité même de l'être qui nous oblige à penser en fonction de divers « sites ». Si le poète s'occupe du *Heim*, le penseur, en revanche, « consent au dépaysement » (*das Unheimische*) : c'est hors de chez soi qu'il est chez soi (*zu Hauss*)[1]. Plus

1 *Ibid. Cf.* GA 29/30, p. 7 : si Novalis comprend la philosophie comme mal du pays (*Heimweh*) et comme ce qui incline à être partout chez soi, Heidegger précise qu'une telle poussée n'est possible que si nous, les

encore que le poète, plus essentiellement, le penseur est hors de chez soi, sans lieu propre. Au fond, ce lieu du hors-lieu n'est autre que le temps : et c'est aussi pourquoi la pensée heideggérienne de l'historialité ne se réduit pas à une pensée de la « patrie » mais ouvre aussi une perspective plus vaste sur l'origine du temps. Comment devons-nous alors entendre l'explication, où Hegel et Heidegger ne partagent nul site mais sont au contraire tous les deux sans lieu propre, aux prises avec le temps historique ? Chacun à sa façon pense le temps comme écart des sites d'existence, puis l'origine du temps. En quel sens devons-nous alors comprendre le face-à-face de leurs *Dasein* ?

L'idée d'un différend à l'origine du temps est vertigineuse et abyssale. Pour résister à son vertige, il vaut mieux voir comment Heidegger *opère* ce différend : par quel moyen concret fait-il apparaître son explication avec Hegel au sujet de l'origine du temps ?

e. Traduction

Heidegger dit que son explication avec Hegel est une « situation » de ce dernier en vue de l'éclaircissement du site propre de Heidegger. Or la distinction de Hegel ne réussit pas aussi bien que le prétend Heidegger, car la chose (l'être, l'origine du temps) les rapproche vertigineusement malgré les positions fermement opposées. Leur écart, flou en soi, se précise cependant lorsque Heidegger le transforme en un conflit des *logoi* différents. À partir de 1935 et de ses lectures de Hölderlin, il lui sera possible d'interpréter l'explication comme une *traduction*. La traduction marque ici à la fois la parenté et l'étrangeté des deux paroles, car d'un côté elle témoigne de notre besoin de paroles étrangères pour trouver ce qu'il y a à penser, et d'un autre côté elle révèle aussi le cœur intraductible de chaque parole singulière. Cette conception de la traduction s'oppose au dialogue monologique dont nous partions plus haut car, au lieu de présumer un sens commun qui se reflèterait dans chaque parole individuelle,

philosophants, ne sommes nulle part chez nous.

elle affirme la pluralité irréductible des langues. Le *logos* de la traduction est tout le contraire d'un *logos* commun : elle est le *logos* qui montre l'impossibilité de partager un *logos*[1].

Nous savons bien comment Heidegger lit les Grecs en traduisant les « paroles d'origine » de manière spécifique, qui se dit infidèle à la lettre mais fidèle à la chose : les traductions des paroles d'origine mesurent alors les époques de l'histoire de l'être. Mais selon lui, Hegel aussi – ou plus précisément une œuvre comme la *Phénoménologie de l'esprit* – a « essentiellement besoin d'être traduite », « à l'intérieur d'une seule langue »[2]. « La traduction du mot d'un penseur allemand dans la langue allemande est particulièrement difficile » parce que chacun croit déjà comprendre sa propre langue maternelle, alors qu'il s'agit de comprendre pourquoi « tout parler et tout dire est un traduire originaire à l'intérieur de sa propre langue »[3]. Voici comment Heidegger lit Hegel : il traduit ses mots clés afin de marquer un écart à l'intérieur de la langue

1 Walter Biemel note que « les interprétations heideggériennes de grands philosophes sont au fond aussi des traductions, dans le sens d'explications avec le penseur en question » (W. Biemel, « Kunst und Übersetzung », p. 216). Sur la nécessité de la traduction pour l'histoire de l'être et sur l'impossibilité d'une traduction littérale, *cf.* F.W.v. Herrmann, *Wege ins Ereignis*, p. 307-324. La conception heideggérienne de la traduction – qui donne l'essence de l'histoire et l'essence de la langue – est expliquée superbement par Éliane Escoubas dans « De la traduction comme "origine" des langues : Heidegger et Benjamin », que Françoise Dastur reprend et continue dans son *Heidegger* (p. 169-182). Elles soulignent la radicalité de la conception heideggérienne de la traduction. Contrairement à la tradition cicéronienne et suivant la tradition humboldtienne, Heidegger ne fonde pas la traduction sur une signification universelle que l'on pourrait transposer en différentes langues, mais sur la pluralité originaire et l'historialité des langues qui empêchent la traduction complète et rendent compte de la persistance d'un reste non traductible dans toute traduction « pensante » ou « poétique ». Voici pourquoi la traduction contamine la langue par une autre, étrangère. Allant plus loin que von Herrmann, Escoubas et Dastur examinent la traduction également comme mouvement interne à l'idiome, le passage de ce qui est à dire au dire. C'est le cœur intraductible de la parole.

2 *Ister*, GA 53, p. 75-76.

3 *Parmenides*, GA 54, p. 18, tr. Escoubas, *op. cit.*, p. 104.

allemande entre deux époques mais afin, aussi, d'inquiéter les paroles en elles-mêmes ; la langue de Heidegger *naît* comme effort de dire autrement (que Hegel), de manière plus juste et véridique. La traduction est le *logos* de l'explication, parce qu'elle produit une différence là où on ne voyait qu'une mêmeté.

Le procédé heideggérien de traduction se voit le plus clairement dans l'une des lectures de Hegel les plus intenses et développées, « Hegel et son concept de l'expérience » (1942/43). Dans cet article, Heidegger ne nomme ni n'explique sa propre opération de lecture, mais le texte est manifestement une « traduction ». Heidegger cite l'intégralité de l'introduction à la *Phénoménologie de l'esprit* et la commente paragraphe par paragraphe tout en la traduisant dans la langue de sa propre pensée. La traduction se produit sur tous les niveaux : 1. Heidegger traduit la *question* animant le texte en postulant que l'essence de la pensée hégélienne est le représenter, et en l'expliquant dans les termes de la théorie heideggérienne de la représentation – alors que Hegel rejette explicitement la représentation de la pensée. 2. Heidegger traduit les *mots* de Hegel en exposant la théorie hégélienne dans une terminologie qui ne lui est pas seulement étrangère mais souvent contraire à sa volonté expresse (p. ex. de rejeter la représentation de la pensée). Dans la traduction de Heidegger, *Denken* devient *Vorstellen*, *Aufhebung* devient *Absolvenz*, *bei uns sein* devient *parousia*, *Bewegung* devient *Gelangen*, *Idee* devient *perceptio*, *Differenz* devient le plus souvent *Vergleichen*, *Selbwbewusstsein* s'assimile à *ego*, etc. 3. Voici comment il finit par traduire la « méthode » elle-même, transformant une pensée dialectique en un regarder onto-phénoménologique (*reines Zuschauen*). En traduisant un traité dialectique en un traité onto-phénoménologique, Heidegger n'expose pas le vouloir-dire de Hegel ni ne comble ses lacunes ; au lieu de révéler son intention, présentée par ses mots (son *logos*), il produit au jour le rythme « impensé » de « l'époque de Hegel », son « Dict » (*Gedicht* ou *Zu-denkende*). Heidegger produit ainsi une distinction ferme entre les deux époques en contrastant leurs styles, les styles onto-théologique et onto-phénoménologique, l'irréductible différence entre les deux étant manifestée par la nécessité de leur traduction.

D'un point de vue hégélien, ce procédé fausse le texte de Hegel et fait subir une injustice à son esprit. Tout lecteur de Hegel ressent l'extrême violence de l'opération : qu'est-ce qui *prouve* que la pensée hégélienne porte le plus essentiellement sur *l'expérience de la conscience* s'il a expressément rejeté cette expression au profit de la *phénoménologie de l'esprit,* précisément parce qu'il ne s'agit plus ici de la conscience humaine ?[1] Mais, et selon Hegel et selon Heidegger, nous ne nous confrontons pas à un philosophe historique comme à un être humain à qui nous devons la justice. Nous nous y confrontons comme à une pensée à laquelle nous faisons justice seulement si nous pensons à partir de lui – y compris quand cela veut dire contre lui. La réécriture inquiétante de l'« Introduction » à la *Phénoménologie de l'esprit* la rend étrangère à elle-même afin d'ouvrir la pensée hégélienne depuis son lieu-d'essence impensé. « La langue d'une pensée qui a grandi à partir de son destin convoque ce qui est pensé dans une autre pensée à la clarté de ce qu'elle pense pour libérer l'autre à sa propre essence. »[2] La traduction du langage hégélien en langage heideggérien a pour but la *libération* des deux pensées l'une par l'autre. Ou pour moderniser un peu le vocabulaire : pour faire penser un texte, il faut le déconstruire.

J'ai voulu prendre cette thèse à la lettre. Dans un autre travail, je montre comment le vocabulaire heideggérien peut « libérer » une pensée de l'être et de la finitude qui sommeille dans la pensée hégélienne. Dans le livre présent, j'adresserai à Heidegger la question hégélienne de la reconnaissance, pour réveiller et élargir une pensée de « l'être-avec authentique » qui sommeille peut-être en elle. Il n'est pas possible de juger

---

1 La lecture heideggérienne de la *Phénoménologie de l'esprit* a souvent été critiquée. Otto Pöggeler la résume ainsi : « Heidegger manque le commencement et la tâche de la *Phénoménologie de l'esprit…* » (« Hölderlin, Schelling und Hegel bei Heidegger », p. 369.). Voir également Denise Souche-Dagues, « The Dialogue between Heidegger and Hegel » (dans Macann, éd., *Heidegger. Critical assessments*, vol. II), p. 251-261 et Christian Iber, « Interpretationen zum Deutschen Idealismus. Vernunftkritik im Namen des Seins » (dans Thomä, éd., *Heidegger-Handbuch*), p. 199-200).

2 HBE, p. 151 / 191.

ce genre de lectures uniquement selon quelque droit de propriété intellectuelle qui attribuerait à chacun son idée. Ces lectures se jugent tout autant selon leur capacité à « libérer » des pensées qui s'ignoraient ou sommeillaient. Ce sont bien *leurs* pensées et pas nos projections, mais leurs pensées devenues instables et conflictuelles.

Pour résumer ce qui précède, voyons ce que les différentes lectures heideggériennes de Hegel peuvent nous révéler. Nous savons que ses dialogues avec les penseurs passés sont une partie vitale de sa pensée de l'être. Nous avons vu que la confrontation heideggérienne avec Hegel est une « déconstruction » remarquable de l'idée classique du dialogue. Dans le dialogue classique, les penseurs présents les uns aux autres partagent la même chose que leur dialogue rend présente, et ils en parlent dans la même langue. En revanche, les interlocuteurs illustres de Heidegger dans ses dialogues historiaux ne sont pas présents les uns aux autres, ils partagent une chose qui se retire de toute présence, et au lieu de partager un *logos*, le *logos* de leur rencontre est la traduction. Une absence irréductible et un conflit définitif caractérisent tous les éléments de l'événement philosophique – et c'est pourquoi nous pouvons penser.

Le *logos* de la confrontation philosophique est la traduction. Mais comment est la traduction pensante de Heidegger ? Normalement un bon traducteur fait plus que transposer les mots d'une langue dans une autre : il traduit le style, le rythme, le mouvement du texte, etc. Dans la traduction ordinaire cela produit une situation mimétique dans laquelle la traduction essaie de produire « le même style » dans une autre langue, cherchant ainsi une sorte de résurrection de l'auteur. Heidegger en revanche ne cherche pas l'identité entre la traduction et l'original mais utilise la traduction comme moyen de distinction. Ainsi, suivant Hölderlin – et Hegel – il montre la force de la mort dans la philosophie : la philosophie passée n'est plus actuelle, ses mots sont devenus caducs – et pourtant c'est toujours elle qui nous donne à penser, car le besoin de penser se manifeste dans ses mots, dans la mesure où elle appelle à leur traduction. Sans l'intervention inquiétante des pensées passées nous ne saurions pas non plus qu'il y a là quelque chose à penser.

IV

L'EXPLICATION HEIDEGGÉRIENNE ET LA RÉFUTATION HÉGÉLIENNE

Réputé intense mais obscur, le dialogue Hegel-Heidegger s'explique à mon avis le mieux en termes heideggériens d'« explication » – qui ressemble à plusieurs égards à la « réfutation » hégélienne.

Par le terme « explication », Heidegger décrit le débat philosophique dans lequel il ne s'agit pas d'établir un accord sur une chose commune mais d'identifier sa propre position philosophique en la différenciant d'une autre. En l'occurrence, les positions philosophiques de Hegel et de Heidegger ne sont pas simplement identifiées comme époques distinctes mais, en outre, chacune est déterminée en tant qu'une conception originale et singulière du temps et de l'histoire. Ainsi, la dimension propre de l'explication est l'historialité elle-même, en tant que celle-ci consiste en la rupture entre temporalisations différentes. Cela nous laisse à penser que *le temps lui-même est la différenciation des temporalisations différentes* (si c'est encore pensable). La « méthode » de l'explication n'est aucun procédé usuel d'argumentation philosophique : les syllogismes, les preuves et les réfutations n'ont pas de pertinence ici, dès lors qu'aucun accord ne règne sur la langue des preuves et sur la vérité qui prouve la preuve. En revanche, la méthode de l'explication est la traduction dans laquelle on montre justement l'écart et l'incommensurabilité des *logoi* : des « langues » et des « logiques ». Cela nous laisse à penser que *la pensée naît comme choc des pensées incommensurables et irréconciliables* (si c'est encore pensable).

Je réserve ces questions pour la deuxième partie de ce livre. Pour l'instant, je tiens simplement à résumer ce qui précède. Or la structure générale de l'explication heideggérienne ressemble à la réfutation hégélienne. Chacun désigne un rapport polémique avec le passé, dans lequel il n'y va pas de la connaissance des idées du passé mais de la reconnaissance d'un « esprit » qui nous fait encore signe par-delà les temps. Le critère de l'histoire de la philosophie n'est pas la justesse de ses représentations mais une certaine justice rendue au passé en tant qu'il nous parle encore, mais à travers une distance qu'il s'agit de mesurer. La dimension de l'histoire s'ouvre précisément en tant que ce lien-et-rupture entre jadis et maintenant, qui vient au jour dans le débat avec le passé.

La proximité des deux approches de l'histoire de la philosophie apparaît mieux si on compare les gestes de lecture hégélienne et heideggérienne de plus près. Dans les deux cas, le passé philosophique apparaît dans le débat en tant qu'*œuvre*, qu'on n'examine ni selon le vouloir-dire du penseur ni selon la lettre de ses écrits. Nous avons vu comment les lectures heideggériennes des œuvres de Hegel consistent la plupart du temps en dépassement et rature de leur *logos*. Pourtant, lorsque Heidegger dit qu'il *s'explique* avec Hegel, il veut bien confronter « Hegel lui-même » : l'explication vise à cerner la *position*, *Standpunkt,* de l'adversaire, laquelle se trouve dans son œuvre, bien qu'en-deçà de son vouloir-dire manifeste. La position d'un prédécesseur est le fondement d'où il tire son essence mais qui lui demeure caché[1]. Comme le disait Hegel à propos de Spinoza, la critique doit dévoiler le fondement obscur de ce qu'a effectivement pensé le prédécesseur : « La véritable réfutation (*Widerlegung*) doit pénétrer dans la force de l'adversaire et se maintenir dans l'étendue de sa vigueur ; la chose n'exige pas qu'on l'attaque de l'extérieur ou qu'on s'en prenne à lui là où il n'est pas. » Dans *Die Negativität*, Heidegger désigne de la même manière la négativité comme question que Hegel a manifestement pensée, mais qu'il n'aurait selon Heidegger « pas pensée » – « originairement » ; le même geste se retrouve dans ses

1 GA 32, p. 44 ; GA 68, p. 4.

analyses des motifs hégéliens du temps et de l'histoire. La « position » de Hegel coïncide avec le « site » de sa pensée. Pour Heidegger, la caractéristique dernière du site d'une pensée est *l'envoi de l'être* : le *nomos* ou la « mesure » d'une époque[1]. L'habitant d'une époque ne peut pas la *connaître*, mais il s'y conforme dans toute sa *praxis* (Hegel eut dit qu'on est nécessairement « fils de son temps »). Lorsque la pensée se veut historiale, elle cherche à respecter la mesure de l'être de son temps et même à la produire au jour (ou à montrer son retrait) dans son dire. En dernière instance, l'envoi déterminant une époque n'*existe* guère que depuis la pensée qui cherche à la porter à la parole. La position d'un philosophe est donc fondamentalement la façon dont cet envoi déterminant une époque se déploie dans son activité de penser. Si cet « envoi » demeure en dernière instance « inconscient » pour le philosophe lui-même, l'explication a pour but de le faire apparaître.

Ceci ressemble beaucoup à la description hégélienne de la bonne manière de faire l'histoire de la philosophie, que j'ai décrite au début de ce travail. Hegel, aussi, considère que l'histoire de la philosophie est vivante lorsqu'elle est un débat avec des génies du passé. Dans leurs œuvres, le philosophe actuel ne cherche ni le vouloir-dire ni la lettre, mais l'esprit, reflet de l'esprit de leur temps dans l'esprit du génie. Issu de leur conjonction, l'esprit est le « feu » qui anime les œuvres du passé : bien qu'inconscient pour le philosophe passé, cet esprit peut venir au jour dans l'explication (*Widerlegung*) de son œuvre. L'histoire ne doit pas s'entretenir avec les « momies » ou les « cadavres » : elle cherche l'esprit, le « feu vivant », et celui-ci « vit » dans la mesure où il nous fait « vivre » en embrasant notre pensée. À ce moment a lieu l'étrange « contemporanéité » des philosophes dont « chacun est le plus intimement la parole de son temps », qu'*est* l'histoire de la philosophie. C'est le dialogue transhistorique qui détermine la dimension de l'histoire philosophique de la philosophie, et que Heidegger reprend aussi à son compte[2].

1 *Cf.* p. ex. WM, p. 359 / 126.

2 Dans *La « Phénoménologie de l'esprit » de Hegel*, Heidegger s'approprie la description que Hegel donne dans la *Differenzschrift* des

Malgré cette ressemblance générale, les approches hégélienne et heideggérienne de l'histoire de la philosophie ne coïncident pas – mais la détermination exacte de leur non-coïncidence n'est pas chose aisée. L'*aspect* du penseur passé leur apparaît différemment. Pour Hegel, celui-ci ne peut qu'apparaître comme *sujet actif* ayant élaboré une œuvre. Pour Heidegger, en revanche, il est fondamentalement le *Dasein* qui accueille un événement de la vérité, qui n'est pas son produit mais qui requiert au contraire une certaine *passivité*. La différence est cependant mince, car le philosophe hégélien ne travaille pas non plus en s'exprimant *lui-même* dans des ouvrages issus de sa volonté et conscience : que l'esprit du monde se trouve dans ses œuvres ne tient en dernière instance pas à sa conscience mais à la « ruse de la raison ». L'esprit n'est pas la conscience du philosophe, c'est l'« élément de la pensée » dont le philosophe se sert comme le forgeron se sert du feu : il cherche à le maîtriser mais n'en est pas la source. En ce sens, l'activité consciente du philosophe du passé se dilue et chez Hegel et chez Heidegger : ce qui surgit via son œuvre est bien plutôt l'*esprit* ou l'événement de la vérité.

La différence tiendrait-elle alors plutôt au *geste* d'appropriation du passé ? Hegel parle du dialogue avec les philosophes du passé en termes d'*héritage* : en nous appropriant

---

« systèmes philosophiques vus dans l'histoire » et du « besoin de la philosophie » (GA 32, p. 43-46). Ici, comme plus tard dans son histoire de la philosophie, Hegel rejette le traitement historique des philosophies précédentes, qui n'y trouve que des « ossements » et des « momies », à savoir des particularités sans portée ultérieure, et requiert que l'on cherche l'*esprit vivant* qui habite la philosophie passée : lui seul peut rendre compte de l'individualité d'une pensée en soi universelle. Cet esprit vivant ne se laisse trouver que par un esprit apparenté, donc vivant. L'esprit vivant du temps présent, dit Hegel, naît lorsqu'un besoin de philosophie se fait sentir ; et ce besoin se fait sentir (dans de très rares personnes) lorsque les formes présentes de l'esprit semblent mortes, et que la conscience cherche alors l'unité pour contrer sa dispersion et son déchirement (*Differenzschrift*, W 2, p. 15-25 / 105-112). Heidegger revient sur la même figure de la conscience déchirée / unifiée dans le *Séminaire du Thor*, mais l'envisage alors principalement du point de vue de la question de l'absolu.

le passé, nous ne gardons pas le vouloir-dire original mais transformons le passé en germe du présent. Hegel s'accommode bien de la violence impliquée par cette logique, et ne se soucie pas du retour du refoulé ni de la hantise de ce qui ne se laisse pas approprier (qui ont été développés surtout par Jacques Derrida dans *Spectres de Marx*). Heidegger lui-même ne dirait sans doute pas non plus que Hegel le *hante*. Si son geste de lecture ressemble parfois à un exorcisme, cela relève en principe d'une stratégie qui consiste à transformer une influence souterraine en un combat à visage découvert. Son but est de faire apparaître la distance entre lui-même et Hegel, afin que son étrangeté inappropriable vienne au jour. Dans l'explication heideggérienne, Hegel apparaît donc moins comme l'héritage qui enrichit sa pensée que comme le résidu dont il voudrait s'émanciper : nous sommes hégéliens, et nous devons apprendre à quel point nous le sommes, mais nous ne sommes rien en nous-mêmes si nous ne réussissons pas à nous éloigner de Hegel et à marquer notre différence. Mais si Hegel désire s'approprier le passé alors que Heidegger désire l'expulser, les deux positions demeurent liées dans la mesure où on n'expulse que ce qui a déjà été approprié, et où on ne s'approprie quelque chose qu'en en expulsant une part inappropriable ; et en aucun cas on ne maîtrise l'autre entièrement. Le plus intéressant, pour nous, est le point d'aveuglement que l'explication fait apparaître chez l'un et chez l'autre. L'explication heideggérienne épingle la finitude comme point aveugle de Hegel. C'est une position pertinente – et pourtant Heidegger ne peut la défendre qu'en lisant mal Hegel et en s'aveuglant à son sujet. Par la suite, je proposerai d'y voir plutôt une autre détermination de la finitude, à laquelle Heidegger serait à son tour aveugle : ce sera la question de l'être-avec authentique, que la proximité de Hegel et surtout de sa pensée de la reconnaissance feront ressortir du dialogue.

Si l'aspect de l'expliqué et le geste de son approche se ressemblent dans les deux cas, la différence entre les deux lectures du passé ne peut être exposée clairement que comme différence entre deux conceptions de l'historialité elle-même. Même si Heidegger ne le souligne pas, la différence entre lui-même et Hegel est aussi la différence entre leurs pensées de l'historialité de la pensée. Chez les deux, la pensée de l'historialité implique une pensée de l'être-avec et de la communauté. Pour ce qui concerne la philosophie elle-même, la dimension propre de l'explication est chaque fois décrite comme une *communauté* des penseurs non-contemporains, que le fait de leur dialogue rend cependant « contemporains ».

Dans ce qui suit, je vais prendre au sérieux cette « image » en l'examinant comme si elle était déjà accordée par un concept à venir. Ainsi, j'examinerai la « communauté des philosophes » et demanderai quelle conception de l'historialité et de la communauté elle implique au juste. Il me semble qu'elle reste à certains égards sans justification dans les théories hégélienne et heideggérienne de l'historialité et qu'elle indique ainsi un « impensé » qui nous invite à élargir les pensées héritées de l'être-avec et de l'historialité. Quelle est donc la transcendance historiale si elle s'ouvre dans des explications des philosophes, et quel est le temps lui-même si cette historialité conflictuelle est sa dimension propre ?

Deuxième partie

TRANSCENDANCE HISTORIALE

I

LE CONFLIT DES PHILOSOPHES ET LE PROBLÈME DE L'HISTORIALITÉ

Quels sont les présupposés philosophiques de l'explication heideggérienne avec Hegel ? Grand penseur de ce qu'on appelle « penser », Heidegger construit toujours son chemin soigneusement, en accordant son geste à la chose de sa pensée. Dans la partie précédente de ce livre, j'ai montré comment, en concentrant ses forces sur la question du sens de l'être, il explique cependant de manière moins détaillée ses procédés de dialogue avec d'autres penseurs : d'après lui, ils sont commandés par la « chose même », mais nous ne voyons pas toujours comment. J'ai voulu montrer que cette incertitude vient au jour en particulier avec Hegel. Plus clairement qu'aucun autre interlocuteur de Heidegger, il occupe une position aporétique où il *doit et ne peut pas* participer au chemin de Heidegger vers l'être : Heidegger ne le convoque que pour le congédier et, en faisant cela, il dédaigne les possibilités contenues dans la pensée de Hegel.

Comme la présentation par Heidegger de l'explication comme procédé de lecture reste lacunaire et recèle en fait une aporie, elle requiert sa justification *philosophique*. L'explication est selon Heidegger un élément de l'historialité du *Dasein*, plus précisément, elle est sa seule façon de contribuer *activement* à l'advenir de l'histoire, car c'est par l'explication que le *Dasein* peut déployer et produire au jour l'étendue de l'historialité. Qu'est-ce que, donc, que l'historialité, pensée depuis et en vue de l'explication des philosophes ?

La question est moins évidente qu'elle n'en a l'air, car

et Hegel et Heidegger expliquent généralement l'historialité par l'arrivée de l'idée ou de l'être dans le temps : que l'histoire s'explique comme être-là de l'idée dans le temps (Hegel) ou depuis l'*Ereignis* de l'être (Heidegger), l'historialité demeure une modalité de la vérité. Sans doute l'historialité d'un débat philosophique est-elle aussi une dimension de la vérité, sinon, il ne s'agirait tout simplement pas de philosophie. Mais est-ce que cela suffit pour expliquer l'explication ? Qu'est-ce que l'historialité si elle est expliquée depuis le fait de l'explication Hegel-Heidegger, si elle s'ouvre comme l'horizon de ce conflit et comme l'horizon produit par lui ? En tout cas, elle doit pouvoir s'expliquer comme horizon ouvert par l'explication elle-même, comme écart et écartement des temporalisations différentes. Est-ce que ceci coïncide avec la pensée de l'histoire comme être-là de la vérité ?

Pour examiner l'historialité de l'explication des philosophes, il est nécessaire d'étudier de plus près la rencontre même des penseurs. Chez Hegel, la rencontre de deux consciences de soi se conjugue en termes de « reconnaissance » (*Anerkennung*) ; chez Heidegger, la rencontre de deux penseurs doit s'articuler comme une forme d'« être-avec authentique » (*eigentliche Miteinandersein*). La reconnaissance et l'être-avec sont deux types de lien archi-social, déterminant deux façons de penser la constitution la plus originaire de la communauté. Nous avons croisé chez Hegel et chez Heidegger l'image traditionnelle – et désuète – d'une « communauté des penseurs »[1] : ils la renouvellent en la dégageant de son contexte traditionnel platonicien, dans lequel elle était calquée sur la communauté politique,

1 Bien entendu, l'image d'une société, de préférence secrète, de grands esprits, a une longue histoire depuis Platon, via des associations ésotériques et des francs-maçons jusqu'à l'idée de Stephan George d'une « Allemagne secrète ». Chacun connaît des rêveries auxquelles ces sociétés, réelles ou imaginées, ont donné lieu. L'incorporation dans la philosophie de l'idée d'une « communauté spirituelle » est plus récente : comme le montrent bien J.-L. Nancy et Ph. Lacoue-Labarthe dans l'*Absolu littéraire*, la « symphilosophein » naît comme exigence de pensée chez les romantiques allemands (qui, comme Hegel, auraient cependant préféré que la pensée commune soit publique), et cette idée passera via Nietzsche, George et quelques autres jusqu'à Heidegger.

et en la replaçant dans l'histoire de la philosophie – qui s'imagine alors comme la communauté transhistorique de « grands esprits ». Bien qu'elle soit juste une image et non pas l'élément central de l'analyse, elle condense néanmoins bien la pensée de l'historialité en gestation dans leur débat. Nous pouvons donc imaginer le débat entre Hegel et Heidegger comme une instance de cette communauté : dans leur débat, la communauté transhistorique des penseurs devient consciente d'elle-même.

Nous verrons par la suite comment la logique de la reconnaissance se trouve au cœur de la philosophie hégélienne. En tout cas elle est le moteur de sa philosophie de l'histoire, dans la mesure où l'histoire est selon lui la réalisation progressive de la liberté et où celle-ci se produit précisément dans des relations de reconnaissance. Sans doute la pensée hégélienne de l'histoire a-t-elle aussi été interprétée indépendamment de telles relations comme la descente de l'idée dans le temps (que l'idée in-forme) : comme nous l'avons vu, c'est aussi l'interprétation de Heidegger. Je montrerai cependant qu'on peut également présenter l'histoire comme engendrée par la vie humaine : non pas tant par le travail souligné par Marx, car le travail médiatise avant tout la relation de l'humain à la matière inanimée[1], mais avant tout par l'action ayant lieu comme interaction des humains. L'agent de l'histoire hégélienne n'est pas le travailleur formant la matière mais le héros formant la communauté humaine.

Chez Heidegger, la rencontre de plusieurs *Dasein* ne se pense pas en termes de reconnaissance mais en termes

---

1 Dans la *Phénoménologie de l'esprit*, celui qui travaille est le « serviteur ». Sur l'impossibilité de prendre le serviteur pour modèle de la liberté humaine, voir G. Jarczyk et P.-J. Labarrière, *De Kojève à Hegel*, p. ex. pp. 80-81, et G. Lebrun, « Vivre dans l'universel », in *Hegel aujourd'hui*, p. 98. Selon Lebrun, le serviteur lui-même n'est aucune figure particulière mais le principe général de figurabilité et de malléabilité (c'est « *l'incapacité de résister transformée en ontologie* », *op. cit.*, p. 95). Ce thème de la plasticité a été repéré, outre par Gérard Lebrun, aussi par Jean-Luc Nancy (notamment dans le « Préambule » de *La remarque spéculative*) et Catherine Malabou (en particulier dans le ch. II de « Introduction » de l'*Avenir de Hegel*). Cette plasticité générale de l'humain n'est pas la liberté elle-même mais ce que la liberté saisit et utilise dans l'humain.

d'être-avec. Or de nombreux commentateurs ont déjà déploré l'état embryonnaire de la pensée heideggérienne de l'être-avec, dont il décrit tout au plus le mode le plus inauthentique dans la célèbre analytique du « on » (*das Man*). Il semblerait pourtant que l'explication de l'explication philosophique présuppose une pensée de l'être-avec authentique – ou, pour changer de perspective, que l'explication Hegel-Heidegger manifeste le summum de la pensée heideggérienne de l'être-avec authentique, et que, si elle ne va pas jusqu'à combler ses lacunes, elle permette en tout cas de la développer. D'un côté, Heidegger esquisse une pensée de l'être-avec authentique dans sa réflexion portant sur son explication avec Hegel. D'un autre côté, la pensée hégélienne de la reconnaissance vient alors au jour comme description alternative de l'être-avec, alors qu'elle est aussi un thème que Heidegger contourne dans la philosophie hégélienne. D'où l'idée de lire la reconnaissance hégélienne comme « impensé » ou comme « oubli » de la pensée heideggérienne, ou tout au moins comme thème qu'il évite (car l'impensé n'est pas l'oblitération d'un déjà-pensé). Dans un deuxième temps, il sera bien sûr nécessaire de demander si Heidegger évite la reconnaissance parce qu'elle menace quelque chose dans sa pensée, ou au contraire parce qu'il pense l'avoir dépassée dans sa pensée de l'être-avec.

Que veut donc dire « histoire » si elle se déploie ainsi dans une coexistence des philosophes de l'histoire ? L'horizon dernier de ce livre est la question de l'histoire et au-delà, la question du temps lui-même. Si Hegel pense le temps en fonction de l'idée qui doit s'incarner « dans le temps » et si Heidegger pense le temps « qu'il y a » depuis l'*Ereignis* qui le « donne », est-ce que l'explication de ces conceptions du temps l'une avec l'autre nous pousse à changer le sens que nous donnons au temps lui-même ? À l'issue de ce parcours, je demanderai si l'explication des penseurs ne nous pousse pas déjà à la fin de la fin de l'histoire, vers une pensée du temps qui se pense comme différentiation des temps différents. C'est assurément une idée à peine pensable, mais peut-être s'agit-il moins de la penser que de la *faire* : peut-être s'agit-il chaque fois d'ouvrir la dimension du « temps lui-même » par un débat sur l'essence du temps.

a. Le rôle de Hegel dans la pensée heideggérienne de l'historialité

Supposons, donc, que l'enjeu fondamental, quoique peu explicite, de ce que Heidegger appelle son explication avec Hegel, soit la question de l'historialité. J'ai proposé de faire un pas de plus en supposant encore que la pensée heideggérienne de l'historialité peut se penser en termes d'un être-avec authentique se réalisant dans ses explications avec des grands penseurs du passé. Son explication avec Hegel, notamment entre 1929 et 1941, aurait pour but de réaliser un être-avec authentique de ce genre et de manifester, par là, la dimension la plus propre de l'historialité. Par la suite, je vais essayer de justifier cet ensemble d'hypothèses.

D'abord, qu'est-ce que l'« être-avec authentique », que l'explication requerrait ou produirait, bien que Heidegger ne l'ait jamais défini expressément ? Dans le § 50 d'*Être et temps*, Heidegger note en passant que l'*Auseinandersetzung* fait partie des « possibilités d'être propre, qui se fondent dans l'être-avec avec autrui » mais qui ne précèdent cependant pas le *Dasein* comme la mort qui, seule, peut renvoyer le *Dasein* à son pouvoir-être le plus propre[1]. L'explication peut donc contribuer à *une sorte* d'« être propre » ou d'« authenticité », mais pas à l'authenticité *la plus propre* du *Dasein*, dès lors que le critère de cette dernière, la mort, peut *me* singulariser (ou égaliser tout un *chacun*), mais ne permet pas de me *distinguer* d'un autre. « L'authenticité » de l'explication ne concerne pas l'existence mais ce qu'on peut nommer, faute de mieux, l'*identité*.

« Identité » n'est pas un terme que Heidegger aurait fait sien ; il est cependant évident que dans le cadre de sa pensée, l'identité ne peut pas être déterminée par une idée ou un type préalablement donné mais qu'elle est un mouvement d'identification qui consiste à tenir ouverte la question « qui sommes-nous ? ». Heidegger focalise son explication avec Hegel sur cette question dès son cours de 1929

1 SZ, p. 250.

Der deutsche Idealismus, où il demande en effet aux jeunes allemands de 1929 : qui sommes-« nous » ? Notons d'abord que Heidegger ne convoque pas ici « nos » existences, et que l'identité cherchée n'est nullement individuelle. La question de l'identité porte sur la communauté ou plus exactement sur ce qui nous détermine « ensemble » : le *là*, le *site* de l'existence, le *monde* qui nous accorde notre seule « identité ». Au fond, « qui sommes-nous ? » dit : « où sommes-nous ? », « où en sommes-nous ? ». Heidegger caractérise « notre » *là* selon sa généalogie : dans *Der deutsche Idealismus*, « nous » ne sommes (simplement) ni Allemands ni modernes mais *hégéliens* ou, comme le dit Heidegger dans *Die Negativität* en citant Nietzsche : « nous autres Allemands sommes hégéliens, quand même Hegel n'eût jamais existé »[1]. D'un côté, un « nous » s'identifie donc, comme il est dit dans *Être et temps*, en « choisissant son héros » et en le « répétant » : c'est en existant ainsi historialement qu'il existe instantanément pour "son temps" »[2]. D'un autre côté, dans *Der deutsche Idealismus*, Heidegger précise qu'au lieu de simplement reconnaître sa provenance, il s'agit encore de s'en distinguer et de découvrir sa propre place *contre* Hegel. Voici le sens du sous-titre de *Der deutsche Idealismus* : *die philosophische Problemlage der Gegenwart*, la « problématique philosophique de l'actualité » vient au jour lorsque nous expliquons notre actualité par rapport à notre passé, en l'occurrence, par rapport à « l'époque de Hegel ».

Cette exhortation à répéter Hegel pour mieux s'en séparer est moins simple qu'elle n'en a l'air, dès lors qu'il ne s'agit pas simplement d'éclaircir un écart historique mais de produire le sens de l'historialité. Partant, la conception heideggérienne de l'historialité du *Dasein* ressemble à la conception hégélienne de l'histoire[3]. Selon Heidegger, la proximité recèle cependant une différence qui semble tantôt radicale (si le temps hégélien reste naturel et l'esprit

1 GA 68, p. 3 ; *cf.* Nietzsche, *Le gai savoir*, n. 357, p. 247.

2 SZ, p. 385-386.

3 SZ, p. 405. Cette proximité a notamment été énoncée par Michel Haar dans « Structures hégéliennes dans la pensée heideggérienne de l'histoire ».

requiert la suppression du temps, l'histoire ne peut être qu'un épiphénomène vite absorbé dans l'idée intemporelle) tantôt incertaine (Hegel serait le premier penseur de l'historialité de l'être)[1]. Mais la confrontation demeure implicite : si Heidegger a explicitement confronté sa conception de la temporalité à celle de Hegel, il a omis de le faire au sujet de l'historialité. Il constate simplement à plusieurs reprises que la distinction critique entre lui-même et Hegel concerne la finitude de la transcendance (ce qui implique le problème de l'historialité)[2].

En revanche, Heidegger s'explique avec Hegel au sujet de l'historialité indirectement dans les marges de son grand dialogue avec Hölderlin[3] qui le passionne surtout depuis les cours « Germanien » et « Der Ister » (1934/1935) et la conférence « Hölderlin et l'essence de la poésie » (1936). D'un côté, Heidegger s'allie à Hölderlin pour se démarquer de la lecture hégélienne d'Héraclite et, par là, de l'interprétation « métaphysique » du premier envoi de la philosophie[4]. Selon Heidegger, Hölderlin aurait compris Héraclite mieux que son ami et contemporain Hegel : Heidegger dialogue amicalement avec Hölderlin et s'explique polémiquement avec Hegel pour mesurer l'écart entre ces deux appropriations de l'héritage héraclitéen. D'un autre côté, l'alliance avec Hölderlin contre Hegel a un enjeu plus compliqué encore : la question de l'historialité de l'être (impliquant celle de la bonne approche du passé) dont la possibilité ne serait apparue qu'à l'époque Hegel-Hölderlin.

Si Heidegger s'explique avec Hegel en séparant leurs sites respectifs, le critère de leur séparation est la possibilité ou non d'une *pensée* du site selon l'historialité finie. Du point de vue de Heidegger, Hegel ne parvient malgré tout pas à cette pensée – alors que Hölderlin ouvre sa possibilité en

1 P. ex. ID, p. 33 / Q I-II, p. 279 ; WM, p. 422, HW, p. 319 / 389, GA 65, p. 214, 232.

2 Surtout GA 28, § 20 b) et e) ; GA 32 § 5 b).

3 EHD, p. 90 /114, voir WM, p. 332 / Q III-IV, p. 93-94.

4 « Ainsi Hegel et son ami Hölderlin se trouvent-ils tous deux, chacun à leur façon, sous la puissante et féconde emprise d'Héraclite, mais avec cette différence que Hegel regarde en arrière et ferme la route, tandis que Hölderlin regarde en avant et ouvre le chemin. » (IM, p. 96, 134.)

découvrant une « loi de l'historialité »[1]. On ne compte plus les divers commentaires de l'interprétation heideggérienne de Hölderlin, dans laquelle Hölderlin chante la « détresse » d'un temps[2] à qui les « noms font défaut » : ce sont des noms (sacrés, poétiques) pour dire l'essence de « notre site », que Hölderlin interroge en termes du chez-soi (*Heim*), de la « patrie » et de la « germanité »[3]. Bien entendu, le « site historial » ne doit pas être entendu de manière simpliste (comme domaine géographique, biologique, ou même linguistique) : au lieu de se définir selon un type *présent*, elle se définit comme *défaut* d'essence contre les horizons étrangers et perdus de son origine (la Grèce ancienne) et de ce qui reste à venir (les nouveaux dieux toujours possibles). Si le sigle de ce site est la germanité, son sens pensant devient pour Heidegger la question de la transcendance finie, que la loi hölderlinienne de l'historialité permet d'ouvrir. Voici le lieu que Heidegger partage avec Hölderlin : au pis, un *locus* politique, au mieux, le *locus* d'une pensée de l'historialité conforme à la finitude.

S'il ne s'agissait que d'un patriotisme allemand, il serait possible de faire valoir que Hegel, comme Hölderlin, a été un patriote qui a cherché une nouvelle articulation de la germanité, et qu'il l'a cherchée d'abord ensemble avec Hölderlin. S'il s'agissait aussi de la prise en compte de la localité du penseur dans la pensée elle-même, il serait possible d'observer que la sensibilité de Hegel à l'urgence du temps s'est reflétée aussi dans sa façon de définir l'essence de la pensée sinon comme une détresse, du moins en fonction d'un *besoin* de penser qui surgit au sein de son temps[4]. Mais,

---

1 EHD, p. 87, 90.

2 EHD, p. 47 / 60, HW, p. 267 / 326.

3 En particulier « Heimkunft » / « Retour », in EHD. Poétologiquement intéressantes, ces lectures demeurent politiquement problématiques. On trouvera un bon résumé virulent du rôle politique donné à Hölderlin par Heidegger, ainsi que des débats que ce cas a suscités dans l'article de Kathleen Wright, « Die Erläuterung zu Hölderlins Dichtung und die drei Hölderlin-Vorlesungen. Die Heroisierung Hölderlins », in *Heidegger-Handbuch*.

4 Diff. Schr., W2 p. 20-25 / 109-112 ; WL I, W 5, p. 65-66 ; GA 15, p. 288, 294.

du point de vue de Heidegger, Hegel *répond* à ce besoin, au lieu de soutenir, comme Hölderlin, la détresse du manque de réponse. Il y répond par ses ébauches de jeunesse pour une constitution politique de l'Allemagne, mais avant tout dans son *système* qui détermine un sens, au lieu de dévoiler le défaut du sens. Du point de vue de Heidegger, ce système clôt l'histoire en l'absorbant dans le concept, au lieu d'ouvrir la question de l'avenir du sens. Pour ces raisons, le patriotisme de Hegel serait un épiphénomène historique sans incidence sur le problème de l'historialité. Hegel n'interrogerait pas le *Heim* de la pensée et sa philosophie demeurerait donc, tout comme celle de Marx, une pensée sans-patrie, *Heimatslos*, préparant au contraire l'avènement de la technique planétaire[1].

Autrement dit : géographiquement, Hegel, Hölderlin et Heidegger partagent la même patrie ; historiquement, Hegel et Hölderlin sont contemporains et Heidegger appartient à une autre époque ; mais dans l'ordre de la pensée, Heidegger et Hölderlin partagent le même site de pensée, alors que Hegel se trouve cantonné au passé métaphysique. Historialement, Heidegger ne veut pas être « compatriote » de Hegel, parce qu'il cherche une pensée de la finitude à laquelle Hegel ne parviendrait pas, du moins pas radicalement.

Cette alliance avec Hölderlin qui accompagne la prise de distance avec Hegel se reflète dans le dialogue lui-même. Si Heidegger s'explique avec Hegel, il *dialogue* avec Hölderlin, et le caractère de ce dialogue n'est nullement la séparation de leurs sites mais le partage d'un même lieu de pensée. Ce dialogue reflète la théorie du dialogue que Heidegger trouve chez Hölderlin : Heidegger et Hölderlin s'entendent parce qu'ils *sont* un dialogue, à savoir, qu'ils appartiennent dès le départ au « un et même »[2]. Le même

---

1 WM, p. 336 / 98-99.

2 La méditation heideggérienne sur l'essence du dialogue part d'un vers de Hölderlin : « L'homme a expérimenté beaucoup / Des Célestes nommé beaucoup / Depuis que nous sommes un dialogue / Et que nous pouvons ouïr les uns des autres. » (EHD, p. 38-40 / 48-51) Voir « L'être de l'homme comme dialogue. Savoir entendre, et parler », § 7 dans *Hymnes de Hölderlin : La Germanie et le Rhin*, p. 68-72 / 72-76) et

« monologue »[1] de la vérité retentit dans leurs mots. Celle-ci ne se dit cependant pas exactement de la même manière : le poète donne à penser en *nommant*, et le penseur *garde* et *rend vrai* les mots du poète. Cette différence fait la dimension de leur « dialogue », dans lequel le poète et le penseur sont l'un contre l'autre[2]. Ils ne dialoguent cependant pas l'un *avec* l'autre, car leur relation est dissymétrique : le penseur interprète le poète, lequel n'écoute que les dieux. Comme nous l'avons vu, le positionnement de Heidegger envers Hegel est très différent : ils ne partagent pas de lieu commun (en tout cas la « chose » ne se laisse pas identifier), et plutôt que de l'interpréter, Heidegger veut se dissocier de Hegel, et il le fait en rejetant et en traduisant ses mots. L'enjeu du dialogue n'est donc pas le *site qui réunit* Heidegger et Hölderlin : il est le *temps qui sépare* Heidegger et Hegel. En ce sens, l'explication est pour Heidegger une communauté de temporalisations différentes, qui étendent le temps historique lui-même comme rupture des temps.

Dans le débat de Heidegger avec Hegel, la question de l'historialité s'associe encore à la question de la communauté historiale et s'assimile encore à la problématique de la communauté politique, définie tantôt en termes de peuple, tantôt en termes d'État. La problématique de la communauté historiale n'est pas un enjeu assumé dans ses textes publiés, mais simplement un *horizon* qu'il ouvre dans ses cours des années 30[3]. Bien que nous ne disposions pas de

l'analyse heideggérienne de « Fête de la paix » : « Beaucoup a, dès le matin, / Depuis qu'un dialogue nous sommes et entendons les uns les autres, / Expérimenté l'homme ; mais bientôt nous serons Plain-Chant » (UZS, p. 182 /166).

1 UZS, p. 265 / 254.

2 UZS, p. 195 / 180.

3 Selon la lettre 70 de Heidegger à Élisabeth Blochmann (21.12.1934), Heidegger aurait donné en 1934 un séminaire sur l'État chez Hegel (*Briefwechsel*, p. 84). Selon Otto Pöggeler, le cours de 1934 aurait porté sur la *Logique*, au lieu du cours sur l'État hégélien initialement annoncé (« Hölderlin, Schelling und Hegel bei Heidegger », *Hegel-Studien* Bd 28, p. 358-361). Selon Andreas Großman, un cours sur l'État de Hegel aurait quand même eu lieu en 1934/1935 (Andreas Großmann, *Spur zum*

réflexions explicites par Heidegger au sujet de la communauté hégélienne, et bien que les indications existantes soient maigres[1], nous ne pouvons pas contourner la question, car elle est l'horizon caché de l'événement de l'explication Hegel-Heidegger.

Ici, avant de poursuivre mon exposé, je crois nécessaire d'insérer un mot d'avertissement. Dans ce qui suit, je montrerai comment l'explication heideggérienne avec Hegel projette, dans son fond, un débat historial sur l'historialité et, par là, de la communauté, y compris dans ce qu'elle a de plus ambigu : la question du peuple[2]. Je crois que, si nous

---

Heiligen, p. 105). Selon la liste des cours et des séminaires de Heidegger compilée par Alfred Denker le cours de l'été 1934 aurait traité la *Jenenser Realphilosophie* de 1805/6 et celui de l'hiver 34/35, l'État. En tout cas, le matériel du cours sur l'État selon Hegel existe et paraîtra dans le vol. 86 des *Œuvres Complètes* ; en attendant, je ne spéculerai pas sur son contenu.

1 Dans le séminaire sur *Les hymnes de Hölderlin : la Germanie et le Rhin* (1934-1935), Heidegger accorde une grande profondeur à la pensée hégélienne de la « conscience malheureuse » en tant qu'elle ouvre la dimension de l'histoire du monde, ce qui peut impliquer une pensée de la transcendance finie et d'une véritable historicité. Mais, selon Heidegger, la pensée historiale ainsi ouverte ne peut pas se déployer proprement, parce qu'elle aboutit dans la formalité de l'État (GA 39, p. 133 / 127-128).

2 On ne compte plus les interventions dans le débat suscité par l'engagement national-socialiste de Heidegger, d'abord présenté dans les travaux importants de Hugo Ott et d'Otto Pöggeler. On trouvera un bon compte rendu de la question et de la controverse qu'elle a suscitée dans l'article de Dieter Thomä : « Heidegger und die Nationalsozialismus » (*Heidegger-Handbuch*), en particulier p. 159-161. Je voudrais signaler seulement trois auteurs dont les travaux m'importaient particulièrement à l'époque où j'ai d'abord conçu ce texte : tous montrent avant tout comment une conception poétique du peuple étouffe une pensée de l'être-avec dans Heidegger.

Philippe Lacoue-Labarthe montre notamment comment Heidegger est en proie « à une sorte d' "illusion transcendantale" portant sur le peuple et restituant un sujet (de l'histoire), là où la pensée du *Dasein* ek-statique aurait dû interdire la confusion du *Mitsein* avec une substance communielle, ou même, une entité (le peuple, qu'il soit grec ou allemand, c'est-à-dire sa langue) » (Ph. Lacoue-Labarthe, *La fiction du politique*, p. 115.) Ph. Lacoue-Labarthe relève ainsi « une relative secondarité, tout

voulons savoir ce qu'est l'explication heideggérienne avec Hegel, nous ne pouvons pas contourner cette question, car le fait même de l'explication la met en œuvre. Mais que ce soit dit une fois pour toutes : cela ne veut pas dire que je veuille *défendre* la problématique de la communauté historiale qui en ressort, bien au contraire : je veux rendre évident l'enchevêtrement d'une explication, dont les enjeux déclarés sont les vénérables questions de l'être et du temps, et d'une pensée politique que l'histoire réelle nous rend inacceptable. La pensée poïétique de la politique que l'explication fait venir au jour a été toxique dans le temps qui la vit naître. La signification de cette pensée pour nous demeure ambiguë. D'une part, elle a encore une force diagnostique considérable, car elle apprend à reconnaître la logique d'une idée du « peuple »

---

d'abord, et une relative rapidité, de l'analytique du *Mitsein* [...] ; une certaine surdétermination, ensuite, coextensive à cette secondarisation, du *Dasein* historial par le concept, lui encore ininterrogé, du peuple (*Volk*), patente dans les paragraphes traitant de l'histoire » (*op. cit.*, p. 156-157). *Cf.* aussi Ph. Lacoue-Labarthe, « La transcendance finit/e dans la politique » dans *L'imitation des modernes.*

Jean-Luc Nancy interroge dans de nombreux textes la même confusion, dans la pensée heideggérienne, entre l'être-avec et l'être-peuple. Dans *La communauté désœuvrée*, il soulève une raison essentielle de cette confusion : « Bien que, lorsqu'il s'est agi de la communauté comme telle, le même Heidegger se soit aussi fourvoyé dans la vision d'un peuple et d'un destin au moins en partie conçu comme sujet. Ce qui prouve sans doute que l'être-à-la-mort du *Dasein* n'avait pas été radicalement impliqué dans son être-avec – dans le *Mitsein* – et que c'est cette implication qui nous reste à penser. » (*Op. cit.*, p. 40-41.)

Jacques Taminiaux analyse la disparition chez Heidegger de la pluralité, appartenant essentiellement à l'être-avec, par le biais d'une confrontation entre Heidegger et Arendt dans *La fille de Thrace et le penseur professionnel*. Selon lui, malgré l'importance de l'*Éthique à Nicomaque* dans l'élaboration d'*Être et temps*, Heidegger conçoit finalement la communauté par le biais d'une réhabilitation ontologique de la conception platonicienne de la *poïesis* : « la sélection même par Heidegger de ce qui est susceptible de réappropriation dans la doctrine aristotélicienne de la *praxis* et de la *poïesis* semble indiquer un parti-pris platonicien. N'est-il pas surprenant, en effet, que Heidegger néglige, dans cette doctrine, la dimension doxique et la dimension plurale et politique ? » (J. Taminiaux, *Lectures de l'ontologie fondamentale. Essais sur Heidegger*, p. 172.)

qui agit toujours dans notre monde ; d'autre part, je ne crois pas qu'elle puisse exposer l'« essence de notre temps », qui devrait plutôt se dire en termes de globalité et d'exil. J'espère pouvoir en parler ailleurs, mais ces questions n'ont plus leur place entre Hegel et Heidegger. Toutefois, dans ce qui suit, je vais aussi creuser certaines pensées plus contemporaines que Hegel et Heidegger rendent possibles dans les marges de leur pensée politique. Ici, mon but est avant tout d'expliquer l'explication ; mais mon horizon est bien entendu aussi une pensée autre de l'être-en-commun.

Constatons, donc, que le débat heideggérien avec Hegel autour de la transcendance finie, et donc de l'historialité, s'intensifie à l'époque de son fourvoiement politique. Il est notable que l'enseignement inaugural de Heidegger pendant le rectorat en 1933 a consisté précisément en une démolition énergique de Hegel (et de Platon) (Hegel est le sujet du cours « Die Grundfrage der Philosophie » et Platon du cours « Vom Wesen der Wahrheit », publiés dans GA 36/37 *Sein und Wahrheit*)[1]. Heidegger présente cette opération comme

---

1 Le cours *Die Grundfrage de Philosophie* de 1933, « le semestre de révolution inévitablement agité » (GA 16, p. 399), est lamentable comme lecture de Hegel et déplorable comme enseignement de Heidegger. Des extraits furent publiés par V. Farias (*Heidegger et le nazisme*, p. 143-148) et le cours est paru en 2001 ; pour une présentation générale *cf.* A. Grossmann, *Spur zum Heiligen*, p. 104 *sq.* et « Augenblick des Geistes », p. 206 *sq.* Les propos de Heidegger résonnent d'un accord clair et voulu avec le discours politique de l'époque (*cf.* p. ex. GA 36/37, p. 3 *sq.*, 79, 225). Cependant, Heidegger ambitionne de déplacer le combat à un niveau « essentiel », en sorte qu'il ne combat pas pour « notre *Dasein* » contre une quelconque « race » ou « peuple » étranger, mais contre la métaphysique culminant dans la philosophie hégélienne (GA 36/37, p. 13). Ainsi, la rhétorique guerrière national-socialiste de ce cours se dirige contre Hegel, en sorte que l'attaque contre sa *Logique* fait partie de la tâche historiale qu'assume Heidegger en tant que recteur de l'université. C'est dans *ce* combat que surgissent les forces de destruction : « ce qui est irrépressible, débridé, ivre et sauvage, violent, asiatique » (GA 36/37, p. 92), à savoir la fureur de l'être, comparable au dionysiaque nietzschéen – dont le jugement selon les mesures morales chrétiennes est selon Heidegger inepte.
Dans *Die Grundfrage der Philosophie*, Heidegger s'oppose à Hegel en déclarant que chez celui-ci, la forme mathématique du savoir détermine

une nécessité primordiale pour l'auto-détermination du nouveau « nous » allemand. Si ces cours s'engagent dans un mouvement historial en vue de la détermination du nouveau « là », ils ne mentionnent cependant pas les notions hégéliennes de l'histoire ou de la communauté. Au contraire, ils rabattent Hegel sur des mathématiques atemporelles, ce qui de droit lui interdit l'accès à toute pensée historiale ou politique. On eut pu conjecturer que ce n'est pas par hasard si Heidegger a étudié Hegel et Platon, deux grands penseurs de la *politeia*, au moment où il a voulu participer à la fondation d'une nouvelle collectivité mais, s'il en est ainsi, leur traitement par Heidegger ne signale que leur inutilité dans la nouvelle situation politique. Faute d'analyses explicites, ce ne sont que des suppositions. Toujours est-il que je doute qu'une prise en compte de la pensée politique de Hegel eût modéré l'enthousiasme de Heidegger (de toute façon, il ne suffit pas de s'aligner avec Hegel pour se protéger contre tout danger politique !) Je ne m'attarde cependant pas davantage sur les engagements politiques de Heidegger : ces questions ont déjà été suffisamment examinées, par de nombreux chercheurs compétents[1], pour que la reconnaissance des éléments totalitaires de sa pensée soit désormais aisée. Faut-il le dire

l'idée de la vérité (GA 36/37, p. 36). Au lieu d'étudier le texte de Hegel, Heidegger rabat sa logique sur la mathématique développée par Wolff, Baumgarten, Crusius et Meier (GA 36/37, p. 29, 50) – alors que dans *Der deutsche Idealismus* il avait reconnu la distance prise par Hegel à leur égard (GA 28, p. 219-220). Selon *Die Grundfrage der Philosophie,* l'essence mathématique de la logique prouverait son intemporalité et l'impossibilité de l'expérience (GA 36/37, p. 35) ; son principe serait la loi de la contradiction qui veut que seul peut être ce qui n'est pas contradictoire (GA 36/37, p. 56) – et malgré l'affirmation hégélienne du caractère contradictoire du réel, Heidegger semble rabattre le réel hégélien sur cette loi ; d'autre part cette logique mathématique coïnciderait avec le Dieu devenu raison (GA 36/37, p. 69, 76) ; ce qui fait que la *Logique* serait essentiellement une théorie du Dieu mathématique et intemporel, hors de l'expérience humaine.

1 Voir aussi les chapitres portant sur l'engagement politique de Heidegger dans les travaux historiques de Rüdiger Safranski, *Ein Meister aus Deutschland: Heidegger und seine Zeit* et de Dominique Janicaud, *Heidegger en France.*

encore : étudier un penseur ne veut pas dire prôner sa pensée, et moins encore sa politique. Mais cela demande un minimum de vigilance : il est aussi léger de prétendre que toute pensée de l'historialité mène droit au génocide que de croire qu'une simple omission des sujets sensibles suffise pour purger la pensée de l'être du danger politique.

Quel serait donc l'enjeu de ce débat implicite de Heidegger avec Hegel sur la communauté historiale ? Chacun sait que Hegel, qui étudie l'idée dans son histoire et la conscience humaine dans son interaction avec les autres, est un penseur matriciel de la communauté historique. À ce sujet, Heidegger s'est d'abord inspiré de sa philosophie de l'histoire, en sorte que l'influence hégélienne se fait sentir surtout dans *Être et temps*, même si elle y demeure relativement inarticulée, sinon déniée. Bientôt après, en développant sa pensée de l'historialité, Heidegger se démarque de la pensée hégélienne de la communauté historique indirectement par le fait de son alliance avec Hölderlin. Pour le dire schématiquement, il s'agira désormais de penser avec Hölderlin la « patrie » et non pas avec Hegel l'État.

Pour continuer tout aussi schématiquement, pour Heidegger il s'agira de penser la communauté avec Hölderlin depuis l'œuvre d'art et la poésie qui font signe vers le sacré, et non pas avec Hegel depuis le travail qui viserait à réaliser l'idée ici et maintenant. Ainsi, le désaccord entre Heidegger et Hegel concernant l'historialité porterait en dernière instance sur l'essence de la communauté comme lieu de la vérité. Heidegger expose une pensée de la communauté avant tout en fonction de sa pensée de l'art (voir, en plus de ses travaux sur Hölderlin, « L'origine de l'œuvre d'art »). La communauté, articulée en tant que monde des mortels, est alors une dimension de l'événement de la vérité qu'est l'œuvre d'art : elle est le rassemblement depuis cet événement. La communauté ne précède pas l'œuvre (même si une certaine modalité de l'existence humaine est le fond immémorial de l'événement de la vérité) ; et l'œuvre n'institue pas non plus son sens. Elle ne fait que montrer son absence d'essence – et ouvrir l'horizon du sens toujours à venir. La communauté hégélienne se montre à l'opposé de la communauté heideggérienne dans la mesure où la première serait l'incarnation de l'idée. Tout comme la beauté dans l'art est pour Hegel la présence sensible de l'idée suprasensible[1], l'État (qui rendrait l'art caduc) est l'œuvre de l'esprit qui se présente comme réalisation de l'idée de la liberté[2]. D'un point de vue heideggérien, la communauté dont l'idée serait ainsi présente ne peut que s'enfermer dans son État, en sorte que toute mise en question, voire tout « avenir » de son sens serait impossible. C'est pourquoi Hegel incarnerait la « fin de l'art », commentée par Heidegger – *et* la « fin de l'histoire », dont Heidegger a stimulé l'idée. Or, ce désaccord se laisse reconduire à un fondement commun : que la vérité soit présente ou seulement à venir, la communauté est le lieu de la vérité. Voici l'idée qui étrangle la communauté politique (et dilue la vérité) : la communauté est une œuvre, dont les individus ne sont que des fonctions. C'est, comme le dit Taminiaux, une conception « poïétique » de la communauté qui ne laisse plus de place pour l'action politique ni, conséquemment, pour la liberté individuelle. C'est pourquoi on ne saurait soutenir cette pensée comme option politique : tout au plus peut-elle contribuer, en négatif, au diagnostic d'une certaine tragédie ou mal politiques.

Mais le problème de la communauté est plus complexe que cela. Notamment le point de vue hégélien ne se réduit pas aussi facilement à une théorie de l'État total. Dans ce qui suivra, je montrerai comment, en se référant à la *Phénoménologie de l'esprit* et à la *Philosophie de l'histoire*, plutôt qu'à la seule *Philosophie du droit*, on peut aussi affirmer que l'essence de la communauté humaine chez Hegel est moins l'État, dans laquelle l'idée serait à chaque fois déposée, que l'action, de laquelle elle surgit : l'État lui-même n'est au fond que la forme qui essaie de contenir les contradictions qui sont la vie de la communauté. La communauté elle-même est un Nous avant d'être une forme : si l'État prétend à l'infinitude, le Nous expose au contraire sa finitude. Hegel n'est pas uniquement le penseur de l'État, mais aussi et avant tout de l'interaction dans laquelle la communauté s'engendre ; et cette interaction doit s'analyser en termes d'action et de

1 *Esthétique*, W 13, p. 367.
2 *Phil. Droit* § 1, W 7, p. 29-30.

reconnaissance des consciences humaines finies. L'histoire elle-même ne surgit qu'ainsi : elle n'est pas la durée ou la construction progressive d'un État définitif, mais la suite de formations étatiques très différentes – qui naissent et meurent en raison de l'action humaine, laquelle ne s'astreint jamais à des limites données.

Je propose d'envisager cette activité – action et reconnaissance de nombreux êtres humains – comme l'oubli ou l'impensé de Heidegger. Il n'a pas de pensée de l'interaction des individus dans la communauté des co-présents : son analytique de l'être-avec ne permet pas de penser la rencontre de deux *Dasein*. C'est pourquoi en dernière instance il ne peut pas expliquer l'explication elle-même, et celle-ci reste une condition aporétique de la pensée de l'être : nécessaire, pour que la pensée demeure historique, et impossible, parce que l'autre, de droit, ne *peut* pas apparaître. Ce qui se pense n'est que (l'oubli de) l'être.

Voici donc l'hypothèse que j'examinerai dans ce qui suit. La critique insistante de Heidegger m'obligera peut-être à réviser ce que l'on croit communément savoir de l'action et de la reconnaissance chez Hegel. Sous la provocation hégélienne, il sera également nécessaire de vérifier si Heidegger ne finit pas par nous apprendre plus que prévu concernant la rencontre des *Dasein*, qui ne seraient plus de simples sites historiques, mais des existants. Enfin, s'il s'avère que la question de la pluralité des *Dasein* peut modifier le motif du penseur lui-même, il sera nécessaire de vérifier son influence sur la pensée de l'être.

II

LA RECONNAISSANCE ET L'ÊTRE-AVEC

Dans la mesure où l'explication Hegel-Heidegger ne se présente pas comme division d'un Un originaire (l'être, le peuple), mais comme collision de deux positions incommensurables, elle nous invite à penser l'historialité de la philosophie depuis une autre logique. Dans ce chapitre, je propose de l'examiner comme la mise-en-œuvre d'une logique de la reconnaissance. Par là, j'espère rendre compte d'un aspect de l'explication, que la réduction de Hegel à une position époquale ne parvient pas à expliquer : à savoir, le malentendu constitutif qui empêche de reconnaître tout à fait Hegel dans sa lecture par Heidegger. Qui plus est, cette méconnaissance tiendrait à ce que Heidegger contourne la question de la reconnaissance. Voici le manque qui soutiendrait l'aporie de son explication : son caractère à la fois nécessaire et impossible pour la pensée.

Dans cette hypothèse, la reconnaissance est le propre de la philosophie hégélienne : un de ses thèmes les plus originaux, voire sa chose même. D'autre part, cela tiendrait lieu d'un « impensé » de Heidegger ou, mieux (car l'impensé n'est pas l'oblitération d'un déjà-pensé), la reconnaissance serait quelque chose que Heidegger *évite* de penser. Mais s'il en est ainsi, serait-ce parce que la reconnaissance menacerait la pensée heideggérienne ou, au contraire, parce qu'il penserait l'avoir dépassée dans sa pensée de l'être-avec ?

a. La reconnaissance selon Hegel

La reconnaissance est la logique qui montre comment « une conscience de soi est pour une conscience de soi », en sorte que « la conscience de soi ne parvient à la satisfaction que dans une autre conscience de soi »[1]. Elle a souvent été présentée comme grammaire générale de l'existence humaine selon Hegel. Le combat pour la reconnaissance, situé dans la dialectique de la domination et de la servitude, a été au centre de l'interprétation de Kojève – que Hyppolite a reprise[2], même s'il l'a soumise à la question du savoir absolu. Notamment *Anerkennung als Prinzip der praktischen Philosophie* de Ludwig Siep[3] a établi que la reconnaissance n'appartient pas uniquement à la dialectique de la domination et de la servitude (dans laquelle le désir de reconnaissance reste au contraire sans satisfaction), mais qu'elle organise tous les rapports interhumains, et toute la pensée hégélienne de la communauté, au moins jusqu'à la *Phénoménologie de l'esprit*. Partant de ce constat, la reconnaissance a tantôt été interprétée comme une ouverture vers une pensée de l'intersubjectivité, que le système achevé supprimerait, mais qu'il serait possible d'élargir en une « ontologie sociale » capable de proposer des réponses à des questions morales et politiques contemporaines (déjà Habermas, puis Honneth et, à sa suite, Ricœur). Tantôt, récemment dans les travaux de Williams, la reconnaissance a été interprétée comme « genèse existentiale de l'esprit qui demeure *aufgehoben* dans l'esprit » tout au long du système, en sorte que la reconnaissance, au lieu d'expliquer seulement la constitution d'une conscience individuelle, apparaît comme « apparence phénoménale du

---

1 PDG, p. 144 / 149.

2 Hyppolite, *Genèse et structure de la Phénoménologie de l'esprit*, ch. « Conscience de soi et vie. L'indépendance de la conscience de soi ».

3 Ludwig Siep, *Anerkennung als Prinzip der praktischen Philosophie*, 1979.

concept de la liberté »[1].

Ces débats sont étrangers à la lecture heideggérienne de Hegel. Le plus souvent, Heidegger omet entièrement la question de la reconnaissance : s'intéressant avant tout au sujet du savoir absolu, il fait abstraction de l'existence humaine et de la communauté, qui sont le site primordial de la question de la reconnaissance. Il existe cependant un texte où Heidegger explique Hegel précisément du point de vue de la reconnaissance. Il ne s'agit, en fait, que de notes accompagnant une série de citations où Heidegger, dans une étude sur Schelling, lit Hegel le temps d'une remarque : c'est le chapitre « Zwischenbetrachtung über Hegel » dans *Die Metaphysik des Deutschen Idealismus*[2]. Dans ce chapitre, Heidegger dit que la *Phénoménologie de l'esprit* ne commence, en vérité, que dans sa partie « B. Conscience de soi », qui se déploie précisément selon la logique de la reconnaissance[3]. Heidegger réfère la reconnaissance à la dialectique de la domination et de la servitude, et il observe qu'elle détermine le rapport de sujet à sujet[4], dont la reconnaissance réciproque porte sur le combat, le danger et la mort[5]. Cependant, contrairement à la plupart des commentateurs,

---

1 Robert R. Williams, *Hegel's Ethics of Recognition*, p. 9, réf. au § 484 de l'*Encyclopédie*. Pour une présentation générale du débat sur la reconnaissance hégélienne, *cf.* l'introduction de ce livre. Pour une lecture détaillée du motif de la reconnaissance dans Hegel, *cf.* également *Recognition. Fichte and Hegel on the Other* du même auteur. De manière analogue mais plus prudente, Vittorio Hösle, dans son étude fondamentale *Hegels System*, se demandait déjà si la plus haute détermination de la pensée hégélienne pouvait être l'intersubjectivité absolue, et non pas la subjectivité absolue (vol. II, p. XI) (pour lui, le concept clé est l'intersubjectivité plutôt que la reconnaissance). Selon lui, Hegel ne donne pas de réponse univoque à cette question, en sorte que le rapport entre l'intersubjectivité et la pure subjectivité théorique reste pour le moins ambiguë (*Op. cit.* p. 665).

2 Heidegger, le cours de 1941 intitulé *Die Metaphysik des deutschen Idealismus. Zur erneuten Auslegung von Schelling: Philosophische Untersuchungen über das Wesen der menschlichen Freiheit und die damit zusammenhängenden Gegenstände (1809)*, paru comme GA 49.

3 GA 49, p. 176.

4 GA 49, p. 175.

5 GA 49, p. 184.

il n'analyse pas la reconnaissance comme loi fondamentale de la communauté politique. En revanche, la reconnaissance lui permet de penser le déchirement et l'inquiétude primordiaux de l'absolu, son délire bachique : elle est la *pensée* de ce déchirement en tant que « la *pure* connaissance de soi dans l'être-autre absolu » et, en tant que telle, elle constitue l'« élément » ou l'« éther de la science »[1]. Pour Heidegger, la reconnaissance approfondit la notion de la vérité comme certitude. Certes, elle dit d'abord le besoin, pour la conscience, de se reconnaître (reconnue) dans son autre – qui est bien un autre absolu et pas une simple projection de la conscience. Mais plus essentiellement, la reconnaissance rend compte de la structure intime de la certitude elle-même. Pour que l'on puisse en général parler de certitude, il faut qu'un autre (« l'objet » de la certitude) *soit là* : ce « laisser-être-l'autre »[2] est sa reconnaissance au sens d'un *accord* (*Zu-stimmen*, *assensus*) avec lui[3]. Il n'y a pas de certitude, ni de représentation, sans un assentiment préalable à l'autre, de sorte que le soi accueille l'autre tout en maintenant son être-autre, et tout en acceptant d'être conditionné par lui[4]. La vérité est la souveraineté qui maintient l'autre, pas la domination qui le supprime. La reconnaissance est précisément cet accord et assentiment donné à l'autre, grâce auxquels on le laisse agir et conditionner le soi. Voici pourquoi le cœur de la reconnaissance est un « amour » originaire, un désir de soi qui ne se satisfait qu'en laissant être l'autre : le combat, le danger

1 GA 49, p. 174.

2 Dans une lecture différente, R. R. Williams caractérise aussi la reconnaissance hégélienne par la *Gelassenheit* eckhartienne : « reconnaissance est une coïncidence médiée avec soi rendue possible et conditionnée en laissant l'autre être ce qu'il est, en laissant l'autre être libre. Voici la version hégélienne de *Gelassenheit*. Il ne faut pas seulement laisser l'autre libre ; la reconnaissance libre et non-coercitive de l'autre est cruciale pour le soi. » (Williams, *Hegel's Ethics of Recognition*, p. 57.)

3 GA 49, 181.

4 « Reconnaître, non comme simple dominer mais souveraineté / la puissance de ramener l'autre à soi et le laisser se maintenir dans soi et ramener ainsi à même lui l'opposition à son essence ; fonder l' "unité" pour soi sur l'essence et la ramener à la manifestation seulement ainsi ; *cf.* Schelling… l'amour – "laisser agir le fondement" » (GA 49, p. 185).

et la mort, essentiels pour la reconnaissance hégélienne, se réfèrent tous à ce fondement originaire.

Je ne propose certes pas de « corriger » Heidegger par une *éthique* de la reconnaissance : un tel point de vue serait trop extérieur et, surtout dans son versant normatif, n'ébranlerait pas la pensée heideggérienne. En revanche, je pars de l'indication de Heidegger selon laquelle la reconnaissance caractérise l'esprit absolu lui-même. J'observe, d'un côté, que la désignation de la reconnaissance comme « chose même » de la pensée hégélienne, pour attirante qu'elle soit, ne va pas de soi. Sa « chose » est l'esprit absolu dans son mouvement infini : nous pouvons caractériser sa dimension comme une sorte de reconnaissance, mais Hegel ne le *dit* pas ainsi. Mais je souligne, d'un autre côté, que l'esprit absolu n'est pas *là*, donc n'*est pas*, si les humains ne le traduisent pas en une réalité. Comme nous le verrons à l'instant, la reconnaissance détermine l'*être-là de l'esprit* dans la communauté humaine : son réel. C'est cette existence que j'aimerais confronter à la pensée heideggérienne de l'existence. La reconnaissance détermine la pensée hégélienne du *Dasein* humain, ouvrant ainsi un espace transcendantal analogue à l'être-avec (*Mitsein*), d'une part, à l'historialité de l'autre. À partir de là, elle peut sans doute ébranler la pensée heideggérienne de l'existence commune des humains ; mais l'économie de ce livre ne me permet pas d'approfondir ici cette question « pratique », « éthique », voire « politique ». En revanche, j'examinerai le *Dasein* hégélien par rapport à la détermination heideggérienne du *Dasein* en tant que *lieu de la question de l'être*. En dernière instance, je chercherai à savoir si la philosophie elle-même ne se trouve pas modifiée par la détermination du *Dasein* humain depuis la reconnaissance.

L'exposition la plus complète de la reconnaissance a lieu dans la *Phénoménologie de l'esprit*. Dans ce livre, la reconnaissance détermine la *présence* de l'esprit ou son être-là. « Nous nous trouvons déjà en présence du concept de l'esprit » à l'orée de l'analyse de la conscience de soi, lorsque nous avons l'expérience de l'esprit comme « un Je qui est un Nous et un Nous qui est un Je »[1] ; et l'esprit absolu *est là* pour la première fois dans le « mot de la réconciliation », dans lequel le long processus de la reconnaissance interhumaine atteint sa satisfaction[2]. L'esprit n'est pas présent à la simple conscience, au Je solitaire qui, pour Hegel, n'est qu'une abstraction. Il se montre dans la conscience de soi, qui se fait dans divers processus de reconnaissance et se trouve ainsi dans la communauté. Certes, ce Nous primordial peut devenir un nouveau Je collectif dans la forme de l'État, auquel Heidegger réduisait la pensée hégélienne de l'existence historiale. Mais l'État est une l'idée[3] ou une *formation*[4] de l'esprit, pas le réel comme tel de l'existence humaine. La reconnaissance, en revanche, montre le *réel* dont la forme-État est la rationalité : elle est le mouvement par lequel les dialectiques entre les Je et le Nous se *font*. Elle est l'élan des Je vers leur communauté : elle articule l'amour et le combat, qui sont le réel encore marqué par la finitude et la contingence, dont l'État est la rationalité. La reconnaissance n'est pas une idée constituant un moment du système : comme la « négativité », la « vie » (dont elle est la vérité) et l'« amour » (dont elle l'expression plus conflictuelle[5]), elle est une logique qui opère, parfois souterrainement, dans toutes les analyses hégéliennes de l'« intersubjectivité ». La

1 PDG, p. 145 / 149-150

2 « Le mot de la réconciliation est l'esprit *étant-là* (der *daseiende* Geist) qui contemple le pur savoir de soi-même comme essence *universelle* dans son contraire, dans le pur savoir de soi-même comme *singularité* qui est absolument en elle-même : reconnaissance mutuelle qui est l'esprit *absolu*. L'esprit absolu n'accède à l'être-là qu'au point culminant où son pur savoir de soi-même est l'opposition et alternance avec soi. » (PDG, p. 493 / 442.) Lefebvre traduit *Dasein* par « existence », mais pour plus de cohérence, je garde sa traduction par « être-là ».

3 GPR, W 7, § 257, p. 392 ; § 1, p. 29.

4 GPR, W 7, p. 55.

5 « La reconnaissance est pour Hegel une synthèse de "l'amour" et du "combat". Parce que, à tous les niveaux du processus de la reconnaissance, les mouvements de se-trouver-dans-l'autre et de s'éloigner-de-l'autre – où l'autre peut être une personne singulière ou une conscience générale – sont nécessairement liés. » (Siep, *op. cit.*, p. 123, ma traduction.)

reconnaissance est la naissance concrète de l'esprit quand l'existence humaine est saisie par l'esprit de telle manière qu'il devienne réel.

La reconnaissance ne détermine pas seulement l'être-là de l'*esprit*. La reconnaissance mutuelle, qui est atteinte par la « conscience morale » (*Gewissen*) analysée dans le chapitre « La conscience morale, la belle âme, le mal et le pardon »[1], détermine également le *Dasein* de l'être humain singulier[2]. Je propose de prendre cette forme de la conscience pour l'équivalent hégélien du *Dasein* d'*Être et temps*. Selon les mots

---

1 « La conviction morale (Gewissen) est l'élément collectif (gemeinschaftlich) des consciences de soi, et cet élément est la substance dans laquelle l'acte a pérexistence (Bestehen) et effectivité : le moment de la reconnaissance par les autres. La conscience de soi morale [c'est le Je kantien] n'a pas ce moment de l'être reconnu, du pur être conscient qui existe, qui *est là* (*da ist*) ; et, du coup, n'est tout simplement pas consciente agissante, effectivante. Son *En soi*, pour elle, est ou bien l'essence *ineffective* abstraite, ou bien *l'être* comme une *effectivité* qui n'est pas spirituelle. Tandis que *l'effectivité* de la conviction morale (Gewissen) *qui*, elle, *est*, est une effectivité qui est un Soi-même, c'est-à-dire l'existence consciente de soi-même, l'élément spirituel de l'avènement de la reconnaissance. » (PDG, p. 470 / 422.)
Cf. la conclusion de la *Phénoménologie de l'esprit* : « L'action [le propre de la Gewissen] est la première séparation, qui est *en soi*, de la simplicité du concept et le retour depuis cette séparation. Ce premier mouvement se renverse dans le second, dès lors que l'élément de la reconnaissance se pose comme savoir *simple* du devoir face à la *différence* et à la *scission* qui résident dans l'action en tant que telle et constituent, de cette manière, l'effectivité de fer face à l'action. (PDG, p. 578 / 514.)

2 « C'est seulement dans la conviction morale (Gewissen) qu'elle [la conscience ou le Soi] a enfin dans la *certitude de soi* le *contenu* pour le devoir, qui antérieurement était vide ; et aussi, puisque cette certitude de soi est tout aussi bien l'*immédiat*, qu'elle a l'être-là lui-même (das Dasein selbst). » (PDG, p. 466 / 419.)
Cf. la conclusion de la *Phénoménologie de l'esprit* : « En tant que conviction morale (Gewissen), elle [le Je / la chose de la pensée] n'est finalement plus cette position et dissimulation, encore alternantes, de l'être-là (Dasein) et du soi-même, mais elle sait que son *être-là* (*Dasein*) en tant que tel est cette pure certitude de soi-même ; l'élément objectal dans lequel elle s'engage et s'expose, en tant qu'elle est agissante, n'est pas autre chose que le pur savoir que le soi-même a de soi. » (PDG p. 578 / 513.)

mêmes de Hegel, la « conscience morale » détermine l'être humain comme une certitude de soi et comme un être-là. Cette conjonction détermine également l'« authenticité » du *Dasein* dans *Être et temps*. Bien entendu, l'accord entre ces deux formes du *Dasein* humain contient aussi un désaccord essentiel : chez Heidegger, la certitude de soi porte sur ma mort (comme possibilité), alors que chez Hegel, comme nous le verrons à l'instant, elle porte sur mon action (comme effectivité). Corrélativement, le *Dasein* heideggérien dit l'être d'un humain solitaire, alors que le *Dasein* hégélien décrit la pluralité des existences et s'articule comme rapport entre les existants. Contre la finitude de la solitude de l'être-à-la-mort, il s'agit donc de penser la finitude d'un être-par-rapport-à-l'autre. Schématiquement parlant, Heidegger définit le *Dasein* humain par rapport à sa mort et dans la solitude, alors que Hegel le définit par rapport à l'action et à la communauté. Ainsi, le *Dasein* hégélien réunit les traits qui, selon *Être et temps*, décrivent l'inauthenticité de l'existence humaine. Mais nous n'allons pas croire Heidegger sur parole, dès lors que le *Dasein* hégélien se définit aussi en fonction des phénomènes qui font le pouvoir-être authentique du *Dasein* dans *Être et temps*, dont le caractère pratique de l'existence, le besoin de l'analyser en termes de « conscience morale » (*Gewissen*) et de « résolution » (*Entschluss*), et le caractère négatif (mauvais, coupable, endetté) de cette conscience. Les deux conceptions du *Dasein* humain s'entrelacent trop pour qu'on puisse réduire leur rapport à la simple distinction entre l'existence authentique et inauthentique : il s'agit plutôt de savoir ce que nous pouvons faire avec l'une et l'autre conception de l'existence humaine. À cette fin, j'examinerai la conscience morale chez Hegel, pour revenir ensuite au *Dasein* d'*Être et temps*.

Chez Hegel, la forme de la conscience qui atteint la reconnaissance réciproque, et « satisfaisante », s'appelle la « conscience morale » (*Gewissen*)[1]. Elle détermine une

1 Par la suite, je traduis *Gewissen* par « conscience morale » et non pas « conviction morale », comme le fait Lefebvre. Le défaut de ma traduction est qu'elle obscurcit la différence que Hegel introduit entre la conscience morale kantienne (*moralische Bewusstsein*) et sa propre

personne dans sa singularité, et « son être-là est *être reconnu* »[1]. Contrairement à Heidegger, Hegel ne présente donc pas l'être-là comme la question de l'*être*, mais de sa *détermination* ; or, l'être humain acquiert sa détermination dans sa reconnaissance par d'autres. Il n'a aucune détermination préalable, si ce n'est la négativité d'où surgit son action (mais la négativité n'est pas une détermination, elle est la dissolution des déterminations données). Son « être » n'est rien d'autre que cette négativité – qui n'est donc pas[2]. Il ne faut pas prendre cette négativité pour une pure faculté d'agir car, contrairement à la conscience morale kantienne vertement critiquée pour son « hypocrisie », la conscience morale hégélienne est d'ores et déjà une action *effective*. Elle n'est rien en soi mais toujours hors de soi – dans l'action même et dans le jugement qu'elle suscite – et sa détermination sera la trace de ces contacts avec ce qu'elle n'est pas. Comme

---

conscience morale (*Gewissen*). Son avantage, c'est qu'elle signale qu'il s'agit du même mot que la *Gewissen* dans *Être et temps* (tr.Vézin). La « conscience morale » est cependant moins une *traduction* de *Gewissen* qu'un indice de sa présence dans le texte. Le français n'a pas d'équivalent pour *Gewissen*. La *Gewissen* est certainement un rapport à soi et donc une sorte de « conscience » ; assurément un rapport à soi propre à la réflexion éthique, pratique, ou « morale ». Hegel et Heidegger utilisent cependant ce mot précisément pour marquer une différence fondamentale entre *Bewusstsein* (conscience) et *Gewissen* (« conscience morale »). *Gewissen* n'est surtout pas une conscience au sens d'une sensibilité portant sur des étants du monde ou d'un *savoir* portant sur des vérités (scientifiques) exprimables par des propositions ou représentations. C'est encore moins une conscience dont la *differentia specifica* serait d'être « morale ». *Gewissen* n'est pas un savoir de ce qui est moral ni même une inclination quelconque à être « moral », au sens de « bon ». En un sens, c'est plutôt le contraire d'une « conscience morale » en ceci qu'elle ouvre une conscience essentiellement « coupable » ou « endettée » : pas la mauvaise conscience issue d'une faute mais une conscience mauvaise dont l'origine est la possibilité ou l'effectivité irréductible du *mal*.

1 PDG, p. 465 / 418.

2 J.-L. Nancy écrit : « [Le sujet] se nie dans son être, il *est* cette négation, et ainsi il ne revient pas à soi. *Soi* est précisément sans retour à soi, soi ne devient pas ce qu'il est déjà : devenir, c'est être hors de soi – mais pour autant que ce dehors, cette ex-position, est l'être même du sujet. » *Hegel, L'inquiétude du négatif*, p. 86.

telle, elle est cette pure différence ou, mieux, pure différentiation qui passe entre elle-même et son autre – sachant que ce mouvement précède ses termes, lui-même et l'autre étant les résultats de l'action et non pas son origine[1].

L'origine de l'action de la conscience morale est le *cas* où il y a à agir : « Un cas d'action se présente (ist vorhanden) »[2]. La conscience ne s'exprime pas en extériorisant une représentation préalable, comme dans le travail, mais elle est saisie par le cas. Comme tel, le cas n'est qu'un événement contingent qui saisit dans l'agent une liberté (relative) capable de réagir au cas comme il l'entend. Il n'y a pas de loi pour un cas concret contingent : aucun devoir préétabli ne peut subsumer le cas dans sa singularité. Le cas se présente plutôt comme une obligation de *trouver* sa loi ; obligation qui s'adresse à la conscience morale en tant qu'elle est le Soi-même comme « pure forme de la volonté » ou « pure négativité ». C'est par ailleurs aussi pourquoi *Gewissen* (qui agit) n'est pas *Bewusstsein* (qui sait). Le cas revendique la conscience morale, laquelle s'absorbe dans le cas de telle manière que les deux se modifient réciproquement : c'est « le pur retournement de l'effectivité du cas qui *est* en une effectivité *faite* ».

La détermination de l'agent commence à partir de ce retournement. S'il pouvait n'être qu'*en soi*, il ne serait que négativité pure : mais l'effectivité du cas lui impose de devenir effectif. Rien ne précède l'action : la rationalité propre de l'agent naît depuis le cas, qu'il faut connaître effectivement. Reprise du *prohairesis* aristotélicien, ce savoir concernant *ce qu'il y a à faire*, s'appelle choisir et décider (*wählen und entscheiden*)[3]. L'agent ne peut pas *connaître*

1 Cette structure est bien saisie par Judith Butler, qui parle de la notion ek-statique du Soi chez Hegel, en sorte que le Soi est toujours hors de soi et différentiel. Selon elle, ce n'est pas un soi individuel qui cherche et offre la reconnaissance d'un autre : c'est au contraire le processus même de la reconnaissance qui révèle que le soi est toujours déjà hors de soi-même. (Butler, *Undoing Gender*, p. 147-8, 151.)

2 Les passages suivants : PDG, p. 466-469 / 419-412, 472 / 424.

3 *Cf.* La façon dont, selon J. Taminiaux, la notion heideggérienne de résolution (*Entschlossenheit*), est une reprise et une radicalisation de la notion aristotélicienne de *phronesis* (Taminiaux, *Lectures de l'ontologie*

toutes les circonstances du cas ni calculer ce qu'il y a à faire : « C'est précisément l'essence de la conscience morale que de *couper court* à ce genre de *calcul* et d'évaluation et de se décider, de trancher, à partir d'elle-même sans être fondée sur ce genre de raisons. »[1] La décision n'est pas un mouvement depuis un sujet déjà constitué vers une fin pratique qu'elle connaîtrait déjà, car elle se produit subitement : la conscience se sait comme agent et connaît sa fin comme fin seulement *depuis* la décision. Malgré l'apparente soudaineté de la décision, l'action n'est pas un caprice, mais relève d'une réflexion morale suscitée par le cas. Grâce à cette réflexion, l'agent « sait et fait le juste concret »[2]. Ayant justifié son acte, l'agent peut s'estimer bon : il fait le « juste concret » dans la mesure où ses actes sont en harmonie avec sa conscience morale, où ses décisions sont conformes à ses convictions. Alors, « la conscience morale est tout à fait libre de tout contenu, elle s'absout (es absolviert sich) de tout devoir déterminé censé avoir valeur de loi ; elle a, dans la force de sa certitude de soi-même (Majestät der absoluten Autarkie), le pouvoir de lier et de délier »[3].

---

fondamentale, p. 166). La ressemblance entre la notion hégélienne de la *décision* (*Entschluss*) et la notion heideggérienne de la *résolution* (*Entschlossenheit*) s'expliquerait ainsi depuis leur commun héritage aristotélicien. Toutefois, Hegel analyse la raison pratique depuis un cas factuel exigeant une décision effective et entraînant ainsi la confrontation avec les autres, alors que Heidegger décrit la résolution comme un mode d'être portant sur l'existence propre. C'est pourquoi Hegel analyse précisément la dimension plurale et politique de la décision que, comme le montre Taminiaux, Heidegger néglige (*op. cit.*, p. 172).

1 PDG, p. 476 / 427.

2 PDG, p. 467 / 420.

3 PDG, p. 476 / 428. Hegel, en luthérien déclaré (VGP I, W 18, p. 94), paraphrase la parole d'absolution « ce que tu lieras sur la terre restera lié dans le ciel ; ce que du délieras sur terre sera délié dans le ciel » (Luther, *Sermon sur le sacrement de la pénitence*). Cependant, ici la conscience morale se donne à elle-même l'absolution, alors que chez Luther, c'est une autre conscience morale qui doit la proférer. Chez Luther, seul Dieu peut pardonner la faute originaire de l'homme, et aucun être humain ne peut la connaître. Pourtant, la pénitence a besoin d'un médiateur humain. Le confesseur est un autre quelconque (c'est le sens de la prêtrise universelle) : ni le juge ni le prêtre mais n'importe qui,

Devenu fait, le cas devient effectif : il a un effet sur les autres, il s'introduit dans le monde et il s'impose à d'autres. « La conviction morale est l'élément collectif des consciences de soi, et cet élément est la substance dans laquelle l'acte a *pérexistence* et *effectivité* : le moment de la *reconnaissance* par les autres. »[1] Contrairement au produit du travail, le fait issu de l'action prétend à la justice qui n'est effective que reconnue. L'élément propre du *Dasein,* la reconnaissance, ne porte pas sur le fait mais sur la qualité morale de l'agent qui l'a fait – sur le sujet de la justice. Or, la reconnaissance des consciences morales juge l'autre toujours mal[2]. D'une part, l'action de l'un paraît toujours mauvaise aux autres : c'est le soi d'un autre qui s'exprime dans l'acte, pas le mien. D'autre part, l'autre juge l'action depuis son propre point de vue, également singulier, et ne parvient donc pas à comprendre l'acte tel qu'il se présentait à l'agent lui-même. L'agent est donc doublement mal entendu : personne ne peut sonder sa conscience morale, et personne ne peut se conformer au jugement qui relève d'une autre conscience morale, quand bien même celle-ci prétendrait être le point de vue de la loi commune[3].

---

même un fou qui ne comprendrait rien à l'acte commis. Dans l'absolu, bien qu'aucun confesseur ne puisse *comprendre* le cœur de l'homme qui a commis l'acte, la reconnaissance de l'acte par quelqu'un est nécessaire. Certains éléments de cette structure se voient dans la dialectique du mal et du pardon, mais on ne peut pas rabattre celle-là sur celle-ci. Dans la dialectique hégélienne, l'acte lui-même est analysé selon la philosophie pratique aristotélicienne, et le recours au dieu est écarté comme illusion de la « belle âme ».

1 PDG, p. 470 / 422.

2 PDG, p. 477-478 / 428-429.

3 Que dois-je faire ? Hegel décrit les actions de la conscience morale à partir de quelques devoirs simples : l'individu doit entretenir sa famille, être utile à d'autres, aider les indigents. Pourquoi ne parle-t-il pas de l'action politique ? Quelques conjonctures sont possibles. Peut-être évite-t-il la politique par conservatisme, pensant que la loi de l'État, déjà établie, ne demande pas de réflexion éthique. Ou au contraire, parce qu'il analyse la loi publique sous le discours de la conscience jugeante, dont il montre l'injustice constitutive, fustige la dureté et souhaite la clémence. Ce n'est cependant que dans la *Philosophie de l'histoire* que Hegel décrit la situation dans laquelle un héros s'insurge contre l'État (bien que sa

La dialectique de la reconnaissance des consciences morales se déroule dans le langage, qui est en dernière instance l'être-là de l'esprit[1]. Le langage de la conscience morale n'est pas celui de la *Bewusstsein* réfléchissant sur la vérité des objets, mais porte sur les sujets. Pour ainsi dire, elle montre l'être-là de l'humain non pas comme « je pense, je suis », mais comme « j'agis, je parle ». Chaque sujet est ici « *tel* Soi-même, distinct d'autres Soi-même… ce qui fait survenir nécessairement l'opposition de la singularité face aux autres singularités et face à l'universel. »[2] Leurs expressions prétendent à l'universalité qu'ils ne peuvent atteindre, car le dialogue des consciences morales porte sur la singularité de l'acte et de la conviction qui le justifie. Partant, le langage de la conscience morale est le langage de l'auto-expression du Soi, qu'on peut d'emblée prendre pour sincère, et la sentence du jugement, qui n'est pas moins juste. La dialectique montre comment chaque expression de soi tourne inévitablement en son travestissement, car l'autre ne peut jamais partager le cœur de l'expression, à savoir sa prétention à être juste. La négativité à l'origine de l'action de la conscience morale persiste comme cœur impéné trable de l'humain, et fait que toute expression langagière est inadéquate. Cela étant, la fonction du langage n'est pas ici de rendre chaque soi transparent dans son être, et son inadéquation pour la *Bewusstsein* fait sa force pour la *Gewissen*. C'est un langage de l'*adresse* qui a pour fonction d'affecter la conscience de soi et de provoquer en elle des conversions.

---

conscience morale soit au fond tout aussi singulière et partielle que la conscience décrite ici). Le contexte de la dialectique de la conscience morale est la vie commune ordinaire.

1 « Ceci nous amène à voir de nouveau le *langage* comme être-là de l'esprit. Le langage est la conscience de soi qui est *pour d'autres*, qui est immédiatement *donnée comme telle* et qui est en tant que *cet* universel. Il est le Soi-même se détachant de lui-même, qui devient objectal pour lui-même comme pur Je = Je, et dans cette objectalité se conserve aussi bien comme *tel* Soi-même déterminé qu'il conflue immédiatement avec les autres et est *leur* conscience de soi ; le Soi-même entend aussi bien lui-même qu'il est entendu par les autres, et cette perception est précisément *l'être-là devenu un Soi-même.* » (PDG, p. 478-479 / 430.)

2 PDG, p. 484 / 434.

Ainsi, la conscience, sans que les faits changent, se voit tour à tour vertueuse, juste, coupable, indigne, réconciliatrice : ce ne sont pas des changements d'opinion mais des changements de *soi*, lorsqu'elle comprend que le sens du dialogue dépend de ses participants. Le langage comme être-là de l'esprit est ici le langage de tout ce dialogue en tant qu'il ne cherche pas la vérité des faits mais la justice des consciences morales. La reconnaissance a lieu dans ces actes de langage, en sorte que c'est finalement le langage qui agit.

Hegel présente le cœur de la dialectique du mal et du pardon comme un dialogue schématique entre la conscience agissante et la conscience jugeante. Le dialogue est trop long pour que je le présente ici en détail, mais je rappelle brièvement ses positions. La conscience agissante, suivant sa conviction intime et l'exprimant dans sa parole, ne peut que paraître mauvaise aux yeux de la conscience jugeant son acte (elle est le Mal : der Böse)[1]. La singularité irréductible de son acte ne coïncide ni avec l'universalité que la conscience jugeante dit présenter, ni avec la singularité que celle-ci représente en fait. Le jugement change cependant la conscience agissante, si elle « fait l'aveu de ce qu'elle est le mal en soutenant qu'en opposition à l'universel reconnu, il agit selon *sa* loi et conscience morale intérieure. » Elle exprime sa partialité, et fait ainsi plus que la conscience jugeante qui « proclame certes ses excellentes dispositions d'esprit » mais « *n'agit pas* », et ne « démontre donc pas sa droiture » (comme le célèbre valet de chambre « pour qui il n'est pas de héros »). Ainsi l'aveu du Mal « c'est moi qui a fait ça » n'est pas un abaissement devant l'autre. Au contraire « elle [la conscience agissante] énonce *leur identité* [la singularité de chacun] vue de son côté dans son aveu, et l'énonce parce que le langage est *l'être-là* de l'esprit comme Soi-même immédiat ; elle attend donc que l'autre contribue pour sa part à cette existence ». Ce n'est donc pas un reniement de sa conviction initiale et une acceptation du jugement

1 Les passages suivants : PDG, p. 485-490 / 435-440. Comme J. Derrida, je crois que le pardon hégélien est un pardon de l'impardonnable et non pas son annulation (Derrida, « Le siècle et le pardon » (*Le monde des débats,* décembre 1999).

de l'autre, mais la reconnaissance du mal que son acte peut faire à l'autre, ainsi que l'impossibilité, pour l'autre, de le reconnaître. Il reconnaît le décalage absolu entre son bien et le bien de l'autre, et entre sa conscience morale et celle de l'autre. C'est ainsi que la conscience morale s'identifie : depuis la factualité de son acte et du devoir qui en surgit, et depuis le jugement porté sur elle par d'autres. Tant que l'autre reste le « cœur de pierre » qui rejette cette continuité entre lui-même et l'autre, et refuse donc d'assumer la partialité de son propre jugement, la « scène retourne » et il reste, lui, le plus injuste et le plus révoltant des deux, car il « refuse de sortir de son intériorité vers l'être-là de la parole ». Seul le pardon de la conscience jugeante peut rendre justice à l'autre. Dans le pardon, la conscience jugeante renonce à sa dureté et accepte sa communauté avec l'autre.

« Le mot de réconciliation est l'esprit *étant-là* [qui est] reconnaissance mutuelle qui est l'esprit *absolu.* »[1] Ce point culminant de la dialectique de la reconnaissance se laisse observer de deux points de vue : d'abord du point de vue de l'être-là fini des consciences morales, ensuite du point de vue de la communauté comme ensemble.

Du point de vue de l'être-là des Soi finis, dans le pardon réconciliateur, les consciences morales se reconnaissent enfin comme égales : également singulières, par conséquent mauvaises, elles sont aussi absolument différentes et diverses. Ainsi le pardon ne supprime pas mais confirme l'acte mauvais, et le jugement négatif porté sur lui. Reconnaissant la négativité et l'étrangeté de l'autre dans leur positivité propre, le pardon accepte la « continuité » avec lui. Voilà pourquoi la *communauté* des êtres singuliers n'apparaît que dans cette parole qui dit à la fois la distinction et le lien entre les singuliers. Elle montre comment la reconnaissance s'accomplit dans cette reconnaissance d'une différence qui, au niveau de l'effectivité humaine, demeure irréductible. Le pardon réconcilie la différence sans la supprimer : on accepte de *vivre ensemble* malgré l'écart infranchissable.

La reconnaissance, qui se cherche dans le combat et s'accomplit dans le pardon, est la forme négative du lien

1 PDG, p. 493 / 442.

qui réunit les humains en une communauté. Sa forme positive, ou son fondement le plus originaire, est l'amour, que le très jeune Hegel comprenait encore en un sens relativement fusionnel, mais qui devient finalement pour lui aussi la reconnaissance de l'autre dans sa différence[1]. En effet, on peut interpréter le pardon comme une forme de l'amour : c'est un « amour » qui ne requiert aucune sympathie du cœur ni ne s'appuie sur aucun sentiment (inclination naturelle, solidarité, philanthropie, etc.), mais est au contraire le renoncement actif à une antipathie à la fois viscérale et raisonnable au nom d'une justice plus que raisonnable, sur laquelle le cœur doit s'accorder plus que sur son propre jugement. C'est un amour qui vient contredire le juste courroux envers celui qui a introduit le mal dans la communauté : c'est comme l'injonction d'apprendre à « aimer » l'ennemi le plus haïssable. Le pardon est le nom de cet amour absolument non-fusionnel qui consiste à reconnaître l'insupportable.

Pour le dire d'une autre manière encore, l'amour et la reconnaissance sont des phénomènes[2] de ce dont le concept est la liberté. Car dans l'existence humaine, il n'y a de liberté que reconnue par l'autre, dont on reconnaît la liberté[3]. La liberté n'est pas réelle en tant qu'idée communément partagée, ni en tant qu'état définitivement atteint, mais seulement en tant qu'elle reste toujours à gagner par rapport aux autres. Tant que l'on examine la communauté en tant que domaine de l'intersubjectivité, la différence et le malentendu restent constitutifs, et la reconnaissance de la liberté reste à gagner.

---

1 Voir Nancy, *op. cit.*, p. 88 *sq.* ou Williams, *Hegel's Ethics of Recognition*, p. 212-213.

2 La reconnaissance est le phénomène de la liberté, ENZ III, W 10, § 484, p. 303 / 282.

3 « C'est seulement ainsi que se réalise la vraie liberté ; car, puisqu'elle consiste dans l'identité de moi-même avec l'autre, je ne suis vraiment libre que lorsque l'autre aussi est libre et reconnu par moi comme libre. Cette liberté de l'un dans l'autre réunit les hommes d'une manière intérieure, alors que, par contre, le besoin et la nécessité ne les rapprochent que de manière extérieure. » (ENZ III, W 10, § 431 Zus, p. 220 / 532. Voir aussi p. ex. Enz III, § 382 & Zus, p. 25-26 / 178, 392 ou GPR, W 7, § 7 Zus, p. 57.)

La communauté apparaît lorsque les individus agissants sont déjà entrés dans l'histoire : la réconciliation est le souvenir d'un pardon. Du point de vue de l'ensemble de la communauté, le mot de réconciliation est « le OUI réconciliateur, dans lequel les deux Je se démettent de leur *être-là* opposé [et qui] est *l'être-là* du *Je* dilaté jusqu'à la dualité, qui au sein même de celle-ci demeure identique à soi, et a dans sa parfaite aliénation et son parfait contraire la certitude de soi-même – il est le Dieu qui apparaît au milieu de ces Je qui se savent comme pur savoir. »[1] Lors de la reconnaissance du lien entre les singuliers, Hegel dit aussi que le mal est « guéri » et « oublié » par l'esprit, à savoir que les singuliers apparaissent épurés jusqu'à retrouver une égalité enfin concrète, et non plus formelle (comme c'était le cas dans le chapitre sur la liberté absolue). Cette égalité leur permet de voir leur communauté comme un tout. Dans la *Phénoménologie de l'esprit*, ce tout est divin : il est la manifestation de l'esprit absolu dans la communauté religieuse. Selon Hegel, le christianisme est la religion la plus vraie, dans laquelle le lien qui maintient la communauté est à nouveau l'amour, que la communauté se représente dans le Christ. Plus tard, Hegel pense la communauté davantage en termes d'État, qui incarne la liberté tout en subsumant les libertés individuelles[2]. Je ne pense cependant pas que la théorie de l'État supprime entièrement le processus de la reconnaissance. Je pense simplement que cette théorie, parce qu'elle porte sur une *idée*, ne peut tout simplement pas décrire la *praxis* qui la fonde : celle-ci est un événement qu'on ne peut pas instituer, et conséquemment qui ne peut qu'apparaître comme l'élément contingent de son effectivité. Dans le contexte de la philosophie de l'histoire, on peut penser que chaque État retient la trace d'un certain nombre de réconciliations ayant eu lieu, et que ceci est sa forme – mais qu'*en tant que forme* historique de la liberté, l'État est d'ores et déjà en voie de dépérissement, et que seules de nouvelles luttes pour la reconnaissance pourront progressivement faire naître de nouvelles réconciliations, dont de nouveaux États

1 PDG, p. 494 / 443.
2 GPR, W 7, § 258, p. 399.

conserveront la forme. L'État serait donc bien une forme de l'esprit, mais pas son être-là effectif : celui-ci est le processus de la reconnaissance. Mais, qu'on croie ou non à la résolution des conflits dans une communauté religieuse ou étatique, et qu'on veuille ou non concilier le « jeune Hegel » et le « vieux Hegel », il reste que sa présentation de la reconnaissance dans la *Phénoménologie de l'esprit* suffit pour inquiéter la pensée heideggérienne de l'être-avec. Voyons maintenant comment.

b. L'être-avec selon Heidegger

Heidegger ne commente nulle part la reconnaissance hégélienne comme rapport entre êtres humains singuliers. Nous pouvons cependant repérer des éléments pour une pensée analogue surtout dans *Être et temps*.

Être et temps contient deux analyses principales de la communauté humaine : l'être-avec (*Mitsein*) et l'historialité (*Geschichtlichkeit*). Je n'aborde ici que l'être-avec, car la théorie de l'historialité, articulée en termes de peuple, n'évoque plus les rapports entre les singuliers mais traite du peuple comme d'un *Dasein* collectif. À cet égard, elle correspond davantage à la pensée hégélienne de l'État historique : chaque fois, la communauté apparaît comme lieu d'une vérité supra-individuelle et, par là, comme une construction poïétique donnant lieu à l'histoire. En revanche, la pensée de l'être-avec offre quelques éléments pour une réflexion sur les rapports entre humains.

Au départ, ces rapports ne sont pas le foyer central d'*Être et temps*. De nombreux lecteurs ont épinglé le « cartésianisme » de Heidegger, à savoir sa façon de poser sa question centrale depuis le point de vue d'un « Je »[1]. Certes,

1 Les premiers lecteurs de Heidegger n'ont souvent retenu que sa dissociation (*Abhebung*) d'avec Descartes. Hegel, aussi, serait à écarter parce qu'il resterait « cartésien ». *Être et temps* contient cependant tout autant une répétition déconstructrice du principe cartésien *ego cogito ergo sum*. *Cf.* Jean-Luc Marion, le chapitre « L' "ego" et le "*Dasein*" » dans *Réduction et donation* ; Jean-François Courtine, « Voix de la conscience

ce « Je » n'est pas le « je-qui-pense » mais le « Je-dont-l'être-est-en-jeu-dans-son-être », qui vise une singularité et une finitude, dont le « Je » cartésien ferait abstraction. Quoi qu'il en soit, son être propre, « authentique », n'est atteint que dans la solitude de son être-à-la-mort, et seule cette expérience donne accès à la pensée du temps extatique et, par là, à la question de l'être, qui est le véritable horizon du livre.

Cela étant, le « cartésianisme » du *Dasein* demeure relatif. Contre Descartes, Heidegger insiste aussi pour dire que l'être-là est originairement être-avec, *Dasein ist Mitsein*[1]. Contrairement à Descartes, Heidegger part de la vie concrète quotidienne, et de l'être-avec qui la constitue le plus souvent. Le plus souvent, le *Dasein* est « inauthentique », au monde avec les autres, sans s'y trouver en tant qu'un « Je ». À cet égard, le Je « authentique » est une expérience exceptionnelle, à peine plus qu'une construction théorique, dont la saisie requiert une prise de distance par rapport à la quotidienneté. La solitude, dit-il encore, est l'absence des autres et non un point de départ[2].

La tonalité « étouffante » de l'analyse de l'être-là, présentée dans le § 27, est bien connue. Dans l'existence selon l'être-là quotidien, « chacun est l'autre et nul n'est lui-même », en sorte que le « qui » de l'existence est le *on* (*das Man*), dont la « dictature » est caractérisée par « distancement, médiocrité, nivellement, publicité, déchargement d'être et complaisance »[3]. L'ambiance générale de « distancement » (*Abständigkeit*) dit à la fois la séparation des existants et leur serrement étouffant : il ouvre leur espace comme s'il était le vide entre des monades qui se pressent l'une contre l'autre sans se rapporter les unes aux autres. Cette compression est tout le contraire des mouvements d'éloignement et de

---

et vocation de l'être » dans *Heidegger et la phénoménologie*. Jacques Taminiaux, le chapitre « D'une double lecture de Descartes », dans *Lectures de l'ontologie fondamentale. Essais sur Heidegger*.

1 *Cf.* GA 29/30, p. 300, et SZ § 25, où Heidegger ne s'oppose pas uniquement à la solitude de la *res cogitans* cartésienne mais aussi à sa façon de comprendre le monde comme *res extensa*, qu'il vient de présenter notamment dans le § 21.

2 SZ, p. 120 /104.

3 SZ, p. 128 / 108.

proximité, qui déploient l'espace existential proprement dit. Parce que les existants ne se rapportent pas les uns aux autres, ils sont irresponsables (ce n'est jamais moi qui veut ceci, qui fait cela, mais *on* le veut, *on* le fait). Cette description semble inspirée par *une* vue sur la société de masse moderne mais, de droit, l'être-avec est une modification originaire du *Dasein* comme tel, quelle que soit sa situation historique. En tout cas, cette dispersion et cette aliénation doivent être écartées afin de dévoiler le Je authentique. De nombreux lecteurs en ont déduit que Heidegger voulait donner à l'« inauthenticité » du *on* quotidien un sens péjoratif, en sorte qu'elle serait une forme dégénérée de l'existence que nous aurions à dépasser. À part lui, Heidegger a pu le penser, et c'est peut-être pourquoi il n'a pas poursuivi son travail sur l'inauthenticité après *Être et temps* ; en principe cependant, l'inauthenticité n'est pas un terme normatif mais un existential co-originaire de l'authenticité. Pas de *Dasein* sans *Mitsein*, y compris dans sa pire médiocrité.

L'être-avec n'est pas premièrement un état affectif mais, avant tout, une structure ontologique. Son importance a été soulignée surtout par Jean-Luc Nancy, qui constate le besoin d'une relecture de l'ontologie fondamentale à partir de l'être-avec[1] : son ontologie de l'être singulier pluriel est effectivement une continuation des brèves indications de l'analyse heideggérienne de l'être-avec. L'être-avec comme structure ontologique est analysé au § 26.

Le point de départ de l'analyse heideggérienne est la question « qui est le *Dasein* ? » Ultérieurement, le *Dasein* comprendra qu'il est le Je qui a à exister dans ce monde-ci. Dans l'analyse de l'être-avec, le *qui* de la quotidienneté demeure néanmoins le *on* : n'importe qui et personne en particulier. Est-ce que le *Dasein* a besoin d'un autre *Dasein* pour s'identifier, à savoir, pour répondre à la question *qui* il est ? Pour la conscience de soi hégélienne, l'autre est indispensable. La situation du *Dasein* heideggérien, en revanche, reste obscure : d'une part, la question *qui ?* est posée avec l'existential de l'être-avec mais, d'autre part, Heidegger ne demande nulle part dans *Être et temps qui* est cet *autre*, et ses

---

1 Jean-Luc Nancy, *Être singulier pluriel*, p. 45.

analyses de l'être-avec ne permettent pas non plus l'identification du « moi » ; les deux disparaissent dans le *on* ou dans le peuple. Cette incertitude indique la position paradoxale, sinon aporétique, de l'autre *Dasein* dans la constitution du *Dasein* propre. D'une part, l'autre *doit* appartenir à l'examen de l'être propre du *Dasein* (*Dasein ist Mitsein*), d'autre part il ne le *peut* pas (la possibilité de l'être propre – être-à-la-mort – se définit en excluant expressément l'autre). Nécessaire impossible, in-identifié, l'autre apparaît furtivement au loin.

La structure ontologique de l'être-avec s'inscrit dans le mot *Mit*-sein, être-*avec*. L'être du *Dasein* est un être *avec* un autre *Dasein*. Cet « avec » ne rend pas *raison* de leur être, car les *Dasein* ne sont ni calculables (un *Dasein* + un autre *Dasein* + un autre *Dasein*...) ni compréhensibles (un *Dasein* = un autre *Dasein* = un autre *Dasein*...). *Avec* dit simplement que les *Dasein* sont plus d'un, nombreux, singuliers pluriels (comme le dirait Nancy). Sans doute, chaque *Dasein* porte-t-il le souci de son monde et se rapporte-t-il à sa propre mort, mais partant, ils sont purement et simplement égaux quant à leur être. Le *avec* interdit de fonder l'existence en un Être universel, dont chaque existant serait une instance : l'être (du *Dasein*) est l'être *des Dasein*. Il est utile d'insister sur cette *pluralité* originaire de l'existence contre l'impression d'*unité* de l'être, que laissent facilement les analyses ultérieures du *Dasein* propre et de la question de l'Être : si la question de l'être se pose chaque fois de manière unique, l'existence dont elle relève est plurielle. Finalement, Hegel et Heidegger partagent ceci : l'*existence* (humaine) est l'existence des existants nombreux qu'aucune substance commune préalable ne porte.

La pluralité ontologique originaire énoncée par le mot d'être-avec ne se résout donc en nul Être préalable ni ne s'accorde en aucune harmonie préétablie. Quant à leur être, les singuliers *sont* les uns par rapport aux autres. La source de leur rapport est en eux-mêmes, et dans nul principe extérieur. Dans le § 26 d'*Être et temps*, Heidegger nomme le rapport entre les *Dasein* la *sollicitude* (*Fürsorge*). La sollicitude n'est pas la préoccupation (*Besorgen*) qui porte sur des choses, mais le rapport du *Dasein* à un autre *Dasein* : ensemble, la préoccupation et la sollicitude forment le *souci (Sorge)*, qui caractérise le tout de l'être-au-monde du *Dasein*. La sollicitude ne vise pas à *connaître* l'autre (ni le *soi*) - que ce soit par observation, compassion, projection, ou imitation -, mais purement et simplement à *être avec* lui.

Heidegger distingue deux modalités de la sollicitude. La « mauvaise » sollicitude se substitue à l'autre et lui ôte son souci en assumant ce dont l'autre a à se préoccuper. Cette forme de sollicitude semble alléger l'existence de l'autre en s'occupant de l'objet de son souci et en le lui rendant prêt et disponible : mais ainsi, il ne fait en réalité que dominer l'autre. En revanche, la « bonne » sollicitude « devance » l'autre, « non point pour lui ôter son "souci", mais au contraire et proprement pour le lui restituer. Cette sollicitude, qui concerne essentiellement le souci authentique, c'est-à-dire l'existence de l'autre, et non pas *quelque chose dont* il se préoccupe, aide l'autre à se rendre transparent *dans* son souci et à devenir *libre pour soi*. »[1]

Cette définition d'un certain maximum de l'être-avec condense son paradoxe. Dans la deuxième partie d'*Être et temps*, Heidegger montrera que le *Dasein* ne peut être transparent dans son souci et libre pour soi que dans sa résolution d'existence propre, qu'il gagne depuis son être-à-la-mort et depuis la « voix de la conscience » qui l'appelle au monde depuis sa mort. Or l'autre *Dasein* ne peut précisément pas intervenir dans l'expérience de l'être-à-la-mort[2], et la voix de la conscience n'est pas non plus la voix d'un autre *Dasein*, mais l'étrangeté de la voix propre du *Dasein*[3]. Expressément exclu de toute expérience constitutive de l'être propre, comment un *Dasein* peut-il alors libérer un autre pour lui-même ? Qui plus est, son intervention n'est-elle pas nécessaire, en sorte que seule l'opération de la sollicitude rende l'autre à sa solitude, en montrant discrètement la discrétion de l'existence ? S'il en est ainsi, la sollicitude doit au fond accompagner l'autre dans sa mort, alors que celle-ci est l'impartageable même : quelque part, nous partagerions la mort – en tant qu'elle nous partage. Longtemps, les lecteurs de Heidegger ont pris

---

1 SZ, p. 122 / 105.
2 SZ, p. 240.
3 SZ, p. 275.

ce paradoxe pour une incohérence, qui ne montre au fond que la suppression de la quotidienneté dans la construction du *Dasein* propre. Ultérieurement, quelques lecteurs se sont demandés si le paradoxe du partage de la mort n'est pas plutôt offert par Heidegger afin que l'on voie le caractère irréductiblement discret de l'existence dans la communauté[1] : l'*existence* elle-même demeure plurielle et discrète, même si le *logos* tend à articuler la communauté comme un tout unitaire. Quoi qu'il en soit, Heidegger ne développe pas cette question plus loin que le paradoxe impliqué dans *Être et temps*.

Nous voyons maintenant comment l'idée de la pluralité originaire de l'être-là, partagée par Hegel et Heidegger, peut se conjuguer de deux façons différentes. Heidegger veut relever la pluralité de l'*existence* – que Hegel prend pour un simple donné, à partir duquel il interroge la pluralité requise par la *détermination*. Pour saisir l'existence, Heidegger examine le *Dasein* face à sa mort ; pour saisir la détermination, Hegel examine le *Dasein* face à un autre *Dasein*. Chacun investit le *Dasein* par une « négativité » fondamentale, mais chez Heidegger elle appartient à la mort qui indique la possibilité de la fin de toute action, alors que chez Hegel, elle est la négativité destructrice et créatrice à l'origine de toute action. Il ne me semblerait pas difficile de combiner ces deux pensées, car elles ne s'excluent pas mais se relèguent réciproquement à un rang secondaire. Cela étant, les deux positions sont déjà issues d'une lecture intéressée qui ne prétend pas reproduire l'intention la plus manifeste de chaque auteur.

Dans le § 26 d'*Être et temps*, le trait le plus marquant de l'être-avec reste donc la *discrétion* ontologique. L'être-avec décrit le monde comme un « espace », qui n'est nullement donné, mais dont la dimension se déploie dans les

1 En explorant l'être-avec depuis la mort, J.-L. Nancy nie que Heidegger ait pensé leur relation avec une radicalité suffisante (*La communauté désœuvrée*, p. 40-41), alors que W. Brogan pense au contraire que « l'impossibilité de partager qui définit l'être humain non seulement n'exclut pas la communauté mais est le fondement pour tout être-avec véritablement humain. » (Walter Brogan, *Heidegger and Aristotle*, p. 155).

mouvements de la sollicitude, selon laquelle les *Dasein* s'approchent l'un de l'autre et s'éloignent l'un de l'autre. La proximité et l'éloignement on un sens seulement si les existences sont discrètes. Cette discrétion peut dégénérer en « distancement », dans lequel les singuliers se pressent les uns contre les autres sans pour autant se rapporter les uns aux autres. Mais elle peut également se développer en un être-avec authentique, qui pourrait – voilà mon fil directeur – expliquer l'explication.

À la fin du § 26, Heidegger explique pourquoi les distances entre les *Dasein* ont tendance à se resserrer dans l'être-avec quotidien. Cela arrive essentiellement lorsque les *Dasein* se rencontrent à l'occasion d'un travail commun, dans lequel « ce dont il y a à se préoccuper » (le travail) absorbe les existants, qui ne se voient plus qu'en fonction du travail commun. Mais Heidegger mentionne aussi brièvement la possibilité d'une rencontre « authentique » qui ne supprime pas les existants mais permet peut-être une bonne sollicitude entre eux. L'être-l'un-avec-l'autre quotidien peut être « bon » lorsque la chose commune n'asservit pas les existants ni ne les oblige à rivaliser entre eux en tant que corrélats de la chose, mais leur permet de rester distincts face à la même chose. Alors, les *Dasein* peuvent avoir confiance (*Treue*) les uns dans les autres : « L'engagement commun pour la même chose est déterminé par le *Dasein* a chaque fois saisi de manière propre. C'est seulement cette solidarité *vraie* (*eigentliche* Verbundenheit) qui rend possible la "pragmaticité" vraie (rechte Sachlichkeit) qui libère l'autre, sa liberté, vers lui-même. »[1] Il y aurait donc une « solidarité authentique » qui rendrait la liberté aux *Dasein*. Heidegger ne spécifie pas la nature de la « chose » capable de libérer ainsi les *Dasein*. Sachant qu'elle n'est pas l'outil du travail, et que Heidegger la caractérise comme étant « juste » (*recht*), et non pas vraie ou authentique, il me semble possible de l'interpréter au sens de la *res publica* ou de la *polis* – au sens du *là* en tant qu'espace de liberté. Mais Heidegger ne le dit pas, enveloppant au contraire toutes les descriptions ultérieures de la communauté dans l'ambiance du « distancement », laissant

1 SZ, p. 122 / 105.

cette étrange remarque inexploitée.

Tant que la chose commune domine la relation entre les *Dasein*, ils ne se rencontrent pas librement, et leur être-avec reste inauthentique. Mais Heidegger mentionne aussi la possibilité d'un être-avec authentique. Il le nomme au § 60, où il achève l'analytique de l'être propre du *Dasein* dans la description de la *liberté* du *Dasein* résolu pour son monde. Libre, le *Dasein* peut également libérer l'autre et « devenir "conscience morale" d'autrui »[1]. Le point de départ ressemble à celui de Hegel : seul le *Dasein* libre peut proprement se rapporter à l'autre, et lorsque son rapport à l'autre est authentique, il le libère aussi. Contrairement à Hegel, Heidegger ne dit cependant pas que l'autre m'accorde ma liberté en retour : la « reconnaissance » n'est pas réciproque. Apparaissant toujours dans une distance phénoménologique, la liberté de l'autre revêt le même caractère de paradoxe que sa mort : nous présumons que sa liberté tient à une résolution semblable à celle du *Dasein* propre, mais *il* ne la manifeste pas, dans la mesure où sa liberté apparaît uniquement depuis la sollicitude du *Dasein* propre. Si la liberté tient à l'autonomie, l'autre, dont la conscience morale est dans celui qui lui est autre, est-il libre ? Quelle est sa liberté, si elle est d'une part, comme le *Dasein*, libre depuis sa résolution propre, et, d'autre part, s'il a sa conscience morale dans l'autre ?

Comment, au juste, l'autre *Dasein* apparaît-il au *Dasein* propre ? Quelle est sa *phénoménalité* ? Dans le § 26, Heidegger montre que le *Dasein* ne rencontre pas le *Dasein* étant-là-avec comme un étant, mais comme un existant. Corrélativement, il n'apparaît pas dans la perspective de la

---

1 « À partir du en-vue-de-quoi du pouvoir-être choisi par lui-même, le *Dasein* résolu se rend libre pour son monde. La résolution à soi-même place pour la première fois le *Dasein* dans la possibilité de laisser "être" les autres (mitseienden Anderen) dans leur pouvoir-être le plus propre et d'ouvrir conjointement celui-ci dans la sollicitude qui devance et libère (vorausspringend-befreienden Fürsorge). Le *Dasein* résolu peut devenir "conscience morale" ("Gewissen") d'autrui. C'est de l'être-Soi-même authentique de la résolution que jaillit pour la première fois l'être-l'un-avec-l'autre authentique (eigentliche Miteinander) – et non pas des ententes équivoques et jalouses ou des fraternisations verbeuses dans le On et dans ce qu'on veut entreprendre. » (SZ, p. 298 / 213.)

connaissance ou de la compréhension ; mais nous ne demandons pas non plus, à la mesure du *Dasein (daseinsmässig)*, *qui* il est. Le *Dasein* rencontre un autre *Dasein* purement et simplement en tant qu'il est *là avec*. Cette rencontre *constitue* le *là* : le monde dont le *Dasein* est l'ouverture et où il a à être[1]. Heidegger analyse le monde comme dimension de cette rencontre en termes d'être-à (*In-Sein*), qui consiste en affection (*Befindlichkeit*), compréhension (*Verstehen*) et parler (*Rede*). La rencontre avec l'autre *Dasein* se fait selon ces existentiaux, et notamment selon la parole. L'autre vient à nous dans sa parole – si nous pouvons l'écouter, *lui*.

L'analytique de l'être-à porte spécifiquement sur l'être-les-uns-avec-les-autres quotidien, et non pas seulement sur les états affectifs du *Dasein* solitaire. Fruit d'une longue étude des écrits pratiques d'Aristote, l'analytique de l'être-avec est avant tout un pas-en-arrière dans la *Rhétorique* d'Aristote,[2] qui présente, selon Heidegger, la première et la seule « herméneutique systématique de la quotidienneté de l'être-l'un-avec-l'autre »[3]. À l'instar de la *Rhétorique*, l'être-à décrit le monde comme « *polis* », à savoir comme être-les-uns-avec-les-autres qui a lieu en tant que parler-les-uns-avec-les autres. Les composantes de l'être-à proviennent également de la *Rhétorique* : l'affection répète le *pathos*, la compréhension répète le *logos*, et le parler répète la *phoné*. Comme je parlerai du *logos* heideggérien dans un autre travail, je me concentre ici sur la façon dont l'affection et la parole permettent la rencontre de l'autre *Dasein*.

---

1 SZ, p. 132-133 / 112.

2 Déjà noté p. ex. par Theodore Kisiel (*The Genesis of Being and time*, pp. 286-301), cette influence a ultérieurement été étudiée p. ex. par Christopher Smith (« The Uses and Abuses of Aristotle's Rhetoric in Heidegger's Fundamental Ontology: The Lecture Course, Summer 1924 ») et par Christian Sommer (*Heidegger, Aristote, Luther*, p. 124 *sq.*)

3 SZ, p. 138 / 116. Puis : « L'interprétation ontologique fondamentale de l'affectif en général n'a pratiquement pas réussi à accomplir de progrès notable depuis Aristote. » (*Ibid.*, p. 139 / 116.) *Grundbegriffe der aristotelischen Philosophie* (1924) présente la *Rhétorique* comme herméneutique du *Dasein* lui-même (GA 18, p 110). Ce cours, paru en 2002, contient une grande analyse de la *Rhétorique* comme analytique de l'être-avec, de la *polis*, et du parler.

L'affection (*Befindlichkeit*) décrit la façon dont le *Dasein*, de prime abord, « trouve » (*findet*) le monde et lui-même. Il ne trouve pas quelque *chose*, mais il *se* trouve *à*…, « disposé » ou « accordé » (ge*stimmt*) en sorte qu'il puisse être « passionné » ou « touché » par quelqu'un ou par quelque chose. Il *est* cette ouverture entre la possibilité de rencontrer un autre et d'être touché par lui[1]. L'autre vient toujours vers le *Dasein* au sein d'une affection. Dans l'être-avec le plus inauthentique, le *Dasein* et son autre se perdent dans les préoccupations et *se perdent* également l'un et l'autre, se dissolvant dans le *on*. Maintenant, le *Dasein se trouve* lui-même parce qu'un autre (*Dasein*) le trouve – parce que la rencontre d'un autre (*Dasein*) l'affecte. Seul le *Dasein* dans sa singularité peut être affecté – même s'il n'en sait rien ; maintenant, le toucher de l'autre dévoile pour la première fois le *Dasein* à lui-même à même la singularité de son être-là.

Contrairement à Aristote, Heidegger ne dessine pas une topologie complète des différents modes de l'être-affecté. Dans *Être et temps*, il n'analyse en détail que la peur (§ 30). La peur n'est pas l'angoisse. Présupposant la rencontre de quelque chose à la mesure de l'à-portée-de-la-main, du sous-la-main ou de l'être-avec, la peur englue le *Dasein* dans l'inauthenticité de son être-au-monde et suscite chez lui un souci quant à son *là* (« maison et biens », « l'autre pour qui j'ai peur »). Le *Dasein* ne découvre son authenticité que lorsqu'il cesse de craindre pour son *là* et lorsque, comprenant que le *là* pourrait ne pas être *là*, il s'angoisse pour son *être* propre. L'inauthenticité de la peur n'est cependant pas l'inauthenticité du *on* car, malgré tout, la peur renvoie le *Dasein* à lui-même : *il* se sent concerné et touché dans sa singularité. (Le geste ressemble à l'analyse hégélienne de la crainte : seulement, le serviteur prend peur pour son être, alors que le *Dasein* prend peur pour son *là*.) La peur ouvre l'espace d'une sorte d'authenticité inauthentique, dans lequel *je me* soucie de mon monde en tant qu'il est *mien*.

Ce qui, dans la peur, fait peur, est quelque chose qui est au monde, par exemple un autre *Dasein*. Il fait peur parce qu'il est vraiment là : pas ici même mais tout proche, dans

---

1 SZ, p. 137 / 115.

une « contrée déterminée » que le *Dasein* « connaît ». L'autre *Dasein* habite une contrée voisine et fait peur parce qu'« il n'est pas encore dans une proximité dominable mais il fait approche ». Si la proximité est le rapport fondamental de l'être-avec, son essence se montre dans l'affection de la peur en tant que l'autre approche et menace de rompre la distance nécessaire pour que je puisse être moi-même : l'autre *Dasein* aggrave le « distancement », l'ambiance étouffante propre au *on*. En ce sens, il serait possible de dire que Hegel fait peur à Heidegger…

En présentant la peur comme l'affection exemplaire de l'être-les-uns-avec-les-autres, Heidegger fait écho à une lignée puissante de la philosophie politique, qui va au moins de Hobbes à Hegel, et qui fait de la peur l'état de nature de la communauté humaine. Mais la peur pour soi ne suffit pas pour expliquer la libération de l'autre, qui est le sens de l'être-avec authentique. Quelle serait la tonalité affective de l'être-avec authentique ? Heidegger ne l'analyse guère, mais nous trouvons néanmoins quelques brèves mentions des affects accompagnant une rencontre apparemment « authentique », et notamment le *conflit* appartenant à l'explication[1] et la *joie* associée à l'amour[2]. Ce n'est sans doute pas un hasard si ces affects résonnent avec la *philia,* constitutive de

1 Dans le § 50, Heidegger explique l'être-à-la-mort depuis l'imminence ou la précédence (*bevorstehen*) particulière de la mort : la mort est une précédence insigne sans quoi le *Dasein* n'a pas d'être propre (SZ, p. 250 / 185). Heidegger précise que beaucoup de choses sous-la-main, à-portée-de-la-main ou là-avec peuvent précéder le *Dasein* comme être-au-monde : « Peut encore être imminent (précédent) au *Dasein* un voyage, une explication avec autrui (Auseinandersetzung mit Anderen) ou un renoncement à ce que le *Dasein* peut être lui-même : possibilités d'être propres (eigene Seinsmöglichkeiten), qui se fondent dans l'être-avec avec autrui » (*Ibid.*) L'explication fait donc partie des choses qui affectent le *Dasein* comme ses possibilités *propres*, sans pour autant constituer son *être* propre.

2 Dans « Qu'est-ce que la métaphysique ? », Heidegger explique comment l'existant peut être révélé dans son ensemble au sein de certaines tonalités fondamentales, dont l'angoisse, l'ennui et « dans la joie que suscite la présence du *Dasein* – et non seulement de la "personne" - de l'être humain aimé » (ma traduction. WM, p. 110 / Q I-I, p. 56.)

l'amitié classique, et avec le *pólemos*, qui est sa contrepartie négative[1]. Heidegger n'a certes pas élaboré un pas-en-arrière spécifique à la philo-polémique classique, mais une nécessité historique l'a néanmoins poussé à esquisser la rencontre avec l'autre authentique, et y compris l'explication philosophique, comme un « combat amoureux »[2] dans lequel l'autre peut enfin venir au jour en tant qu'autre. La puissance (*mögen*) de la *philia* et du *pólemos* serait de *laisser être l'autre* : ainsi, ayant dépassé sa peur de l'autre, le *Dasein* libérerait l'autre pour être celui qu'il est, et d'abord pour *être autre*. Voici ce qui pourrait être l'affect de la « bonne sollicitude », qui *maintient* la discrétion des existants.

Afin que l'autre *Dasein* puisse être « libéré », le *Dasein* doit donc le « laisser être ». Cela veut dire également que l'autre *Dasein* doit apparaître par et depuis lui-même, et non pas seulement en fonction de l'affection du *Dasein*. Dans l'analytique de l'être-à, il ne peut apparaître ainsi qu'au sein de l'existential du *parler* : le *Dasein* ne le « voit pas » mais l'« entend ». Le parler est l'articulation du monde comme monde de l'être-avec préoccupé[3]. C'est dans le parler, et dans l'entendre qui est sa condition la plus originaire, que les *Dasein* peuvent se montrer les uns aux autres.

Comme la *Rhétorique*, Heidegger analyse le parler en fonction de celui qui parle, celui qui entend, et ce qui est dit. Celui qui parle *exprime* sa compréhension du monde, et parfois aussi lui-même : « la compréhensivité affectée de l'être-au-monde *s'ex-prime* (*spricht aus*) comme parler.

---

1 Les tonalités de la *philia* et du *pólemos* se laissent découvrir également dans l'analyse de l'affect, de la passion et du sentiment dans « Volonté de puissance en tant qu'art » (*Nietzsche I*), qui est un des rares développements ultérieurs consacrés à l'être-accordé de l'être-à. Heidegger donne deux exemples de l'affect – colère et joie – et deux de la passion – haine et amour (*Nietzsche I*, p. 58 / 50), qui reflètent la *philia* et le *pólemos* anciens.

2 « Lettre sur l'"humanisme" », WM, p. 333 / Q III-IV, p. 94.

3 « Le parler est l'articulation "signifiante" de la compréhensivité de l'être-au-monde auquel l'être-avec appartient et qui se tient à chaque fois en une guise déterminée de l'être-l'un-avec-l'autre préoccupé. » (SZ, p. 161 / 129.)

Le tout de la compréhensivité *vient à la parole.* »[1] C'est ici que nous entrapercevons enfin la voix du *Dasein*. Bavard ou poète, il s'exprime en ébruitant ses paroles comme un grec sur l'*agora* ; nous n'entendons pas seulement sa compréhension du monde, mais parfois aussi *sa* voix et sa manière (*Art*) de l'articuler. Dans les cas rares d'une parole authentique – notamment dans la poésie[2] mais sans doute aussi dans la philosophie,[3] qui ne sont plus vraiment entonnées sur l'*agora* – c'est la *manière* de la parole qui nous touche. Alors, le *Dasein se* montre et *se* fait entendre *lui-même* dans la singularité de son articulation[4]. La voix propre du *Dasein* est le rythme de ses paroles, non pas leur sens ; leur énonciation plutôt que l'énoncé.

Le *Dasein* libère l'autre *Dasein* en l'écoutant: « Le fait de prêter l'oreille à..., d'avoir oreilles pour..., est l'être-ouvert existential du *Dasein* en tant qu'être-avec envers les autres. L'entendre constitue même l'être-ouvert primaire et authentique du *Dasein* pour son pouvoir-être le plus propre, en tant qu'entente de la voix de l'ami que tout *Dasein* porte avec soi. »[5] Cette voix de l'ami qui ouvre l'être le plus propre du *Dasein* n'est pas la voix d'un autre *Dasein* : l'entendre ne constitue pas le *Dasein* comme réponse à une parole effective mais comme structure générale de l'entente qui précède toute parole effective[6]. Lorsque le *Dasein* entend une parole effective, il n'entend pas d'abord l'autre *Dasein* mais ce qui est dit. S'il entend l'autre et discerne sa manière singulière de parler, c'est qu'il partage déjà ce qui est dit[7].

Cette description du parler nous renvoie au problème

---

1 SZ, p. 161 / 129.

2 SZ, p. 162 / 130.

3 SZ, p. 169 / 134.

4 SZ, p. 162 / 130.

5 SZ, p. 163 / 130.

6 Sur l'histoire de la « voix de la conscience » comme métaphore, y compris chez Heidegger, voir B. Baas, « Lacan, la voix, le temps » dans *De la chose à l'objet*. La voix de la conscience chez Heidegger est expliquée plus précisément par J.-F. Courtine, « la voix étrangère de l'ami », dans *Heidegger et la phénoménologie*, p. 318-322 et par J. Derrida, « L'oreille de Heidegger », dans *Politiques de l'amitié*.

7 SZ, p. 164 / 131.

de la sollicitude « bonne » et « mauvaise ». La sollicitude est mauvaise lorsque l'objet de la préoccupation absorbe les *Dasein* en sorte qu'ils ne peuvent pas se rapporter les uns aux autres. Est-ce que la parole qu'on entend uniquement en fonction de ce dont on parle ne répète pas la même constellation, en sorte que les *Dasein*, s'absorbant dans la cause commune, ne s'entendent plus les uns les autres ? Voilà également le problème du dialogue qui nous préoccupe depuis le début de ce livre : tant que le dialogue philosophique se pense depuis la « chose », les dialoguants ne peuvent pas apparaître en tant qu'eux-mêmes. Le dialogue devient le monologue de la chose, que Heidegger expliquera ultérieurement via le *Ion* de Platon plutôt que via la *Rhétorique* (où le public peut ne pas suivre l'orateur). Mais cela n'explique pas le désaccord que nous entendons dans l'explication entre Hegel et Heidegger – dans la mesure où ils ne partagent *pas* la même chose.

Selon l'analytique de l'être-à, l'autre *Dasein* apparaît donc au sein d'une structure affective et d'un parler qui peut l'accompagner. Portant sur l'existence « inauthentique », cette analytique risque de fusionner les *Dasein* en un *on*, où ni l'un ni l'autre *Dasein* n'apparaissent en tant qu'eux-mêmes. L'être-avec « authentique », en revanche, n'est possible que pour le *Dasein* authentique lui-même. Dans *Être et temps*, le « pouvoir-être Soi-même authentique »[1] n'est pas constitué par le seul être-à-la-mort, mais requiert un retour sur le monde, y compris sur l'être-avec, depuis l'expérience de la mort. Cette reprise de soi au monde se produit dans la « conscience morale » (*Gewissen*), qui comporte « une con-vocation du Soi-même le plus propre à son pouvoir-être, et cela en tant que *Dasein*, c'est-à-dire en tant qu'être-au-monde préoccupé et être-là avec les autres. »[2] Si la mort ouvre le *Sein* du *Dasein*, la conscience morale l'accorde pour assumer son *Da*. Seul l'entrelacement de ces deux aspects du *Dasein* nous permet de saisir le *Dasein* selon son ipséité, en sorte qu'il puisse « répondre » « Je ! » à la question *qui il est ?* ; question à laquelle le *Dasein*

1 SZ, p. 267 / 195.
2 SZ, p. 280 / 202.

« inauthentique » ne pouvait répondre que par « n'importe qui et personne en particulier ». En principe, ce pouvoir-être soi-même authentique rend également possible l'être-avec authentique, dans lequel le *Dasein* peut « laisser "être" les autres dans leur pouvoir-être le plus propre »[1]. Si l'autre *Dasein* peut apparaître en tant que lui-même face au *Dasein* propre, cela se produit sans doute dans cette expérience.

La conscience morale est un *phénomène* qui apparaît comme la « voix de la conscience »[2]. Cette « voix » répète la structure de la parole de l'être-à, car elle me constitue comme pouvoir-entendre-un-appel au sein d'une tonalité affective (*Unheimlichkeit*, « étrang(èr)eté »). À partir de là, elle est précisément une suspension de l'être-avec découvert dans l'être-à : « L'appel ne vient incontestablement pas d'un autre qui est au monde avec moi. L'appel vient *de* moi et pourtant il me *dépasse*. »[3] L'appelant, dit Heidegger, est le *Dasein* lui-même dans son étrang(èr)eté, « le "que" nu dans le rien du monde »[4], l'ami intime, peut-être l'impossible voix du *Dasein* lui-même à l'instant de sa mort[5].

L'appel ne vient pas d'un autre, et reste silencieux : il m'affecte justement en tant qu'*il* ne dit pas qui je suis mais m'invite à répondre *par moi-même*, m'identifiant peut-être, mais seulement au sens où il m'invite à assumer mon existence en tant que mienne. La voix de la conscience ne dicte nulle loi universelle ni ne vient d'un autre *Dasein* car, selon Heidegger, celui-ci n'ébruiterait qu'une explication *publique* du monde, qui ne permettrait pas au *Dasein* de s'entendre *lui-même* mais le *on*[6]. Au contraire, l'appel interrompt le vacarme public et touche le *Dasein* dans sa singularité. Ni universel ni public, l'appel est une convocation singulière à l'être le plus propre. Au fond, l'appel est une pure adresse constituant le *Dasein* : il comprend que, lui-même, et personne d'autre, a

---

1 SZ, p. 298 / 213.

2 SZ, p. 268 / 195.

3 SZ, p. 275 / 199.

4 SZ, p. 276 / 200.

5 Je pense bien sûr au livre de Blanchot *L'Instant de ma mort*, à *Celui qui ne m'accompagnait pas* et, en général, à toute la reprise critique de Heidegger par Blanchot.

6 SZ, p. 270 / 197.

à répondre de lui.

L'appel de la conscience convoque le *Dasein* à son pouvoir-être le plus propre « en tant qu'être au monde préoccupé et être-avec-les-autres »[1]. Le *Dasein* se trouve alors « *schuldig* », qu'on rend généralement par « en dette », en sorte que « ce "schuldig" surgit comme prédicat du "je suis" »[2]. La phrase *Ich bin schuldig* marque ainsi l'auto-identification suprême du *Dasein* dans son existence concrète. Heidegger insiste pour dire que, même si cette « dette » me renvoie dans le monde commun, elle ne doit pas être comprise depuis l'être-avec-les-autres : elle n'est ni une dette ni une culpabilité ni, en quelque sens que ce soit, « le fondement d'un manque dans le *Dasein* d'un autre »[3]. Toute pensée de la *Schuld* à partir de l'être-avec, toute interprétation éthique ou juridique, reste « vulgaire »[4]. En revanche, « l'idée formellement existentiale du "en-dette" : être-fondement pour un être déterminé par un ne-pas – autrement dit être fondement d'une nullité. »[5] Le *Dasein* assume son être en tant qu'en-dette lorsqu'il s'assume comme cette nullité : il est au monde en tant qu'il y est jeté, rien ne le justifie, son être ne justifie rien non plus, et pourtant il a à être justement selon cette nullité. Seule cette nullité est aussi le fondement de la liberté du *Dasein* : car lorsque le *Dasein* entend l'appel authentiquement, il agit déjà factuellement[6], selon la liberté découverte dans la résolution, dont le sens est justement d'être sans fond. Seul le *Dasein* ainsi résolu peut donc libérer l'autre : mais nous ne voyons plus *comment* il le fait, dès lors qu'aucune parole venant de l'autre ne peut contribuer à la résolution du *Dasein*. Est-ce que le simple fait de la liberté de l'un libère l'autre, sans l'entremise du moindre acte ni de la moindre parole ?

1 ZS, p. 280 / 202.
2 SZ, p. 281 / 203.
3 SZ, p. 282 / 204.
4 SZ, p. 283 / 204.
5 SZ, p. 283 / 204.
6 SZ, p. 294, 302, 326, 310.

c. Reconnaissance ou être-avec ?

Cette description de la « conscience morale » croise plus d'une fois la dialectique hégélienne de la conscience morale. Chaque fois, la conscience morale (*Gewissen*) détermine l'être humain dans sa singularité et concrétude. Chaque fois, seul ce *Dasein* concret peut se rapporter à un autre *Dasein* concret : chez Hegel, la dialectique de la conscience morale permet la reconnaissance réciproque des deux consciences étant-là ; chez Heidegger, le *Dasein* authentique et résolu peut « libérer l'autre » et « devenir sa conscience morale ». Chaque fois, la découverte de la conscience morale se produit au sein d'un langage spécifique, dont la fonction n'est pas l'information mais la transformation du sujet lui-même. Mais si, chez Hegel, le langage de la conscience morale est un dialogue entre deux consciences, chez Heidegger, il ne vient précisément pas d'un autre (mais d'une sorte de soliloque de l'âme, que Hegel assimilerait sans doute à la position de la « belle âme »[1]). Chez Hegel, le besoin de reconnaissance surgit de l'acte et du conflit « juridique » qui s'ensuit, alors que Heidegger décrit la possibilité formelle de l'agir, que la considération de l'acte et de ses conséquences juridiques escamoteraient. Par conséquent, si les deux formes de l'être-là se découvrent dans la réponse donnée à une voix qui les hante, la reconnaissance hégélienne de soi - l'aveu « c'est moi ! » disant au fond « je suis coupable, je suis le Mal » - se fait en fonction d'un jugement proféré par un autre, alors que la reprise de soi du *Dasein* heideggérien - « je suis en dette » disant au fond « je suis le fondement nul de mon existence » - se fait à l'écart des autres. Chaque fois, le « *Dasein* » se découvre en assumant sa « *Schuld* », mais pour le *Dasein* hégélien cela veut dire « être coupable du Mal », alors que pour le *Dasein* heideggérien cela veut dire « être en dette du Rien ».

Pour Heidegger, la conception hégélienne de la conscience

1 PDG, p. 481 / 432.

morale serait « vulgaire », parce qu'elle se définit depuis l'acte et par rapport aux autres. Je ne pense néanmoins pas que cette vulgarité soit celle du *on*, comme le dit Heidegger, car le dialogue des consciences morales chez Hegel ne réunit précisément pas les consciences sous une loi morale, mais montre leur écart infranchissable. Le dialogue n'annule pas la singularité des *Dasein* mais l'amène au contraire au jour. Heidegger ne songe pas à cette option, parce qu'il ne prend pas le langage de la conscience morale pour une expression des soi, mais seulement pour l'imposition d'une loi morale donnée. La fonction du langage dans le dialogue hégélien des consciences morales est autre : il permet aux consciences singulières de se présenter et de se transformer dans leur confrontation, mais pas d'abolir leur différence.

Comment arbitrer dans ce débat ? Ici, Hegel et Heidegger saisissent la singularité humaine au sein d'une « éthique originaire », dans laquelle il ne s'agit pas de connaître les hommes ou leur communauté, ni d'ériger des normes pour leur comportement, mais de comprendre leur être-là avec les autres. Il est vrai que Hegel ne *questionne* pas l'*être* de ce singulier ; il est également vrai que sa présentation par Heidegger est trop formelle pour permettre l'*identification* de l'un parmi les autres. Face au « réel », y compris le réel historique, je nous crois justifiés de critiquer Heidegger d'une ontologisation irresponsable : son *Dasein*, *Schuldig* du Rien, écarte nos actes et leurs conséquences au rang de contingences vulgaires, comme si le *Dasein*, au cœur de son être, n'était jamais coupable de rien. Je trouve plus juste la dialectique hégélienne, qui présente le *Dasein* coupable de son acte devant les autres. Si son essence même est d'être *Schuldig* du Mal, c'est qu'il *est* ses actes et ses rapports aux autres originairement, et non pas dérivativement, comme chez Heidegger[1].

---

1 Pour J. Taminiaux, l'ontologie fondamentale, tout en se réappropriant la pensée pratique d'Aristote, l'analyse dans un sens platonicien et c'est pourquoi son analyse du *Mitsein* reste monadique, le summum du discours étant le dialogue solitaire de l'âme avec elle-même. (*Ibid.*, p. 179.) W. Brogan conteste cette vue (*Heidegger and Aristote*, p. 148 *sq.*) mais, même s'il a raison de dire que rien, dans *Être et temps*, n'interdit une pensée de l'amitié ou de l'être-avec authentique, il me semble qu'une telle

L'exposé hégélien de la conscience morale me semble également plus utile pour comprendre l'explication heideggé rienne avec Hegel. Il permet de comprendre l'explication comme déploiement de la mésentente, c'est-à-dire comme confrontation des singuliers que nul accord ne réunit. La pensée de l'être-avec proposée dans *Être et temps* reste trop pauvre pour expliquer l'explication. Peut-être peut-on dire que le dialogue philosophique vise un être-avec authentique avec Hegel ; peut-être, en pliant le texte hégélien à un questionnement de type heideggérien, le « libère »-t-elle et devient-elle sa « conscience morale ». Mais au fond, l'analytique qui porte sur l'*être* des existants ne dit pratiquement rien de la confrontation des *logoi*, qui est pourtant l'essence du débat philosophique. Heidegger aurait-il une pensée de l'être-avec authentique qui permettrait de comprendre les différences de *logos* ? Ma thèse consiste à dire que l'explication philosophique est précisément la dimension de cet être-avec authentique et philosophique à la fois. Mais afin de vérifier cette idée, il me faut encore examiner l'acte philosophique, qui fait venir au jour un philosophe et lui permet de se présenter au débat philosophique.

---

pensée n'est pourtant pas non plus présentée. Comme Taminiaux, je crois qu'une telle pensée requiert une analytique de l'action (politique).

III

L'ACTE PHILOSOPHIQUE ET LA COMMUNAUTÉ DES PHILOSOPHES SELON HEGEL

La logique hégélienne de la reconnaissance décrit, dans sa forme la plus développée, un lien qui n'est que mésentente : méconnaissance de la pensée de l'autre, mauvaise entente de ses paroles. La communauté effective des consciences n'a lieu que comme reconnaissance, non pas d'une « chose commune » qui résorberait les consciences individuelles, mais de ce différend, et par là de la différence irréductible des consciences. Cette logique me semble plus à même pour rendre compte de la coexistence de Hegel et Heidegger dans leur explication, que la logique heideggérienne de l'être-avec, reprise dans sa pensée du dialogue. Nous avons déjà amplement vu comment leur explication se constitue comme une méconnaissance irrémédiable de la méthode de l'autre et comme une mauvaise écoute de son *logos*. Heidegger reconnaît Hegel précisément en explicitant son différend avec lui.

Il n'est néanmoins pas possible d'interpréter le dialogue *philosophique* uniquement d'après le dialogue des consciences *morales*. Dans celle-ci, il y va de la moralité d'un *Dasein* individuel, alors que, selon Hegel et Heidegger, la personnalité (et la moralité) du philosophe ne compte pas en philosophie. Comme le dit Hegel, « les productions [de la philosophie] sont d'autant plus remarquables que l'imputation et le mérite en reviennent moins à l'individu particulier, qu'elles ne relèvent au contraire de la pensée libre, du caractère universel de l'homme en tant qu'homme, que c'est la pensée dépourvue de tout élément propre qui en est le sujet productif. »[1] Hegel et Heidegger distinguent la conscience philosophique de la conscience morale ordinaire en établissant que l'élément philosophique de l'œuvre ne reflète pas l'être et la conscience du *philosophe*, mais la vérité – et aucune ironie nietzschéenne n'ébranlerait leur foi en la possibilité de la pureté de la conscience philosophique.

Tous les philosophes ne reviennent néanmoins pas au même. « L'homme en tant qu'homme n'*existe* pas, mais seulement l'homme particulier »[2], et chaque philosophe est aussi « fils de son temps »[3]. Les philosophies n'expriment pas la singularité du philosophe mais la particularité de son époque, dans la mesure où celle-ci participe à la vérité. Les différences époquales entre temps différents fondent la possibilité d'une *histoire* de la philosophie : sans elles, l'idée ne serait « dans le temps » que comme reproductions répétées d'une sempiternelle idée dans des œuvres identiques de l'« homme en tant qu'homme » dans ses incarnations invariables.

La particularité d'une philosophie relève d'une communauté d'existence mais ne s'y réduit pas. Elle n'exprime qu'accessoirement l'identité de sa communauté : essentiellement, elle se produit en tant que différence par rapport à d'autres philosophies ayant chacune sa propre relation à la vérité. La particularité philosophique émerge donc seulement dans le dialogue philosophique traversant l'histoire entière de la vérité. Tout se passe comme si le philosophe s'arrachait à son temps et s'entretenait avec d'autres temps, comme si sa communauté était davantage la communauté des philosophes passés et à venir que ses compatriotes contemporains. Visant une vérité qui transcende le temps quotidien – mais sans pour autant dépasser toute temporalité – l'acte philosophique n'est pas un acte comme les autres.

---

1 VGP I, p. 20 / 87.

2 VPG, p. 38 / 32.

3 VPG, W 12, p. 72 ; GPR, W 7, p. 25 ; VGP I, W 18, p. 65 / 57.

a. La suppression heideggérienne de l'historialité hégélienne

Comment est, pour Hegel, l'acte philosophique et quelle est sa temporalité particulière ? Selon Heidegger, la question ne se pose guère. En rabattant l'idée hégélienne sur une éternité extratemporelle, il lui reproche au fond de supprimer toute la question du *Dasein* historique de l'idée, ce qui implique également l'oubli de la question portant sur l'acte philosophique.

Résumons encore l'argument de Heidegger, car toute sa lecture de Hegel s'y cristallise. La référence majeure du diagnostic de Heidegger est le dernier chapitre de la *Phénoménologie de l'esprit*, « Le savoir absolu ». Bien que ce chapitre soit le véritable foyer de toute sa lecture de la *Phénoménologie de l'esprit*, il n'en a jamais publié d'analyse approfondie, mais extrait seulement deux propositions clés, qui dirigent sa lecture. Nous connaissons déjà bien la première, selon laquelle « Le temps est le concept lui-même qui existe (*Begriff der da ist*)... et c'est pourquoi l'esprit apparaît nécessairement dans le temps aussi longtemps qu'il n'anéantit (*tilgt*) pas le temps »[1]. Pour Heidegger, cela veut dire que le temps chez Hegel n'est que l'aliénation, l'extériorité et l'être-autre *provisoires* de l'esprit : ce dans quoi l'esprit choit, et qu'il supprime dans le mouvement de la compréhension. Ici, Heidegger rabat Hegel sur Aristote : le « temps » n'est que le temps de la nature, lequel n'est que la disparition incessante du maintenant, et le « concept » ressemble à s'y méprendre au mouvement éternel du dieu aristotélicien.

Le savoir absolu n'est cependant pas une idée détachée de la nature mais la *médiation* entre l'idée et la nature, et c'est pourquoi la référence grecque ne suffit pas pour sa compréhension. La matrice de la médiation est selon Heidegger la pensée chrétienne de l'incarnation de l'idée comme homme, et sa résurrection dans l'infinitude de dieu. Tel est en effet le

1 PDG, p. 584 / 518-519. *Cf.* SZ, § 82, ID, 33-34.

sujet de l'avant-dernier chapitre de la *Phénoménologie de l'esprit*, « La religion manifeste », dont « Le savoir absolu » doit selon Hegel conserver le contenu mais changer la forme de représentation en concept[1]. Ainsi la deuxième expression clé de l'interprétation heideggérienne est la caractérisation hégélienne du savoir absolu comme « Golgotha de l'esprit absolu »[2]. Si l'histoire est le Golgotha de l'esprit, elle s'assimile à la souffrance et à la mort du Christ, tandis que l'esprit s'assimile à la vie après la résurrection. La finitude n'est que la contingence dans laquelle l'idée choit – et que l'idée délaisse dans sa résurrection. Ainsi, en particulier dans « Hegel et son concept de l'expérience », Heidegger interprète l'esprit absolu essentiellement comme *parousia* de l'esprit : celle-ci n'est plus la mort de l'esprit mais sa « seconde venue à la fin des temps », lorsque l'esprit est parfaitement et définitivement présent pour nous. À cet accomplissement des temps, l'esprit, qui a certes toujours déjà été « auprès de nous », émergera de la lente et douloureuse formation (*Bildung*) de la conscience en sorte que cet être-auprès-de-nous puisse se manifester à nous *comme tel* : non pas seulement *à la lumière* de l'absolu mais *en tant que lumière* de l'absolu – dit Heidegger dans « Hegel et son concept de l'expérience». L'absolu serait donc foncièrement onto-théo-logique : dieu devenu *logos* qui se détache de l'histoire et, par là, de la religion populaire, mais qui reste une pensée théologique de l'étant suprême.

L'idée de la *parousia* de l'esprit énonce une sorte de fin de l'histoire. Contrairement à Kojève, Heidegger ne finit pas l'histoire hégélienne par un événement historique[3] (Hegel

1 PDG, p. 575 / 511.

2 PDG, 591 / 524, *cf.* HW 198 ; les expressions sur lesquelles s'appuie Heidegger – « Golgotha de l'esprit absolu » et « Vendredi Saint spéculatif » viennent de la fin de *Foi et Savoir* (W 2, p. 432-433).

3 La façon kojèvienne de dater la fin de l'histoire (par Napoléon, par Hegel lui-même, si ce n'est dans l'Amérique, l'Union Soviétique ou le Japon modernes) est devenue proverbiale. Pour la philosophie elle-même cette idée signifie que le savoir absolu réunit son sujet (infini) et son agent (fini) en une figure du savoir total. Chez Kojève, le savoir absolu est le Sage, c'est-à-dire Hegel lui-même : « "Das absolute Wissen", le "Savoir Absolu", est non pas la Sagesse mais le Sage : c'est l'homme en chair

dit bien que l'existence historique de Jésus est depuis longtemps derrière nous, et que cela n'a pas arrêté l'histoire[1] ; et le chapitre sur le « savoir absolu » ne mentionne bien entendu aucun « esprit du monde à cheval »). En revanche, Heidegger se penche sur la façon hégélienne de déterminer l'absolu depuis sa « fin » ou son *telos*. La pensée de l'absolu n'est alors pas tant une contemplation de la totalité que la compréhension de son propre principe téléologique. C'est contre cette pensée que Heidegger érige sa propre pensée de l'avenir ou de la *venue* du sens de l'être ou – comme il le dit dans le « Fragment d'Anaximandre » – de « l'eschatologie de l'être »[2]. De ce point de vue, la pensée « finale » de Hegel ne peut que « clore » l'histoire, alors que seule la pensée « à venir » de Heidegger peut l'« ouvrir » à la possibilité de la surprise du nouveau. Dans la pensée hégélienne, « tout serait accompli » et rien ne saurait arriver.

Heidegger n'a certes pas tort de souligner la référence chrétienne de la pensée hégélienne. Mais peut-on pour autant réduire le savoir absolu à cette référence ? La philosophie n'est-elle pas pour Hegel la forme la plus haute de l'esprit absolu et, par là, *autre* que la religion ? Qu'est-ce qui est conservé dans l'*Aufhebung* de la « religion manifeste » en

---

et en os qui réalise, par son Action, la Sagesse ou la Science » (Kojève, *L'introduction à la lecture de Hegel*, p. 323). Le Sage est l'homme satisfait, omniscient et parfaitement conscient de soi (*ibid.*, p. 272) réalisant la perfection morale et pouvant ainsi servir de modèle pour les autres. L'apparition du Sage est historique et unique : il est Hegel ayant parfaitement reconnu Dieu dans Napoléon. Hegel donne au savoir l'existence empirique dans son Livre qui, étant parfait et total, supprime le temps et nie la possibilité d'un avenir historique (*ibid.*, p. 384 *sq.*). Or bien que la question kojèvienne de « l'homme hégélien » reste lumineuse, sa réponse est fantasque (et non démontrée, *cf. p. ex. ibid.*, p. 272). Voir aussi Labarrière et Jarzyck, *De Kojève à Hegel*.

1 Dans *Leçons sur l'histoire de la philosophie*, Hegel dit que, *à la différence de la philosophie*, le christianisme n'a pas d'histoire, car sa vérité a été révélée une fois pour toutes, et elle n'a pas d'histoire ultérieure : « Le contenu du christianisme, qui n'est autre que la vérité, est resté en tant que tel inchangé et, pour cette raison, n'a pas d'histoire » (VGP I, W 18, p. 27 / 91).

2 HW, p. 323 / 394.

« savoir absolu » ? Je ne m'arrêterai pas sur la question circulaire et ambiguë de savoir si c'est le christianisme : peut-être, mais encore faut-il déterminer quel christianisme et à quelle fin – et, face au réel du fait religieux contemporain, ces questions me semblent à la fois abyssales et caduques. Ce qui m'importe, en revanche, est le destin de la finitude dans son rapport à l'idée – problème représenté dans la figure du Christ et conceptualisé dans la description de l'auto-sacrifice de l'esprit dans la nature et dans l'histoire, que Hegel présente dans les deux dernières pages de la *Phénoménologie de l'esprit*. L'esprit s'abandonne-t-il dans la nature et dans l'*Erinnerung* de l'histoire parce qu'il n'est rien d'autre que la pensée de cette finitude, de cette histoire et de leurs figurations – ou parce que le destin de ces derniers est d'être supprimé ?

Cette question motive Heidegger dans les quelques passages où, au lieu de repousser l'accomplissement de la métaphysique, il cherche à expliquer sa propre parenté avec Hegel. Seul un pan de sa lecture de l'être-là de l'idée hégélienne consiste à supprimer l'être-là et à assimiler l'idée au *logos* divin. Un autre pan consiste à signaler sa proximité vertigineuse avec Hegel, dans la mesure où ce dernier cherche aussi à penser l'existence finie. Heidegger ébauche ce fil conducteur lorsqu'il écrit : « Nous essayons de rencontrer Hegel précisément auprès de la *problématique de la finitude*… en nous expliquant avec sa problématique de l'infinitude depuis notre questionnement de la finitude nous essayons de créer *la* parenté qui est nécessaire afin de découvrir l'esprit de sa philosophie. »[1] En 1929 il suggère ceci : « Hegel s'oppose ici à la compréhension de l'éternité comme <abstraction du temps> … l'éternité (dans son absoluité) est bien plutôt ce que le temps délivre sans pour autant le déchirer du temps. [...le problème décisif est de savoir si] précisément selon Hegel, le concept authentique d'éternité surgit du temps et trahit ainsi sa finitude. »[2] Heidegger ne développe sans doute pas cette suggestion. Mais en suivant son indication, nous pouvons aussi lire Hegel comme penseur

1 GA 32, 55.
2 GA 28, 211.

de la finitude : non pas en le ramenant à Heidegger, mais en cherchant chez lui une autre pensée de la finitude.

b. L'acte philosophique selon Hegel

Les concessions de Heidegger sont restées marginales. Sa thèse massive consiste à déclarer que la pensée de l'historialité de l'idée, pourtant inaugurée par Hegel, serait restée un de ses « impensés »[1]. Je crois ce jugement infondé, et je pense que sa faiblesse s'explique par la méconnaissance heideggérienne de la pensée hégélienne de l'acte[2]. Dans ce qui suit, l'acte philosophique sera le prisme qui permet d'examiner les diverses facettes de cet enchevêtrement de l'humain, de l'idée et de l'histoire.

Selon Hegel, l'origine subjective de la philosophie est purement et simplement la décision de philosopher : elle est un « acte libre de la pensée » qui « se crée et se donne à soi-même son ob-jet », en sorte que « le commencement est seulement une relation au sujet, en tant que celui-ci veut se décider à philosopher, mais non à la science comme telle ».[3]

---

1 Par réaction au rejet heideggérien de la philosophie hégélienne de l'histoire, de nombreux commentateurs ont contribué à mettre au jour la pensée hégélienne de l'historialité de l'idée, que Hegel annonce clairement et dont il fournit les éléments, mais qu'il ne traite nulle part spécifiquement. La démonstration de l'historialité essentielle de l'idée s'accompagne aussi du rejet de la pensée de la « fin de l'histoire ». Ainsi par exemple O. D. Brauer, dont *Dialektik der Zeit* est la meilleure exposition de la question du temps et de l'histoire selon Hegel (p. 155-196), ou *Die Logik des Absoluten* de S. Majetschack (p. 308-335), ainsi que les belles démonstrations de Christophe Bouton dans *Temps et Esprit dans la philosophie de Hegel* (p. 272-298) et dans « Hegel penseur de la "fin de l'histoire" ? ».

2 L'interprétation réductionniste, voire le refus d'interprétation de l'être comme acte, par Heidegger, est clairement exposée par Franck Fischbach dans *L'Être et l'acte*, p. ex. p. 19, 28-29, 193.

3 Enz I, § 17, p. 62 / 184. Sur le rôle fondamental de la décision dans la philosophie hégélienne, *cf.* B. Bourgeois : « La spéculation hégélienne » (*Études hégéliennes. Raison et décision*). B. Bourgeois montre brillamment pourquoi la raison hégélienne est l'acte même de la décision. La

La contingence de la décision doit être expliquée par le tout de la science – de ce point de vue, la science philosophique doit aussi être l'explication de la décision de penser. La décision de se mettre à philosopher est arbitraire sans être pour autant une envie contingente ou un projet subjectif. Elle ne *dépend* pas de la volonté subjective du sujet mais *crée* une volonté en lui : elle pousse à réfléchir mais ne naît pas d'une réflexion. La décision est moins un acte du philosophe que ce qui le pousse à agir. Au fond, le « sujet » de la décision n'est pas le philosophe lui-même mais « l'acte libre de la pensée » : la décision saisit le philosophe depuis la pensée, depuis une pensée qui veut être pensée[1]. La pensée se libère dans la décision qui jette le philosophe dans l'action.

Fondamentalement, le *sujet* de l'acte philosophique n'est pas l'individu philosophant mais l'absolu, dont la « ruse » saisit l'individu comme son moyen : *agent* de l'acte, et non pas son sujet, l'individu humain n'intervient que comme « forme vide d'activité »[2]. Hegel décrit en détail l'événement dans lequel le sujet absolu saisit un sujet humain et le transforme en son agent dans sa description de l'action téléologique de la *Science de la logique*. J'y reviens dans un autre travail, mais je fais cependant observer ici que selon la *Logique*, le *telos* qui saisit l'agent dans la décision est une fin *pratique* : elle n'est pas une idée du vrai à établir, mais une idée du bien qui ne fait que déterminer le sujet à

décision de se mettre à philosopher coïncide alors avec la libre création de l'être, c.-à-d. avec la libération de l'idée. Depuis cette constellation, « tout le Système serait alors la transition, selon le mode opposé de chaque moment inaugural (devenir lent, décision soudaine), de l'expérience pure à l'existence pure, et de l'existence pure à l'expérience pure » (*Ibid.* p. 90).

1 La décision de philosopher est, tout d'abord, une décision de l'être même — sa décision d'être et de se donner à penser. Comme le dit J.-L. Nancy dans *Hegel. L'inquiétude du négatif* : « La pensée est une décision — pratique, comme toute décision — du sujet infini, qui se décide pour cette infinité même, c'est-à-dire qui décide de ne s'en tenir à aucune forme finie de l'être ni de lui-même. La philosophie n'est pas, essentiellement, un savoir théorique ou une proposition interprétative : elle est la *praxis* du sens. » (*Op. cit.* p. 14-15.)

2 ENZ III, § 551, W 10, p. 352 / 332.

agir. La décision pousse le sujet à l'action : « Ce repousser (*Abstoßen*) est la décision (*Entschluß*) en général du rapport à soi de l'unité excluante (*ausschließende*) ; mais par cet *acte-d'exclure* elle se décide ou s'ouvre (*aufschließt*), parce qu'il est *auto-déterminer*, poser *de soi-même.* »[1] La fin « repousse » l'agent et le pousse hors de lui, parce qu'elle brise l'idée du vrai que l'agent avait jusque là entretenue. La fin transforme le sujet en son « moyen » de manière « violente » et « rusée »[2]. Cependant, la raison rusée apparaissant comme fin n'existe ni avant la décision ni ailleurs qu'en elle : elle n'a aucune forme déterminée avant que l'agent humain ne l'ait produite à partir de la réflexion « inconsciente » que la « fin » fait naître en lui. Décidément, l'acte philosophique est un événement dramatique, dynamique et fort énigmatique. L'idée ne lui préexiste ni dans l'agent humain ni dans le sujet absolu : elle *résulte* de leur interaction imprévue.

En tout cas, cette structure invalide la thèse de Heidegger, qui ne voit dans la conscience agissante que la conscience théorique doublée de volonté, en sorte que son action se limiterait à la réalisation d'une idée qu'elle possède déjà. Pour Hegel au contraire, une inconscience essentielle de la conscience pratique précède la conscience théorique de l'idée, et cette structure donne sa chance à une historialité authentique.

Heidegger présente généralement le sujet absolu comme une cause distincte de la finitude et de la temporalité. Il lui a déjà été rappelé que Hegel – comme tout l'idéalisme allemand – voulait précisément se défaire de cette séparation. L'absolu n'est nulle chose-en-soi derrière l'apparence ni le producteur infini séparé de sa production finie, mais il *est* le monde considéré selon sa rationalité inhérente (ce qui est tout le contraire de sa considération selon les représentations de l'entendement humain) : il ne préexiste pas au monde. Il convient de spécifier maintenant que l'absolu ne préexiste pas non plus à l'acte philosophique. Selon l'« antagonisme interne »[3] qui est l'objet ultime de la philosophie de l'histoire

1 WL II, p. 447 / T. III, p. 257.
2 WL II, p. 452 / T. III, p. 262-263.
3 VGP I, W 18, p. 24 / 89.

de la philosophie, l'absolu *éternel* a son être-là dans l'œuvre philosophique *finie* : il y naît *en tant que pensée*. Cette nécessité tient à la logique même de l'esprit absolu. L'essence de l'esprit est que son *être est acte*[1]. Pour être conforme à son concept, l'acte ne peut pas rester en puissance mais doit *se mettre en acte* à même la finitude qui, en soi, semble si dépourvue de liberté.[2] La *Logique* le déclare et l'*Encyclopédie* développe cela du point de vue de la raison comme libération de la rationalité en tant que nature, puis, en tant qu'histoire émergeant de la nature. La *Phénoménologie de l'esprit* exprime la même structure du point de vue de la *connaissance* de l'absolu. Ses deux dernières pages décrivent

1 « À propos de l'essence de l'esprit, on a mentionné ci-dessus que son être est son acte. La nature est comme elle est et ses modifications ne sont pour cette raison que des *répétitions*, son mouvement est simplement circulaire. Plus précisément, l'acte [de l'esprit] consiste à *se connaître*. [...] Connais-toi, l'inscription sur le temple du dieu qui connaît, à Delphes, est le commandement absolu qui exprime la nature de l'esprit. Cependant, la conscience contient essentiellement ceci, que je suis *pour moi*, que je suis *ob-jet* à moi-même. Avec ce jugement absolu, cette différentiation de moi d'avec moi-même, l'esprit se donne un être-là, il se pose comme *extérieur à soi* ; il se pose dans l'*extériorité*, qui est justement le monde universel et spécifique de la nature. Cependant, l'un des modes de l'extériorité est le temps – dont la forme doit être plus précisément discutée aussi bien dans la philosophie de la nature que dans la philosophie de l'esprit fini. Cet être-là, et par conséquent cet être dans le temps, n'est pas seulement un moment de la conscience singulière en général, qui en tant que tel est essentiellement fini, mais également un moment du développement de l'idée philosophique dans l'élément de la pensée. En effet, l'idée pensée en son repos est assurément intemporelle ; la penser en son repos, la maintenir fermement dans la figure de l'immédiateté, c'est équivalent à en avoir l'*intuition* – l'intuition interne. Cependant, comme on l'a indiqué ci-dessus, l'idée, en tant que concrète, en tant qu'unité d'éléments distincts, est essentiellement non-repos et son être-là est essentiellement non intuition. En revanche, en tant que différenciation en soi et par là développement, elle accède en elle-même à l'être-là et à l'extériorité dans l'élément de la pensée ; c'est ainsi que, dans la pensée, la pure philosophie apparaît comme une existence qui progresse dans le temps. » (Manuscrit de Berlin, VGP III, W 20, p. 480-481, *cf.* VGP I, W 18, p. 51-52 / tr. 43-44.)

2 *Cf.* aussi VPG, W 12, p. 30-33 / 27-29.

superbement comment l'esprit ne *se connaît* pas sans se laisser aller à sa propre négativité et à sa propre limite – sans cela, il n'*est* pas, car il n'est rien d'autre que connaissance de soi. Il « se sacrifie » ainsi en devenant nature (où il a « son pur *Soi-même* comme le *temps* » et « son *être* comme espace ») et histoire, qui est « esprit aliéné à même le temps ». Il est cette double profondeur : « libre événementialité contingente » de la nature et oubli dans la « nuit de la conscience de soi ». Il se connaît uniquement en « révélant cette profondeur » et en découvrant, surpris, la nouvelle forme qu'une sorte d'imagination inconsciente[1] de la nature et de la mémoire lui y a donnée. En dernière instance, il découvre cette imagination elle-même : non pas seulement son contenu mais son fonctionnement nocturne. Il est la révélation du devenir de cette profondeur – dans laquelle il se perd sans cesse à nouveau. En interprétant le « Golgotha du savoir absolu » comme nécessité de se perdre toujours *à nouveau*, je vais sciemment à l'encontre de Heidegger, tout en sachant que cette interprétation n'est pas la seule possible, d'autant plus que Hegel lui-même ne la confirme ni ne l'infirme clairement[2]. Il me semble donc que, loin de l'arrêter, la finalité de la

---

1 L'imagination inconsciente qui opère dans « le puits nocturne » de la mémoire est décrite plus précisément dans la *Psychologie* de *l'Encyclopédie* (§§ 440-465), qui a été magistralement commentée par J. Derrida dans « Le puits et la pyramide. Introduction à la sémiologie de Hegel », dans *Marges de la philosophie*, et par la suite, par Christophe Bouton dans « L'épitaphe et le tombeau : imagination et raison dans la Psychologie de Hegel ». Je ne répéterai pas ces analyses fascinantes mais retiendrai que, pour Hegel, la fonction de la mémoire n'est nullement la simple conservation des impressions passées. Au contraire, la mémoire a sa propre créativité : elle crée les représentations et les signes qui viennent à la place des « faits », puis elle les élabore de multiples manières. Tout un travail inconscient a lieu dans la mémoire, et grâce à ce travail, ce qui sort du « puits nocturne » de l'oubli est une nouvelle configuration, et nullement la simple reproduction du passé. La même structure se répète au niveau de l'absolu lui-même : il se laisse aller dans la nuit de son histoire inconsciente, où de nouvelles figures de l'esprit naissent lorsque l'esprit retrouve sa conscience dans l'*Er-innerung* spéculative. Au niveau de l'absolu, l'imagination nocturne est l'imagination transcendantale elle-même.

2 On trouve une confirmation du point de vue heideggérien p. ex.

raison *meut* l'histoire. L'idée de la fin de la *Phénoménologie de l'esprit* dans une figure singulière (tel Jésus ou Napoléon) ne tient pas. L'idée de la *parousia* comme accomplissement du mouvement de l'absolu me semble plus raisonnable mais pas très convaincante non plus, dès lors qu'elle arrête le mouvement de la *Phénoménologie de l'esprit* sur une *vision* ultime, qui ne révèle plus que la lumière pure du savoir. Or, étant acte, l'absolu ne peut pas se livrer à une intuition finale mais peut seulement être pensé – et la pensée requiert une existence temporelle.

De manière générale, l'absolu est acte et idée. Parce que l'acte ne peut pas rester en puissance, et parce que l'idée ne peut pas rester objet d'une calme intuition interne, l'idée *doit* avoir son être-là « dans le temps » – dans l'inquiétude, le déchirement et la négativité de l'existence finie. Plus précisément, l'absolu est le double mouvement dans lequel il *doit* se réaliser dans des figures particulières et finies – et il *doit* aussi briser ces figures précisément parce que, étant finies, elles ne sont pas conformes à l'infinitude de l'idée. Voici pourquoi l'absolu est le mouvement infini de figuration et de défiguration, pas la métamorphose d'un archétype original mais la figuration archétypale elle-même, voire – car, plus qu'un simple principe de métamorphose, c'est un principe créateur – le mouvement de naissance et de mort des formes de l'absolu. L'absolu existe le plus pleinement dans *l'acte même* de sa réalisation. L'idée en tant qu'acte n'est ni le sujet qui agit – lui-même venu d'on ne sait où – ni l'objet qui résulte de l'action : elle est l'action même, dont le mouvement seul rend possibles le sujet et l'objet. De la même manière, lorsque je pense, le « je » et « mon objet » ne *sont* plus, car il n'y a plus que le *mouvement de penser*, qui finit par nous déterminer l'un et l'autre, l'un par l'autre. C'est ce mouvement que Hegel appelle tantôt sujet, tantôt concept ou idée ; et parce qu'il est mouvement concret, il

dans *Le Temps. Platon, Hegel, Heidegger*, de J.-L. Vieillard-Baron, où l'histoire du savoir absolu finit également dans la figure du Christ : « Hegel superpose la réminiscence et le chemin de croix, associant le message platonicien et le message chrétien dans une unité qui est le savoir absolu. » (*Op. cit.*, p. 37.)

est la négativité qui met le réel en mouvement, et déjà sa propre temporalité.

En particulier dans les introductions à ses *Leçons sur l'histoire de la philosophie*, Hegel poursuit cette logique en présentant la philosophie elle-même comme accomplissement de ce mouvement de réalisation du rationnel. D'une part, la philosophie est une figuration historique de la pensée et, qui plus est, une œuvre : l'être-là de l'esprit. D'autre part, « la pensée qui se pense est présente (*vorhanden*) » en elle[1]. Ainsi, la philosophie est la conscience de soi réelle de l'idée. L'acte philosophique est l'acte par excellence du passage entre l'infini et le fini : il finitise l'infini et infinitise le fini à la fois. L'acte du philosophe a une structure paradoxale, car l'idée semble à la fois précéder cet acte et être seulement son résultat : l'idée éternelle est le *telos* de son action et l'idée historique est son résultat, et pourtant, l'idée éternelle ne *préexiste* pas à son acte, son seul *être* étant son *existence* historique. Suivant la logique générale de l'action de l'idée nous pouvons exprimer ce paradoxe de deux manières. Ou bien nous partons du fait que l'idée n'est *présente* que dans l'action elle-même : vue depuis l'action, l'idée éternelle est son *telos* et sa figure historique est son résultat, mais l'un n'existe pas sans l'autre. Ou bien nous examinons la temporalité circulaire et paradoxale entre l'idée et l'action : d'une part, l'idée comme *telos* attend sa réalisation et en ce sens n'est pas encore, mais d'autre part, elle est l'idée éternelle, dont la vérité ne dépend pas de l'acte philosophique mais le précède au contraire, le rendant possible[2]. Comme le dit O. D. Brauer, l'idée, de manière générale, est artiste : « elle doit se 'faire' telle qu'elle se sait être, mais elle ne sait ce qu'elle est que comme résultat de sa propre production »[3]. Dans le *logos* fini du philosophe, le *logos* infini du monde vient au jour comme son horizon éternel et comme son passé

---

1 VGP I, W 18, p. 73.

2 L'action humaine se trouve toujours dans un cercle car, afin de savoir ce qu'il est, l'humain doit d'abord se produire dans la réalité : il ne peut donc déterminer sa fin qu'*après* cette réalisation – qui la *présuppose* cependant. *Cf.* PDG, W 3, p. 297 / 275.

3 Brauer, *Dialektik der* Zeit, p. 156, ma traduction.

immémorial.

Le sens de ce passage dans l'histoire de l'absolu a paru particulièrement problématique et a suscité les débats les plus acharnés dans les études hégéliennes du 20ème siècle. Il a semblé que sa compréhension requérait une « métaphysique du temps » que Hegel aurait laissée en suspens[1]. En quel sens l'idée vient-elle dans le temps ? Est-ce que son existence temporelle n'est qu'une extériorisation temporaire qui ne rajoute rien à l'idée elle-même, en sorte que l'histoire de la philosophie pourrait *tout aussi bien* être remplacée par l'exposition systématique de la vérité, comme les § 13-14 de l'*Encyclopédie* sembleraient le suggérer ? Ou bien, si « l'esprit ne flotte pas au-dessus de l'histoire comme sur les eaux, mais se tisse dans elle et la rend vivante »[2], est-ce parce que l'esprit ne *serait* rien sans cette finitisation qui le crée, au lieu de seulement le refléter ?[3] Superflue ou pas, la finitude historique sera-t-elle finalement relevée dans une « histoire comprise », qui « finirait » l'histoire ?

Il me semble que la logique de la liberté de l'esprit, que je viens de décrire, interdit de prendre l'être-là fini pour une simple image-miroir de l'idée, et rend inconcevable l'arrêt du processus de liberté en une quelconque *figure* de l'esprit, combien même serait-elle le système hégélien lui-même. La finalité de l'histoire ne dit rien d'autre que le besoin (ressenti par Hegel et éventuellement surmonté par d'autres) de considérer la philosophie désormais *chaque fois* aussi en fonction de sa propre dynamique interne[4]. Défendue par les

1 Hegel l'évoque dans l'introduction aux *Leçons sur l'histoire de la philosophie,* lorsqu'il ouvre « ([…]) la question de savoir comment il se fait que la philosophie apparaisse comme un développement dans le *temps* et possède une histoire. La réponse à cette question déborde sur la métaphysique du *temps…* » (VGP I, W18, p. 51 / 43) – qu'il n'aura jamais écrite.

2 ENZ III, § 549.

3 Dans le manuscrit de 1820 pour introduire à l'histoire de la philosophie, Hegel dit clairement que la considération historique de la philosophie, plus que sa simple considération logique, est « seule digne de cette chose : elle est vraie en elle-même, grâce au concept de la chose. » (VGP I, W 18, p. 48 / 41).

4 Voir p.ex. B. Mabille, *Hegel, Heidegger et la métaphysique*, p. 91-

uns[1] et rejetée par les autres[2], cette façon d'interrompre la « fin de l'histoire », et de lire Hegel plutôt comme penseur de la finitude, me semble avant tout plus fertile que les thèses de l'absence ou de la fin de l'histoire. Parce que l'absolu est sujet, son être est négativité ; et parce que sa négativité consiste à s'engendrer et à se déterminer concrètement, son être est un temps concret : une histoire.

Vu ainsi, l'absolu est sa propre temporalité, et la dialectique est la science du temps : « Le temps est le concept lui-même étant-là »[3]. Si, selon le passage relevé par Heidegger et maintes fois commenté depuis, « l'esprit apparaît nécessairement dans le temps jusqu'à ce qu'il saisisse son concept pur et supprime le temps [Zeit tilgt] »[4], ce n'est pas parce

98, ou le chapitre « Fin de l'histoire ? » dans *Hegel. Temps et histoire*, de Jean-Marie Vaysse.

1 Voir les œuvres citées de Brauer, Bouton, Matjeschak. Malabou, pour sa part, dit qu'elle ne nie ni n'examine la « fin de l'histoire » mais constate que « le moment du savoir absolu ne fait qu'accomplir la suppression dialectique d'un certain temps », tout en annonçant « une nouvelle temporalité », celle de la plasticité (Malabou, *L'avenir de Hegel*, p. 183).

2 La thèse de la fin de l'histoire est défendue non seulement par Kojève, mais également par B. Bourgeois, bien que ce dernier s'attache précisément à réfuter la lecture anthropologique de Kojève. Dans *Éternité et historicité de l'esprit selon Hegel*, Bourgeois pense que la philosophie hégélienne elle-même est l'esprit vrai ultime (*op. cit.*, p. 88) : elle est la « philosophie terminale », acte total qui en lui-même « n'est pas un acte proprement historique » (*op. cit.*, p. 104).

3 PDG, W 3, p. 45-46 / 56, PDG, W3, p. 584 / 518.

4 *Ibid.* Pour Heidegger, ce mouvement veut dire que le concept est fondamentalement indépendant du temps, dans lequel il ne fait que choir, et qu'il détruit dans la compréhension. *Cf.* SZ, p. 434 ; GA 32, p. 17-18 ; ID p. 33-34. Comme Ch. Bouton, je crois plutôt que « ce n'est pas l'esprit qui existe dans le temps, c'est à l'inverse le temps qui existe comme destin au cœur de l'esprit, où il traduit la nécessité de la manifestation » (Ch. Bouton, *Temps et esprit dans la philosophie de Hegel*, p. 275). L'insuffisance de la compréhension heideggérienne de ce passage est bien montrée p. ex. par Bouton, p. 273 *sq.* Comme B. Mabille, je pense que l'esprit n'annule pas le temps, mais est bien au contraire « ouverture à la contingence temporelle, purification du regard qui permet d'accueillir ce qui survient pour faire l'effort toujours à reprendre d'en dégager le sens » (B. Mabille, *Hegel, Heidegger et la métaphysique*, p. 92).

que l'esprit, enfin transfiguré, pourrait se passer du temps, mais parce que la pensée supprime le « temps *naturel* » (entendu comme disparition pure et simple du passé) dans le temps historique de la pensée (qui, au contraire, accueille ce qui survient et le *conserve* dans le « puits nocturne de la conscience de soi »). La voie du savoir absolu est justement le souvenir (*Erinnerung*) des esprits[1] : non pas la suppression mais au contraire le *déploiement* de l'histoire entière comme dimension du sujet absolu.

La thèse kojèvienne et heideggérienne[2] d'une « fin de l'histoire » hégélienne va à l'encontre de cette logique : l'idée qui cesserait d'agir, ou dont l'acte ne serait plus que la répétition caractéristique de la nature, ne serait tout simplement plus à la hauteur de sa propre essence. Il en va de même pour ce qui est de l'œuvre hégélienne elle-même : pour Hegel, elle n'est pas le terme qui épuise toute la philosophie possible, mais tout simplement le point de vue *actuel* de la pensée[3]. La pensée hégélienne n'est pas tournée vers l'avenir comme l'est la méditation heideggérienne, qui est entièrement orientée vers la possibilité de la venue d'une autre pensée au moins à partir des années 30. La pensée hégélienne se tourne vers le passé parce qu'elle s'entend comme un *savoir* – et qu'on peut savoir ce qui existe déjà, mais non pas ce qui sera ; un avenir su n'est pas un avenir. Mais que la pensée hégélienne soit une connaissance du passé ne signifie pas qu'elle pourrait convertir le passé en une connaissance purement présente,

---

1 PDG, W3, 591 / 524.

2 *Cf.* p. ex. « Hegel et les Grecs », WM p 427 / Q I-II, p. 359 ; ou les passages où Heidegger se réfère indistinctement à Hegel et à Nietzsche dans « La parole d'Anaximandre », HW, p. 321 / 392 ou dans « La remémoration dans la métaphysique », *Nietzsche II*, p. 486-487 / 395-397. L'attribution heideggérienne d'une « fin de l'histoire » à Hegel ne relève néanmoins jamais d'une analyse spécifique de Hegel mais simplement d'un désir de désigner la spécificité de sa propre pensée eschatologique de l'être, dans laquelle « Le jadis (Einst) de l'aurore du destiné adviendrait en tant que futur pour l'ultime (*eskhaton*), c'est-à-dire pour le départ (Ab-schied) du destin de l'être jusqu'alors voilé » (« La parole d'Anaximandre », HW, p. 323 394, tr. modif.)

3 *Cf.* Le chapitre E. Résultat de VGP III, W 20, p. 454 *sq*.

comme le croit Heidegger[1] : au contraire, elle reste aux prises avec la négativité du passé. D'autre part, elle n'interdit nullement l'avenir mais seulement sa connaissance prophétique : Hegel serait bien inconséquent s'il prétendait savoir *comment* sa philosophie pourrait être dépassée. La détermination fondamentale de l'idée comme liberté, et de l'humain comme capacité d'être saisi par l'idée, annoncent la possibilité de nouvelles philosophies : la philosophie est par définition ouverte à la surprise de son propre avenir. Lorsque Heidegger présente Hegel comme la fin d'une période de la philosophie et cherche la possibilité d'un nouveau commencement, il ne dit rien que Hegel aurait par principe exclu.

c. L'idée dans l'histoire

Tout cela reste abstrait tant que nous n'avons pas examiné la façon dont l'idée a lieu « dans l'histoire » : dans « l'esprit du peuple » d'abord, dans la philosophie ensuite. Les termes du débat qui suit ne sont pas au goût du jour. Je les évoque cependant parce qu'ils sont partie intégrante de la philosophie hégélienne de l'histoire, exprimant autre chose que ce que la *doxa* les concernant ne voudrait croire. Je montrerai notamment que, selon sa structure la plus fondamentale, le « peuple » n'est pas ici une figure ou un type

1 Dans *La Phénoménologie de l'esprit de Hegel*, Heidegger concède : « Le jadis (Ehemals), c'est-à-dire le *passé*, est ce qui constitue aux yeux de Hegel l'essence du temps. Cette idée correspond à la conception fondamentale de l'être suivant laquelle est véritablement étant ce qui est *re-passé, retourné en soi* ; ce qui signifie pour une compréhension absolvante que l'étant est toujours déjà advenu, ce par rapport à quoi rien ne peut être plus ancien, mais vient toujours plus tard et trop tard. » (HPG, p. 211 / 223, tr. modif.) En principe, le jadis ne semble plus se trouver sous la main. Cependant, poursuit Heidegger, le jadis ne se distingue pas de l'étant-sous-la-main parce que l'essence du temps hégélien serait l'être, et que l'être et le temps prendraient la figure de l'espace. Le jadis apparaît simplement comme un être spatial qu'une simple distance spatiale sépare du présent. Ainsi, Hegel ne verrait pas l'é-loignement du passé depuis son insaisissable origine.

(naturel ou spirituel, biologique ou culturel) mais l'arrangement commun pour supporter un tort[1].

Du point de vue du réel historique, l'idée surgit dans l'histoire lorsque l'apparition d'une « fin » oppose sa résistance à la dispersion caractéristique du temps naturel et crée le fondement du temps historique. C'est la naissance de l'organisation politique : « Jupiter… a dompté le temps [le temps naturel de Kronos] et fixé une fin au passage du temps. Il est le dieu politique qui a produit une œuvre éthique, l'État »[2]. La « fin » (*Zweck*) n'est donc nullement le terme (*Ende*) du temps mais le but (*Zweck*) de l'esprit qui transforme le temps en histoire. Le mouvement général de cette finalité nous est déjà connu. L'esprit a pour fin de se connaître selon son essence. Son essence est la liberté[3], dont la fin est de se réaliser. L'esprit se réalise dans l'organisation politique, dans la « totalité éthique dans laquelle l'individu peut avoir sa liberté », et plus précisément dans l'État qui est la « réalisation de la liberté ». C'est pourquoi l'État est « l'idée divine telle qu'elle est présente sur la Terre »[4].

L'esprit est donc l'acte par lequel la liberté se fait un être-là. Mais quel est l'acte qui engendre la liberté finie ? Ce n'est certainement pas la création, par Dieu, d'une invraisemblable cité de Dieu sur Terre, mais la conséquence de la vie ordinaire, et en soi très peu libre, de l'humanité, d'où la liberté ressort par la force de son concept, et nullement par

---

1 Dans la philosophie contemporaine, cette interprétation du « peuple » ressemble quelque peu à la « police » définie par Jacques Rancière en opposition au « politique » (*La mésentente*). Tout comme la « police » selon Rancière, le « peuple » selon Hegel est une forme non-naturelle de la communauté humaine : ce sont des arrangements, devenus institutions, pour supporter un tort public. La ressemblance finit cependant là. La « police » est une institution plus arbitraire et conséquemment critiquable que le « peuple », lequel est valorisé par Hegel comme principe d'unité quasi-organique donnant lieu à l'auto-expression et, par là, à une sorte de conscience subjective d'une communauté. Malgré les crispations identitaires de nos communautés contemporaines, cette logique du peuple me semble pour nous *historialement* chose passée.

2 VPG, W 12, p. 101 / 64.

3 *Cf.* p. ex. VPG, W 12, p. 30-33 / 27-29.

4 VPG, W 12, p. 55-57 / 40-42.

la sagesse des hommes. Pour Hegel, la liberté réelle n'est pas la liberté d'un seul mais le rapport d'un libre à un autre libre : il n'y a de liberté que reconnue, et c'est pourquoi la liberté n'existe que dans la communauté politique de plus d'un libre. C'est parce que ce principe aurait été découvert en Grèce que l'histoire et la philosophie commenceraient là[1]. La liberté n'est pas l'œuvre d'*un* individu, pas même d'un héros de l'histoire (son activité est essentiellement négatrice, égoïste et violente, et il ignore les fins supérieures qui utilisent ses passions[2]). La liberté a certes besoin des actes de la liberté individuelle, mais elle ne se produit que dans leur *reconnaissance*[3]. Si celle-ci est essentiellement la méconnaissance du *soi* de l'agent, elle peut néanmoins devenir reconnaissance juste d'une liberté supérieure qui le meut, ne serait-ce qu'inconsciemment et comme par ruse. L'origine de la liberté réelle est dans les processus graduels, obscurs et douloureux de reconnaissance, dans lesquels les individus revendiquent leur libertés propres, la refusent à d'autres, et ne parviennent que très difficilement à reconnaître la liberté des uns et des autres. La liberté ne se réalise cependant pas dans ces processus singuliers eux-mêmes, mais dans les formations politiques qui peuvent s'ensuivre. Les formations politiques sont fondamentalement traces des « réconciliations » que nous avons rencontrées à la fin de la logique du mal et du pardon : celles-ci sont des lois qui « cicatrisent les blessures » infligées par les combats de reconnaissance, par exemple en imposant une reconnaissance que les individus, peu soucieux de la raison du Tout, ne sont pas naturellement enclins à s'accorder les uns aux autres. Pour Hegel, une formation politique est une « œuvre de l'esprit » parce qu'elle relève de l'activité humaine tout en dépassant les agents eux-mêmes : généralement elle ne satisfait pas les individus, venant de toute façon trop tard pour les individus

1 VGP I, W 18, 121-122.

2 *Cf.* VPG, W 12, p. 42-43 / 34.

3 « "L'idée pure est libération absolue." Si elle est libération, et non liberté donnée, c'est parce qu'elle se libère dans son autre et par lui : le mouvement de la reconnaissance est aussi le mouvement de la libération. » (J.-L. Nancy, *Hegel*, p. 105.)

qui succombent dans leurs combats. À son origine, la formation politique est la trace d'un compromis qui réconcilie les libertés individuelles et la liberté de tous. Gardant le souvenir d'une lésion première qui ne put être réconciliée, le compromis fixe une manière de « pardonner » la façon dont les individus se lèsent nécessairement : tout sauf une utopie béate, c'est juste l'accord, toujours provisoire, sur le mal qu'on supporte au nom de la vie commune. C'est le fond sur lequel un peuple se donne une forme.

Le type particulier de réconciliation détermine à chaque fois « l'esprit » d'un peuple : sa constitution fondamentale peut donc être par exemple la liberté de quelques-uns, comme pour les Grecs, ou la liberté de tous, dont les variantes articulent l'histoire de la chrétienté. Dans ces articulations, l'esprit, issu *realiter* de l'action humaine, apparaît *idealiter* comme œuvre de l'esprit lui-même. L'esprit du peuple n'est pas le fait d'un individu : parce qu'il précède et détermine tous les individus, on dira que le peuple lui-même est l'œuvre de l'esprit. Le peuple n'est pas non plus une entité substantielle, mais le type de rationalité qui anime toutes les institutions, œuvres et actions de ce peuple[1] : Hegel le compare à l'architecte anonyme d'une cathédrale[2]. Pour atteindre sa plénitude, l'esprit du peuple doit s'incarner dans un État historique. Il requiert son institution mais ne s'y réduit pas, ne serait-ce que parce que, en tant qu'esprit, il ne peut se satisfaire de la

1 « L'esprit *agit* par essence. Il se fait ce qu'il est en soi, son acte, son œuvre, il devient ainsi son objet ; lui-même se trouve devant soi en tant qu'un être-là. Tel l'esprit d'un peuple : c'est un esprit déterminé qui se construit un monde existant, qui se tient debout et demeure maintenant dans sa religion, son culte, ses usages, sa constitution et ses lois politiques, toute l'étendue de ses institutions, ses événements et ses actes. Cela est son œuvre – cela *est* ce peuple. Les peuples sont ce que sont leurs actions [...] Le rapport de l'individu [à l'esprit du peuple] est l'appropriation de cet être substantiel, par quoi celui-ci devient sa façon de penser et d'agir (Sinnesart und Geschicklichkeit), par quoi il est quelque chose. » (VPG, W 12, p. 99 / 63.)

2 « C'est un esprit riche que l'esprit d'un peuple, une organisation, une cathédrale, des voûtes multiples, des nefs, des colonnades, des salles, des subdivisions – à partir d'un tout unique, d'une fin unique, chaque chose est venue au jour – par exemple telle salle. » (VGP I, W 18, p. 73 / 62.)

formalité qui caractérise nécessairement toute constitution comme telle. Plutôt qu'une institution, l'esprit du peuple est le principe de construction qui vivifie toutes les activités de ce peuple : c'est son infinité. Mais l'esprit du peuple reste esprit particulier. Issu de l'obscurité de l'existence, il parvient à une articulation particulière de l'idée générale de la liberté ; mais parce que son principe reste particulier, il finit par l'incarner entièrement dans ses institutions, étouffe dans la monotonie de sa perfection, et meurt[1]. Une simple figure de la liberté et non la liberté elle-même, un *Geschlecht* (*genos*) historique naît, fleurit et meurt : d'autres *Geschlechte* le suivront, mais lui-même ne ressuscitera pas.

(Si un positionnement politique par rapport à Heidegger semble s'imposer aujourd'hui, il en est de même avec Hegel. L'idée du *peuple* provenant de Herder et de Hegel n'a pas seulement inspiré (sa déconstruction dans) la pensée heideggérienne du peuple, mais aussi de nombreux développements politiques patriotiques et nationalistes. Leur histoire nous enjoint de nous méfier de toute prétention à présenter la totalité substantielle d'un peuple comme unité rationnelle. Nous devons reconnaître les éléments de la pensée hégélienne qui ont stimulé ces développements – mais ensuite, nous devons également connaître leurs limites. Hegel ne prône quand même pas Hitler ni Staline[2] : « fils » de l'esprit de la Révolution française, il défend avant tout la liberté de l'humain et de tous les humains, et non pas l'arbitraire d'un dictateur ni l'obéissance des soldats-ouvriers. La pensée hégélienne de l'histoire vise à expliquer la factuelle finitude de la réalité humaine comme sa nécessaire détermination et figuration. Il ne s'ensuit pas qu'il veuille *imposer* une figure particulière[3] : contrairement aux totalitarismes, il ne forme pas les humains d'après un *modèle* de l'humanité, surtout pas d'après une détermination « naturelle », comme dans les théories raciales. Hegel dit en substance : la figuration relève

1 VPG, W 12, p. 99-101 / 63-64.

2 Contrairement à ce que prétend Karl Popper dans son livre influent *The Open Society and its Enemies* (1945), l'État de Hegel n'est pas totalitaire et les nazis ne s'en inspiraient pas.

3 Heidegger semblerait le supposer pourtant : WM, p. 389.

nécessairement de la vie en commun. Est-ce là son idéal ? Il apprécie cette force de figuration tant qu'elle reste une *force*, vivante et créatrice, et pense que sans elle, aucune création individuelle ne serait possible. Qui plus est, la condition de possibilité de la création d'une figure propre est selon Hegel *l'hospitalité* à l'égard des figures *étrangères* : ainsi avant tout la Grèce, dont la caractéristique était l'ouverture à d'autres peuples et la capacité à s'approprier leurs cultures[1]. La mesure de la spiritualité d'un peuple est pour Hegel sa capacité à accueillir l'étranger : ainsi les Grecs offraient-ils *l'hospitalité* aux étrangers, dieux et gens, alors que les Romains, voulant simplement *posséder* l'étranger (un dieu, un esclave), ne parvenaient qu'à le détruire sans pour autant s'enrichir[2]. À l'époque historique de Hegel, cette hospitalité s'étend à l'étrangeté du passé : la mesure de notre force est notre capacité à apprendre auprès des peuples passés. La plus belle formulation de ce principe aura été donnée par Hölderlin, dont Heidegger aura préféré la théorie historique : mais l'idée générale est partagée tout aussi bien par Hegel. En d'autres mots, tout comme au niveau individuel la reconnaissance de l'autre est la condition de la liberté propre, au niveau des cultures entières l'ouverture à étranger (géographique, historique) est la condition de la formation du propre. C'est l'achèvement d'une figure du propre et la fixation sur elle qui signalent, selon Hegel, la mort d'une culture.)

Si l'idée a son être-là dans l'esprit du peuple, elle vient au jour *en tant qu'idée* seulement dans la *philosophie*. Comme tout individu, le philosophe est fils de son peuple, incapable de sauter par-dessus son temps. Il fait néanmoins plus que simplement refléter « son temps », car dans son œuvre, il présente l'*éternel*. Contrairement aux figurations de l'esprit objectif (l'État), les formations de l'esprit absolu – l'art, la religion et la philosophie – expriment « l'éternel » ; ce qui se traduit par une certaine « immortalité » de leurs œuvres. Les œuvres philosophiques surtout nous parlent encore, alors que

---

1 *Cf.* VPG, W 12, p. 276-278 / 171-173. Ce motif est développé par Denis Guénoun dans *Hypothèses sur l'Europe*.

2 *Cf.* VPG, le chapitre « Les éléments de l'esprit romain ».

les peuples dont elles sont issues sont définitivement passés pour nous. Chaque peuple a sa naissance, sa floraison et sa mort ; les formations de l'esprit objectif meurent et on ne peut les ressusciter ; mais les œuvres de l'esprit absolu sont immortelles.

Comment le philosophe s'élève-t-il de son temps à l'éternité ? D'une part, il est l'accomplissement de son temps : « La fleur suprême [de l'organisation d'un esprit du peuple] est la philosophie : elle constitue le concept de la figure entière de l'esprit, esprit du temps en tant qu'il se pense, l'esprit présent. »[1] Dans un mouvement circulaire, il comprend le temps qui est simultanément ce qui permet de le comprendre, lui. D'autre part, l'achèvement d'un temps est déjà sa destruction et le signe de la possibilité d'un nouveau temps. Crépusculaire, la philosophie émerge à la fin d'une culture, caractérisée par la division et l'inadéquation des notions établies aux exigences du temps[2]. La philosophie articule les contradictions et la vacuité de son temps et participe ainsi à la réfutation du monde mourant. Si son travail contribue également à la maturation d'une nouvelle configuration de l'esprit[3], il n'*institue* pas le nouveau monde, mais il laisse sentir son *besoin*, auquel d'autres répondront peut-être[4]. On pourrait dire que, selon Hegel, le travail philosophique consiste exactement à transformer « l'esprit du peuple » en « esprit du temps »[5]. Car le philosophe met en

---

1 VGP I, W 18, p. 73 / 62, *cf.* p. 118.

2 VGP I, p. 71 / 120 ; GPR, W 7, p. 7 ; Diff. Schrift, W 2, p. 20 / 109.

3 W 3, p. 18 / 34 *sq.*

4 Comme le montre J.-F. Courtine dans « Du besoin de la philosophie », dans *Heidegger et la phénoménologie*, p. 25, le fait même que la philosophie soit toujours « fille de son temps » implique qu'elle est, à chaque fois, à la fois ce qui a réalisé sa fin et ce qui porte l'histoire vers l'ouverture du temps.

5 « La philosophie est absolument identique à l'esprit de son temps. Par suite, elle ne se situe pas au-dessus de son temps, mais elle est la conscience, le savoir substantiel de celui-ci, c'est-à-dire un savoir pensant de ce qui se trouve dans le temps. [...] Cependant, d'un autre côté, la philosophie se tient, du point de vue de la forme, au-delà de son temps, dans la mesure où elle est la pensée de ce qui est substantiel de l'esprit de celui-ci. [...] La philosophie est donc en soi déjà une autre déterminité

mouvement les notions figées et les structures immobiles : il retrouve la mobilité de la pensée, il *est* temps, il est temps en tant que point de destruction et de naissance. Il change la « spatialité » du peuple en sa « temporalité », et devient ainsi le « lieu de naissance intérieure de l'esprit ». Comme le héros de l'histoire du monde, le philosophe « discerne (*Einsicht hat*) ce qui est nécessaire (*not*) et ce dont le moment est venu [ce qui est à même le temps : *an der Zeit*]. C'est la vérité de leur temps et de leur monde, pour ainsi parler la race (*Gattung*) prochaine »[1]. L'essence de l'acte philosophique est

---

de l'esprit, elle est le lieu intérieur et natif de l'esprit. » (VGP I, W 18, p. 74-75 / 119.)

1 VPG, W 12, p. 46 / 36. Le « discernement » du héros de l'histoire est l'unique instance d'un savoir portant sur *l'avenir* que Hegel ait admis comme élément positif du savoir absolu. Une des questions les plus lancinantes du XXème siècle a été de savoir si l'esprit absolu laisse une chance à l'avenir. Ce questionnement a son origine dans la fascination exercée par la pensée heideggérienne de la temporalisation originaire, qui se produit depuis l'avenir. On trouvera un excellent compte-rendu critique des reprises principales de ces questions en France par Koyré, Kojève et Hyppolite dans « Négatifs de la dialectique. Entre Hegel et Hegel de Heidegger : Hyppolite, Koyré, Kojève » par C. Malabou.
Je ne tiens pas spécifiquement à ouvrir la pensée hégélienne depuis l'avenir car, comme Ch. Bouton, je crois que « le sens originel de la temporalité est le passé » (Ch. Bouton, « La conception hégélienne du temps à Iéna », p. 45). La conception heideggérienne du primat de l'avenir n'est qu'une façon possible d'aborder le temps : elle s'ouvre dans l'approche phénoménologique de l'analytique existentiale. Hegel examine le temps très différemment, depuis la *pensée* qui ne doit ni ne peut prévoir l'avenir mais concevoir ce qui est et, voilà l'apport original de Hegel, de ce qui fut. Hegel exhorte avant tout à penser la synthèse du « souvenir » comme essence de la pensée du temps concret.
Face à Heidegger, la question de l'avenir chez Hegel s'impose cependant. En pointant le discernement du héros comme moment par excellence d'un savoir portant sur l'avenir, je rappelle avant tout que le *sujet* de l'avenir n'est pas le sujet théorique mais le sujet pratique, dont le savoir n'est pas une connaissance mais seulement un pressentiment obscur et semi-conscient. On ne peut connaître l'avenir théoriquement, comme ce qui est, mais pratiquement, comme *ce qui doit être* : l'action a un avenir parce que l'action en est la création – ce qui ne veut bien sûr pas dire que ce sera l'avenir prévu dans l'action. C. Malabou appelle cette ouverture vers l'avenir dans l'humain sa « plasticité », *cf. Avenir de*

sa temporalité, sa pure actuosité : le cœur de son opération n'est pas dans ses catégories (Hegel dit bien que les systèmes et les notions meurent) mais dans la force de penser : c'est l'esprit devenu temps qui peut parler à d'autres temps.

L'acte philosophique libère et donne forme à un temps *concret*. Sa concrétude est celle du *travail*, qui configure l'actuosité pure de l'idée, et de l'*œuvre*, dans laquelle l'idée trouve sa figure et son être-là. Je ne pense pas, comme Heidegger dans « Hegel et son concept de l'expérience », que « notre rôle » consisterait pour Hegel à simplement regarder (*Zuschauen*) le déploiement de l'esprit. L'action philosophique hégélienne n'est pas la contemplation de l'idée mais le travail et l'action producteurs d'une œuvre. De manière générale, Heidegger rejette ce genre d'activisme, qu'il prend pour un volontarisme démesuré, et lui oppose sa propre pensée de l'« im-puissance » du penseur face à la donation originaire de l'être et du temps. Mais l'activité du penseur hégélien n'est pas l'instauration du réel à sa guise. Au contraire, son activité dépend d'une certaine capacité de s'adonner aux négativités de la matière et du passé et, par là, à une certaine inconscience. L'œuvre hégélienne n'est jamais une simple construction intelligible et idéale. En tant que *système*, elle est une pensée articulant une différence originaire de l'idée comme une *forme*[1] ; et celle-ci s'exprime nécessairement par des *mots*[2]. Une œuvre de philosophie est essentiellement une œuvre de parole, écrite par un philosophe singulier en une langue particulière, périssable quant à son support, traductible quant à son énoncé – et pourtant capable de laisser vivre l'esprit. Pour Hegel, la *praxis* de la philosophie est avant tout la lecture (des œuvres du passé) et l'écriture (pour l'avenir) – et non pas la contemplation de la vérité (présente) et le dialogue avec les amis (présents). C'est précisément parce que le philosophe hégélien produit une œuvre, laquelle s'enracine dans sa propre matérialité, qu'il se connaît essentiellement en tant que celui qui dialogue

---

Hegel, p. 245.

1 *Cf.* p. ex. VGP I, W 18, p. 53.

2 Comme il est dit dans l'*Encyclopédie*, il n'y a pas de pensée sans mots (Enz III, § 462 ; Enz I, § 20).

avec les absents. Heidegger fait entièrement abstraction du caractère d'œuvre de la pensée hégélienne et de la négativité qui s'ensuit : l'œuvre ne permet la *parousia* de l'esprit que dans la mesure où elle est d'abord la *tombe de l'esprit*[1].

d. Le travail du philosophe

En quoi consiste, au juste, l'activité du philosophe selon Hegel ?

Dans un premier temps, comme nous l'avons déjà vu, afin que l'esprit puisse être acte, le philosophe doit *agir*[2]. La philosophie naît dans l'action la plus libre dans laquelle l'idée se décide à exister et le philosophe se décide à philosopher, l'idée (qui « veut être auprès de nous ») étant à la fois ce qui surgit de la décision du philosophe et ce qui la fait surgir : aujourd'hui, on appellerait cela un « événement ». Dans la décision, l'idée apparaît comme *telos* : elle apparaît donc comme une *idée du bien* (qui pousse à changer le monde[3]) et non pas comme une *idée du vrai* (au contraire, elle exhorte à briser toute figure établie du vrai). Elle enjoint au philosophe d'agir de telle manière qu'il relève l'éternel et l'infini dans la finitude présente. Par là, il est facile de comprendre ce qui unit et ce qui sépare les philosophes de l'histoire :

---

1 Si de nombreux commentateurs, dont J. Hyppolite et W. Marx, ont souligné la nécessité, pour Hegel, d'une présentation de l'idée dans la *langue*, J. Derrida est le premier à avoir radicalisé cette idée en parlant de l'« *écriture* » non seulement comme support possible mais comme destin nécessaire de la langue. Selon lui, Hegel aurait très bien décrit la « matérialité » du signe et la productivité inconsciente qui s'y attache mais, d'autre part, il aurait cru possible de les relever dans la compréhension. C'est pourquoi Hegel aurait été « le dernier philosophe du Livre et le premier penseur de l'écriture » (J. Derrida, *De la grammatologie*, p. 41). Dans *La remarque spéculative* J.-L. Nancy montre qu'on peut interpréter l'écriture hégélienne non seulement comme une « marge » plus ou moins inconsciente de sa pensée mais comme effectivité même de sa présentation (*Darstellung*). C. Malabou, enfin, choisit de lire Hegel comme penseur de la lecture et de l'écriture.

2 *Cf.* VGP III, p. 480-481 ; VGP I, 51-52.

3 Enz I, § 233, W 8, p. 386 / 458-459.

ils partagent l'idée comme « feu » qui les incite à penser ; mais dans la mesure où elle les pousse à découvrir / traduire l'idée dans la finitude, chaque articulation concrète de l'idée est déterminée par le contexte historique de son émergence. L'idée, en tant qu'exigence de présenter la vérité, précède logiquement toute œuvre, mais le contenu de cette vérité est différent pour chaque philosophe, car il reflète le temps particulier de sa découverte.

Dans un deuxième temps, afin de traduire l'idée dans le réel, le philosophe *travaille* : il est aussi un *corps* élaborant le corps de la philosophie, l'œuvre comme un *ceci* matériel. Bien que le travail philosophique ne consiste plus à dompter la nature sauvage mais plutôt à recomposer sa « seconde nature » – les mots de son langage[1], les coutumes ancestrales et les catégories savantes de sa culture – le passage par quelque « matérialité » lui reste indispensable. On sait que pour Hegel, le travail n'est pas une banalité indigne de l'attention du philosophe mais, au contraire, l'énigmatique médiation entre l'idée et la nature. *Traduction* (*Übersetzung*) entre l'idée du bien et la nature[2], le travail est un processus *créateur*. Le travail n'est pas la simple transposition, sur un support neutre, de l'image mystérieusement conçue par l'agent, mais, au contraire, le processus formateur qui *précède* la forme. Le processus lui-même est la graduelle identification et différentiation douloureuses de l'humain et de son monde, processus qui les forme en tant que producteur et produit. Partant, l'humain s'absorbe à sa tâche pour comprendre la rationalité de la matière qu'il élabore, et la matière se plie peu à peu au désir étranger de l'humain. À l'issue du travail seulement, l'humain s'en détache en tant que connaisseur de cette matière et en tant que producteur de cette réalité ; mais le produit garde aussi un pan de naturalité par lequel il échappe à son idéalisation totale. Le travail a souvent été présenté comme auto-expression de la conscience de soi mais, en réalité, proche de l'instinct artistique animal (*Kunsttrieb*), le travail humain est une activité

1 Les *mots* sont un *être-là dans le temps* (ENZ III, § 459, p. 271 / 254).
2 P. ex. WL II, W 6, p. 454 / 264.

à peine consciente, issue essentiellement de l'imagination[1], d'où le sujet tient sa forme, et d'où la conscience peut donc seulement *résulter*. La *résistance* de la matière *forme* le sujet comme *technites* : ainsi les mots ordinaires et les catégories héritées ne se plient pas facilement à exprimer l'idée de qui veut philosopher – et celui-ci n'est philosophe qu'une fois la pensée exprimée, tant bien que mal, et généralement sans qu'il ait pu vraiment prévoir l'aspect définitif de l'œuvre. Ce que Hegel appelle l'« esprit » concret d'une philosophie ou son « âme », est la trace de cette expérience, dans laquelle la matière fournie par une culture finit par délivrer une articulation de l'idée.

Le produit de ce travail – l'œuvre philosophique, le plus souvent un livre – a la structure générale du *signe*, que Hegel compare systématiquement à la *tombe*[2]. Si la métaphorique invariable de Hegel pour décrire la philosophie du passé évoque non seulement des figures de la vie et de la mort, mais plus précisément des cadavres, des momies, des monuments qui abritent une âme (pyramides, cathédrales, etc.) c'est que, pour Hegel, l'œuvre philosophique est la tombe de l'« âme » qui animait l'expérience de pensée. À l'instar de la tombe, le signe de l'esprit s'approprie un morceau de la nature (son, mot, encre, papier…) afin d'y trouver son effectivité réelle. Le propre de la nature est la disparition de son temps et la caducité de ses êtres. Dans ses constructions, l'esprit ralentit

---

1 Dans le § 457 de l'*Encyclopédie*, Hegel décrit la force extraordinaire de l'intelligence quand elle produit dans « le puits nocturne de la mémoire inconsciente » des signes linguistiques et donne aux choses naturelles (un son, une image) une signification étrangère, une âme. Je prends cette description du travail de l'imagination productrice des signes pour une matrice essentielle de la conception hégélienne du travail. Je ne comprends donc pas le travail hégélien dans le cadre marxien-heideggérien de la culture machinique et industrielle, dont Hegel ne pouvait encore connaître la puissance, mais dans le cadre préindustriel de la *poïésis* artisanale et artiste (qui requiert par ailleurs une part d'imagination individuelle qui n'est plus attendu de l'ouvrier de l'époque de la pleine industrialisation).

2 ENZ III, W 10, § 457-458, p. 269-271 / 254, 559 ; la portée de cette métaphore a été découverte par J. Derrida dans « Le puits et la pyramide » et *Glas*.

ce processus de disparition sans le supprimer définitivement. Ainsi la tombe est un morceau de la nature dénaturée, un artefact qui crée son propre temps et son propre espace. Elle ouvre la *temporalité de la survie* d'une âme par-delà sa propre mort dans le domaine de la représentation. Contre la spatialité extérieure de la nature, la tombe érige une *spatialité idéale* : comme la pyramide lui oppose une géométrie abstraite, le livre de philosophie se tourne contre toute spatialité naturelle et présente plutôt une *architecture* des idées pures. Ces analogies peuvent paraître secondaires, mais elles restent néanmoins tout à fait régulières dans l'œuvre de Hegel : la métaphore architecturale y est développée méthodiquement, et l'œuvre de philosophie régulièrement comparée à une cathédrale, à une demeure de l'esprit, à une tombe de l'âme. Si le discours philosophique fut, pour Platon, un animal bien formé, l'œuvre de philosophie est pour Hegel la tombe d'un esprit : sa vie se cache dans la matière morte.

En tant qu'esprit, le philosophe pense : il saisit l'idée éternelle dans une pensée immortelle. En tant que corps, le philosophe élabore une « tombe » pour sa pensée. Ces deux moments du travail philosophique demeurent étrangement « inconscients » : que le philosophe se dépossède dans la nature ou qu'il soit transporté hors de lui par l'éclair de l'idée, il se perd dans ce qu'il *est* sans pouvoir l'*avoir* en propre, c'est-à-dire dans la nature ou dans l'idée. Pour Hegel, le philosophe ne saurait cependant demeurer un être inconscient, ne dépendant que de sa force d'étonnement : la philosophie est pour lui foncièrement un travail de la conscience. C'est pourquoi le troisième moment de l'acte philosophique est le travail d'appropriation entrepris par sa conscience : « la position et l'activité de notre temps [et celles de tous les temps] doit consister tout d'abord à saisir la science présente, à se conformer à elle (*sich ihr anzubilden*) et, en cela-même, à continuer à la façonner et à l'élever à un point de vue supérieur. En tant que nous nous l'approprions, nous en faisons quelque chose de propre à l'encontre de ce qu'elle était auparavant. »[1] Ce travail d'appropriation de la science disponible – cet « héritage » du « trésor de la connaissance suprême »

1 VGP I, p. 22 / 88, *cf.* 30.

élaboré par les penseurs précédents[1] – est l'essence de *toute* philosophie comme telle et devient un *problème* spécifique dans la philosophie hégélienne. Ce travail n'élabore plus la matière brute de l'écriture mais la matière première de la pensée : les notions, les systèmes et les pensées hérités de l'histoire de la philosophie. Le souvenir (*Erinnerung*) des pensées passées et pourtant encore disponibles n'appartient pas à la mémoire individuelle du philosophe (*Gedächtnis*) mais constitue la philosophie elle-même : sa découverte est le travail proprement dit du philosophe.

Comment le philosophe se rapporte-t-il aux penseurs précédents pour que la philosophie puisse être l'*Erinnerung* de sa propre genèse ? Dans mon introduction, j'ai déjà montré qu'il ne doit ni oublier le passé, comme si la philosophie ancienne était morte, ni l'imiter en « réchauffant ses momies », mais se rapporter à ce qui *vit* encore dans le passé et nous permet ainsi de vivre nous-mêmes. Hegel précise encore que nous ne devons pas nous rapporter à la tradition comme une « *gérante* (*Haushälterin*) qui se bornerait à garder *fidèlement* en dépôt ce qu'elle a reçu, de telle manière qu'elle le conserverait et le transmettrait *sans transformation* à la postérité, comme s'il s'agissait de statues de pierre »[2]. Tout sauf anodine, cette étrange image d'une maîtresse de maison qui conserve des statues de pierre évoque en réalité Antigone, qui entend protéger son *génos* en conservant pieusement ses pénates. Dans l'œuvre hégélienne, Antigone a le même rôle structurel que les déesses antiques de la rage de la mémoire (les Erinyes) et du deuil inconsolable (Déméter-Cérès) : toutes sont des figures mythiques du travail féminin, qui n'est autre que le deuil et l'enterrement[3]. Le travail féminin

1 VGP I, p. 21-22 / 86, VGP III, p. 465-466 / 29.

2 VGP I, W 18, p. 21, VGP III, W 20, 466 / 29-30, 87-88.

3 PDG, W3, p. 332 / 306. Sur les divinités féminines du deuil et sur leur rapport à la mémoire et à la survie du trait fondamental d'un *génos*, *cf.* Nicole Loraux, *Les mères en deuil*, en particulier le ch. « La Mère sur l'Agora ». N. Loraux relève ici une logique mythologique, sur laquelle Hegel s'appuie sans réserves. Il est facile de montrer que chez Hegel, « le féminin » a un rôle spéculatif principalement comme figure de l'enfantement ou de l'enterrement, mais non pas, par exemple, comme figure de l'amour sensuel (Aphrodite), ni de la bravoure guerrière (Penthésilée),

suspend le travail de la mort naturelle en construisant une tombe – une chambre mortuaire, une pierre tombale quelconque qui empêche la disparition totale de l'âme – et en tentant ainsi de conserver intacte la figure du *génos*. La « gérante » est la figure de la *mémoire comme telle* : du travail invisible de l'imagination dans le « puits nocturne » de la mémoire inconsciente. Elle construit le signe qui arrête la rage destructrice de la mort – mais elle sait seulement conserver ce signe et le trait du *génos* qu'il contient, non pas surmonter son unilatéralité.

Le philosophe doit hériter du passé autrement que la « gérante », parce que la pensée se tourne aussi *contre* la mémoire qui la nourrit d'abord. La pensée mesure l'effet du temps, qui ne détruit pas seulement les conditions matérielles de la philosophie (« la toile et le marbre » et « la mémoire et la représentation »[1]) mais ronge également ses conditions spirituelles : ce qui, dans la *configuration* de sa pensée et dans l'*articulation* de ses paroles, reflète seulement le trait particulier d'un *génos*. Pourtant, si le temps fait disparaître le passé, l'histoire le conserve. En lisant les œuvres du passé, le philosophe ne fait pas une archéologie de vestiges morts mais trouve, dans la « tombe » de la pensée, l'« esprit vivant ». Qu'est-ce que cela signifie ?

Hegel ne décrit pas cette situation en détail, mais j'interprète ses indications semi-métaphoriques comme suit. Premièrement, ce qui attire le philosophe vers une pensée passée, c'est la « vie » de cette dernière – à savoir, sa mobilité et sa créativité, bref, son élément *subjectif*. Même si les *expressions* de cette subjectivité lui semblent mortes, l'esprit qui les produisait lui paraît encore vivant. *En lisant les œuvres du passé, le philosophe cherche tout d'abord à y reconnaître un esprit avec qui dialoguer, non pas à connaître un système*. Au lieu de contempler l'œuvre ancienne comme objet inanimé de sa conscience (*Bewußtsein*), le philosophe y reconnaît une âme vivante auprès de laquelle il peut chercher sa propre conscience de soi (*Selbstbewußtsein*). Le philosophe du passé est vivant lorsqu'il ne se montre

ni de la sagesse politique (Athéna), etc.

1 VGP I, W 18, p. 58 / 56.

plus simplement comme auteur d'une œuvre mais comme agent d'un *acte* philosophique : comme *soi* singulier manifestant dans l'œuvre sa liberté. Un tel *soi* ne se prête pas à la contemplation mais à la reconnaissance. Plus haut, nous avons vu que la reconnaissance satisfaisante des consciences de soi n'advient que dans le dialogue des consciences morales, qui permet aux consciences humaines de se parler et de s'entendre, de se présenter l'une à l'autre. Or, un « héros de la raison qui pense » n'est pas une conscience morale ordinaire, car ses actions ne sont pas motivées par son *propre* bien mais par l'*agathon* lui-même : son bien est le vrai. Ce détachement des motifs égoïstes accroit la liberté du « grand philosophe » – que son successeur peut reconnaître et dans lequel il peut trouver sa propre liberté : « l'homme libre n'est d'ailleurs point envieux, il admet volontiers ce qui est grand et sublime et se réjouit que cela *est.* »[1]

Deuxièmement, si tant est que la reconnaissance des philosophes de l'histoire se dessine ici comme reconnaissance la plus satisfaisante de la liberté de l'un dans l'autre, elle n'est pas pour autant dépourvue de toute négativité. Le dialogue des philosophes reflète la négativité du dialogue des consciences morales : le héros y proclame la vertu philosophique de sa pensée nécessairement finie, son successeur en démasque les lacunes, le héros assume la différence entre la vertu et les apparences de sa pensée, jusqu'à ce que son successeur puisse, non pas adopter le point de vue précédent, mais au contraire lui « *pardonner* », à savoir, reconnaître sa différence absolue d'avec lui. Ainsi Hegel, en grand seigneur, « pardonne » à tant de grands esprits anciens la vétusté de leurs concepts. Le dialogue philosophique est un dialogue plein de réfutations injustes et de malentendus irrémédiables, au point que la négativité de l'un provoque nécessairement la négativité de l'autre : la reconnaissance de la grandeur de l'autre se redouble toujours par la méconnaissance de son cœur.

Cette non-coïncidence des pensées tient à ce que la reconnaissance se fait nécessairement en fonction des *expressions* de la liberté, en l'occurrence, des œuvres du

1 VPG, p. 47 / 36.

philosophe passé. Celles-là ne parlent plus au philosophe ultérieur. Comme je l'ai montré dans mon introduction, il doit « traduire » les notions passées, cette traduction n'étant pas la banale transposition d'une langue à une autre, mais un travail créateur dans lequel un *logos* étranger est réinventé depuis notre originarité. Cette « traduction », ce passage par une pensée étrangère, est indispensable à la pensée. Pour Hegel, *on ne peut pas penser seul* : nos catégories sont des modifications des catégories anciennes, nos mots sont des traductions, notre « soi » est formé par d'autres « soi » philosophiques. La pensée se forme en un dialogue avec des esprits étrangers, issus de peuples étrangers : cette hospitalité est la condition *sine qua non* de la pensée.

Bien qu'il ne le dise pas exactement, on peut lire Hegel ainsi depuis son exhortation à penser l'histoire de la philosophie comme l'être-là de l'idée dans le temps. Si nous nous en tenons à cette condition, nous ne pouvons décidément pas prendre la philosophie pour la contemplation d'une idée détachée du monde par un philosophe solitaire. Premièrement, parce que l'idée est la liberté elle-même : non pas quelque *chose* qui se modifie mais l'universelle *capacité* de modification, non pas une *figure* définitive mais l'universelle capacité de figuration et de transformation. On ne peut contempler cette idée comme telle : pur acte, elle n'existe qu'en acte ; pure figuration, elle ne se pense que dans ses figures. La liberté n'*existe* que dans ses réalisations et ne se pense que comme histoire de la philosophie. L'idée n'est réelle qu'en tant qu'histoire de la philosophie, et celle-ci n'est vivante que dans l'explication avec l'histoire.

C'est pourquoi, deuxièmement, la philosophie n'est pas la contemplation d'une idée mais le dialogue avec son propre passé. On ne peut pas penser seul : mais pour penser, il ne suffit pas non plus de s'entretenir avec ses proches, contemporains et compatriotes dans une cité. Au contraire, la pensée requiert une exposition à l'étranger et au lointain ; et pour Hegel, le plus étranger est ce que la mort sépare de nous, le passé. La philosophie, pour Hegel, est une communauté fort étrange. Elle est la communauté transhistorique de « grands penseurs », qui ne partagent aucun lieu : ils ne partagent que le temps, qui les partage absolument.

Le paradoxe de cette communauté d'êtres définitivement séparés donne à penser la temporalité du temps lui-même : la séparation qu'est le temps et l'unité que peut être l'histoire. Leur « dialogue » est la coïncidence de la condition transcendantale et de la condition existentiale de la philosophie : c'est une pensée de la liberté comme reconnaissance d'une autre pensée de la liberté de penser.

Qu'est-ce que cette pensée peut nous donner ? Dans le contexte immédiat de ce travail, elle donne une explication fort pertinente de l'explication entre Hegel et Heidegger. Tout au moins elle rend bien compte de l'oscillation heideggérienne entre les louanges de la grandeur de Hegel et la violence de sa lecture ; qui plus est, elle montre comment le temps historique devient à la fois ce qui réunit et sépare ces deux penseurs. En revanche, il n'est pas sûr qu'on puisse transférer cette idée très loin hors de ce contexte. Toute philosophie, voire toute histoire de la philosophie, ne cherche pas son essence dans le dialogue : ce retranchement fait aussi partie des possibilités de la pensée. De même, même si cette pensée de la communauté peut éclaircir une certaine constellation philosophique, elle ne peut guère être utilisée comme modèle pour nos communautés d'existence. Certes, la communauté des grands penseurs est l'image même de la communauté des êtres véritablement libres : mais elle n'*existe* pas, n'étant possible que grâce au temps qui sépare les penseurs. Et même si la condition véritable de notre existence était l'inexistence de ce qui nous est commun, nous devons nous méfier de la communauté aristocratique que nous présente Hegel. Il décrit, après tout, la communauté restreinte et secrète des frères d'Éleusis[1].

1 Sur le topos de la communauté d'Éleusis à l'époque de Hegel, *cf.* M. Frank, *Le dieu à venir, leçon XI*, p. 26.

IV

LE PENSEUR ET SES PAIRS SELON HEIDEGGER

Heidegger ne voit certainement pas l'absolu hégélien comme l'acte de naissance de son propre être et de sa forme, ni le philosophe hégélien comme membre d'une communauté d'écriture. Pour Heidegger, l'absolu hégélien a l'immobilité d'une *causa* éternelle, et le sujet de sa philosophie est la conscience de soi qui contemple la « parousia de l'absolu » sans ombres – y compris lorsque Heidegger, dans « Hegel et son concept de l'expérience », fait entrevoir la possibilité d'une interprétation plastique de cette contemplation. Or, mon but ici n'est pas la suppression *pure et simple* du Hegel métaphysique de Heidegger au profit d'un Hegel romantique. Tout en indiquant le ressort de ce dernier, je reconnais que le premier a aussi sa part de réalité – mais c'est, il me semble, la part « pour nous passée » de Hegel, comme l'a montré Heidegger. Hegel, aussi, a son ambiguïté. Mon propos est avant tout de montrer le caractère éminemment *stratégique* de l'interprétation heideggérienne. Heidegger décrit l'être hégélien comme *causa sui afin de* le distinguer de sa propre pensée de la vérité de l'être ; il rabat son sujet sur la seule conscience de soi afin de souligner la spécificité de sa propre pensée du *Dasein*. Enfin, il refuse toute temporalité et historialité authentiques à l'absolu afin de singulariser sa propre pensée de la temporalité de l'être.

Nous avons déjà examiné du point de vue de Hegel la thèse de Heidegger, selon laquelle Hegel aurait entrevu la nécessité de penser l'idée dans son histoire. C'est pourquoi il serait le premier (et le dernier) qui aurait pensé l'histoire de la philosophie philosophiquement – mais il n'aurait compris cette histoire que comme extériorité provisoire et vite supprimée d'une idée en soi intemporelle. Dans le chapitre précédent, j'ai voulu montrer la faiblesse, ou tout au moins l'avarice de cette interprétation. Mais « le même n'étant pas semblable », il reste encore à voir si, ou en quoi, la pensée heideggérienne de la temporalité de l'être peut malgré tout dépasser la pensée de l'effectivité de l'esprit, et cela non pas en l'approfondissant mais en allant tout à fait ailleurs, comme Heidegger le prétend[1]. Dans ce chapitre, je présente cet ultime enjeu de l'explication heideggérienne avec Hegel.

La question est complexe car l'articulation heideggérienne de la temporalité de l'être a changé au cours de son chemin de pensée. Des commentateurs actuels vont jusqu'à distinguer trois périodes : 1. la pensée de l'être comme simple transcendance du *Dasein* (*Être et temps*), 2. la pensée de l'historialité de l'être (les cours exotériques des années 30 sur l'idéalisme allemand, Nietzsche et Hölderlin et leur pendant ésotérique dans *Die Beiträge*) et 3. une pensée tardive où l'*Ereignis* ne serait plus historial, car l'origine du temps serait non-temporelle (notamment *Temps et être*)[2]. Dans ce parcours, je vois moins une rupture que l'approfondissement d'une seule chose. Si l'être, en tant qu'oublié de l'histoire[3], et l'*Ereignis*, en tant que condition non-historique de l'histoire[4], semblent se désolidariser de l'histoire de l'être, ils ne sont pourtant pas une *chose* transcendante *hors de l'histoire* : ils ne *sont* qu'en tant qu'ils adviennent historialement, et ne sont

1 P. ex. *Zeit und Sein*, ZSD, p. 6 / Q III-IV, p. 199-200.

2 La distinction des positions 1 et 2 est déjà classique. Voir p. ex. Friedrich-Wilhelm von Herrmann, *Wege ins Ereignis*, p. 18 et Daniela Vallgea-Neu, *Heidegger's Contributions to Philosophy*, p. 28. La proposition 3. se trouve p. ex. chez Michel Haar, *La fracture de l'histoir*e, p. 12 et chez Richard Polt, « Ereignis », in Dreyfus & Wrathall, *A Companion to Heidegger*, p. 388-389. Dans l'article « Beiträge zur Philosophie », Richard Polt montre l'ambiguïté de l'*Ereignis* qui est dit tantôt « unique » (et non pas universel), tantôt « chaque fois unique », tantôt encore à venir (*Heidegger-Handbuch*, p. 193).

3 « L'histoire de l'être est l'histoire de l'oubli croissant de l'être. » (Q IV, p. 90).

4 ZSD, p. 44 / Q III-IV, p. 248.

rien d'autre que la *donation* même du temps et de l'être[1]. Cette complication rappelle la question du statut de l'idée éternelle par rapport au temps chez Hegel : l'idée semble extratemporelle, mais ne l'est pas, dans la mesure où elle est l'*acte* de sa propre réalisation, ou l'infini *mouvement* du fini. Voici en tout cas la perspective qui ressort de ma façon de lire Heidegger avec Hegel. L'interrogation heideggérienne de la temporalité de l'être s'accompagne du début à la fin d'une explication avec Hegel au sujet de la temporalité de l'être / de l'idée. C'est sur Hegel que Heidegger rejette la faute de la séparation de l'être et de l'histoire – que lui-même ne commettrait pas. Bien que Heidegger n'ait jamais poussé cette explication au bout, il me semble qu'elle est le cœur caché de son débat avec Hegel : elle n'est pas seulement sa « chose » mais aussi la condition ultime de sa « méthode ». L'explication heideggérienne avec Hegel est son être-avec historial avec lui, que la temporalité même de l'être doit motiver.

a. Le site de l'*Ereignis*

Du point de vue heideggérien, le dépérissement du temps chez Hegel ne signale pas tant une « fin de l'histoire » que la clôture d'une époque de l'être : Hegel achèverait l'époque de la métaphysique – que l'actuelle époque de la technique parachèverait. Si cette clôture met fin à la « philosophie », elle libère du même coup la « pensée », en

1 C'est le « tendre » ou l'« offrir » (*Reichen*, étrangement traduit par « porrection ») qui constitue la « quatrième dimension du temps » (ZSD, p. 16 / 214). Marlène Zarader soulève aussi l'ambiguïté entre les paroles de *l'être*, ouvrant l'espace de jeu d'une ontologie phénoménologique, et les *paroles* de l'être ouvrant une interrogation historique. Si c'est un choix, je choisis donc comme elle la seconde option. (M. Zarader, *Heidegger et les paroles d'origine*, p. 276). Au fond cependant, je crois qu'au lieu d'un choix, nous confrontons ici une mêmeté difficile, dès lors que les aspects phénoménologique et historique de la pensée heideggérienne sont co-originaires, comme le dit M. Haar dans *Heidegger et l'essence de l'homme*, p. 138.

sorte que la possibilité d'un « autre commencement » et d'un « tout autre domaine de l'histoire »[1] surgisse précisément dans l'explication avec l'époque de la métaphysique. L'autre commencement est avant tout une autre pensée du temps et de l'être comme temps. Contre la *parousia* de l'absolu il s'agira désormais de penser qu'*il y a l'être* (*es gibt Sein*) ; contre la « *fin* du temps » il s'agira désormais de penser qu'*il y a* temps (*es gibt Zeit*).

La science hégélienne aboutit dans la *manifesteté* de l'absolu. Au fond, la manifesteté n'est rien d'autre que la *pensée* de l'être qu'il y a, et du temps qu'il y a. Heidegger pense « la même chose », entendue comme présence de l'être et du temps, mais il entend percer la « pensée » hégélienne vers son « impensé » en problématisant la manifesteté de ce qu'il y a – la « présence » que Hegel assumerait « sans question ». Comment se fait-il *qu'il y a* être et temps ? Quelle est la *donation* constitutive de cet *il y a* (*es gibt* dit littéralement : « cela donne ») ?

Cette question est au cœur de la pensée tardive de Heidegger. Il l'expose de manière formelle dans la conférence « Temps et être » – tout en la dirigeant expressément contre la conception hégélienne de l'être[2]. L'être, dit-il, n'est rien d'étant mais « cela donne être » ; le temps n'est rien de temporel mais « cela donne temps » ; et il nous reste à penser ce « donner » qui se retire dans le « don », ou le « destiner » des époques de l'être. Heidegger les pense depuis le « cela » qui donne et destine temps et être, et appelle « cela » *Ereignis*, qu'on peut rendre, malaisément, par « avènement » ou par « événement »[3]. Nous devons penser, dit-il, la donation du temps avec la donation de l'être ; leur coappartenance

---

1 *Die Beiträge*, GA 65, p. 227.

2 ZSD, p. 6, 53 / Q III-IV p, 200, 259. Heidegger cristallise la pensée de l'*Ereignis* dans *Temps et être*, mais il la développe depuis « La lettre sur "l'humanisme" » et *Die Beiträge*. Il l'explore également dans *Einblick in das was ist*, qui contient notamment la célèbre conférence « La chose », dans la conférence sur la technique (« La question de la technique ») et dans « Le principe d'identité ».

3 Quant aux différents sens du mot *Ereignis*, *cf.* J. Taminiaux, « L'essence vraie de la technique », p. 283 et F. Dastur, *Heidegger et la question du temps*, p. 111.

est l'*Ereignis*, qui n'« advient » que lorsque l'humain est requis par temps et par être en sorte qu'il les laisse advenir et être.

La condensation de ces formules étrangle cette pensée au point de la rendre difficilement praticable. Elle requiert un arrêt pour méditer le sens de ses sigles, y compris leurs traductions : qu'est-ce que des mots comme *Ereignis* ou *es gibt* donnent à penser ? Ce ne sont plus des signes des expériences factuelles ni même des limites de l'expérience, comme *Sein zum Tode*. Ce sont des expériences de la *parole* – qui dit aussi l'absence du mot juste : car le mot choisi porte la trace du monde historique dont elle relève, il traduit et détruit d'anciens noms pour l'être, mais il reste selon Heidegger toujours incomplet et inapte pour dire ce qui est pressenti.

Quelques aspects du sens de l'*Ereignis* se laissent cependant articuler justement *contre* l'absolu hégélien. Tout d'abord, l'*Ereignis* décrit la question du *sens* de l'être en tant qu'il n'est *pas là*. Chez Hegel, ce qui proprement se manifeste dans la manifesteté de l'absolu, c'est le sens, le *logos*. Chez Heidegger au contraire, le sens s'annonce dans la *question* du sens de l'être précisément parce qu'il n'est *pas* donné. L'éloignement, voire l'absence du sens de l'être se montre plutôt dans la défaillance du *logos* hérité et dans l'insuffisance du *logos* disponible. Si le sens est *effectif* du fait d'être présent (ou passé, lorsqu'on prétend que le passé n'est qu'une présence différée), il est purement *possible* du fait de rester à venir. C'est pourquoi, et contre le souvenir (*Erinnerung*) hégélien, la pensée de *l'Ereignis* est résolument tournée vers l'avenir. Surtout dans *Die Beiträge*, Heidegger insiste pour dire que cette pensée *n'est pas encore là* : seule sa *venue* reste possible. Il n'est pas sûr que l'événement ait lieu mais la *modalité* de cette pensée est la *possibilité* de sa venue. Elle se dit « eschatologique » *contre* la téléologie dont on suppose le *telos* toujours présent[1].

Ce tournant dans le temps s'accompagne d'un changement dans la posture du penseur, en sorte que la pensée heideggérienne devient presque exclusivement une pensée de l'expérience de la pensée. L'*Ereignis* se pense depuis

1 *Cf.* HW, p. 321.

l'avenir parce qu'il se pense existentialement. L'opération du penseur, dont il fallait débusquer l'interprétation hégélienne, s'impose comme centre de la méditation heideggérienne. Heidegger l'établit clairement dans *Identité et différence*, lorsqu'il contraste deux sens de l'appartenance (*Gehören*) caractéristique du rassemblement propre à la pensée de l'être. L'appartenance au sens de l'idéalisme allemand est l'appartenance des éléments à un ordre ou à un système. Au contraire, Heidegger cherche à articuler l'appartenance de l'humain à l'être, ou la façon dont (l'absence du sens de) l'être « appelle » l'humain et l'humain « entend » cet appel, événement-expérience qui acquiert justement le nom d'*Ereignis*[1].

Nous avons vu que ce contraste est trop schématique pour être tout à fait exact pour ce qui concerne Hegel chez qui, aussi, l'absolu « veut être auprès de nous », et le philosophe, saisi par l'absolu, lui donne en retour son être-là en tant que pensée concrète. Cependant, les *postures* du philosophe hégélien et du penseur heideggérien sont différentes. Le philosophe hégélien est tourné vers le passé parce qu'il cherche la *connaissance*, et il n'est pas possible de connaître l'avenir. Le penseur heideggérien, en revanche, est tourné vers l'avenir et revêt des allures prophétiques. Il ne cherche pas à prédire ce qui viendra, mais à s'ouvrir à l'inconnu, à ouvrir un horizon par-delà le connu. La tonalité ou l'affect fondamental de la pensée sera désormais le *pressentir* (*Er-Ahnen*), voire *l'effroi* et la *retenue* (*Erschrecken und Verhaltenheit*), au lieu de l'*étonnement* (*Erstaunen*) qui convient à une pensée de la présence de l'être et qui caractérise le « premier commencement » (auquel appartient en principe Hegel)[2].

Que pressent le penseur : qu'est-ce qui « vient » en donnant être et temps ? Dans *Die Beiträge* Heidegger parle, dans un style nietzschéen, de la venue du dernier dieu et, dans un style hölderlinien, d'un manque de dieu auquel correspond la possibilité d'un passage du dieu ou des dieux. Contre la *parousia*, qui décrit le retour d'un même dieu déjà révélé, Heidegger trace ici la pensée d'un dieu inconnu dont on ne pressent même pas la présence future, mais vers qui la pensée

---

1 ID, p. 16, 24.

2 *Die Beiträge*, GA 65, p. 14, 20, 46, 369, *cf.* GA 43, 197.

se tourne cependant. Dans « Temps et être », Heidegger interprète plus sobrement le donateur de la destinée comme *Ereignis*[1]. Notion antithétique du savoir absolu, *Ereignis* n'est pas un sujet ; et pourtant il est le *donateur* du temps-espace-jeu. Pour Jean-Luc Marion, ce besoin de penser le don depuis le donateur fait de l'*Ereignis* encore un avatar de dieu qui estompe la pensée plus radicale de la donation[2]. Poursuivant un doute analogue, Jacques Derrida esquisse une pensée de l'avenir comme messianisme sans messianisme et sans messie[3]. Ces efforts pour questionner le monothéisme voilé de Heidegger me semblent nécessaires, ne serait-ce que parce que le débat entre le dieu-révélé hégélien et le dieu-à-venir heideggérien reste sous l'emprise d'un principe monothéiste général, qui ne me semble pas suffisant pour la compréhension de « notre monde à venir » (bien qu'il ait un rôle dans la déconstruction de « notre monde hérité »).

Par-delà ces questions de religion, Heidegger vise cependant autre chose, l'essentiel étant la possibilité d'une unité de sens suffisamment forte pour rassembler l'étant en un monde. Sa terminologie vient, via Hölderlin, des Grecs et surtout de Héraclite : le « sacré » nomme l'ouverture de la possibilité d'un sens, et le « dieu », l'adresse de cette possibilité à l'homme, afin qu'il lui donne lieu dans sa parole. La question de fond demeure alors de savoir si, pour nous, l'étant peut et doit encore se rassembler en *un* monde, certes fini et non pas infini comme dans le système hégélien, mais néanmoins *un*.

La venue du dieu dit essentiellement qu'un monde est possible. Surtout dans *Einblick in das was ist*, Heidegger décrit la constitution fondamentale d'un monde en termes de « quadriparti » (*Vierfalt*) des mortels, des immortels, du ciel et de la terre[4]. Le quadriparti peut soit « monder », à savoir, régner comme rapport des « quatre » qui ouvre la dimension d'un monde, soit perdre, avec le rapport, aussi le monde, délaissant les étants-présents dispersés, égaux parce

1 ZSD, p. 20 / 218.
2 Jean-Luc Marion, *Étant donné*, p. 56-57.
3 Jacques Derrida, *Spectres de Marx*, p. 102.
4 « Das Ding », GA 79, p. 16 *sq.*, ou VA, p. 170.

qu'indifférents, futiles comme les objets du monde de la technique[1]. Les éléments du quadriparti ne sont pas des étants quelconques : mortels et immortels, ciel et terre reflètent la pensée héraclitéenne des « étants-présents » (*Anwesenden*), qui peuvent ouvrir le monde comme dimension de leur rencontre parce qu'ils sont ceux qui peuvent apparaître par eux-mêmes et, par là, faire apparaître les uns les autres. Il serait possible de suivre comment l'interprétation hölderlinienne de Héraclite montre à Heidegger une pensée du temps comme ciel et de l'être comme terre, du sens comme signe des immortels et de la pensée comme piété des mortels. Cette conjonction ou « jeu du miroir » du temps, de l'être, du sens et de la pensée questionnante coïncide exactement avec l'*Ereignis* : l'ouverture du quadriparti est ce que la donation originaire donne[2].

Le quadriparti n'est pas une organisation naturelle ou logique du monde. Au contraire, son « ajointement » s'explique *contre* la structure mathématique du système[3]. Il ne découle d'aucune nécessité logique mais apparaît en fonction d'une nécessité historiale que Heidegger appelle *Geschick* (« destin », « destination » ou « envoi ») et qui traduit les mots grecs *nomos* et *moira*[4]. Chaque destination constelle le quadriparti d'une façon singulière, montrant le ciel tantôt comme séjour des dieux et tantôt comme espace planétaire, la terre tantôt comme mère nourricière tantôt comme ressource exploitable, etc. La destination permet aussi aux humains d'interroger leur constellation – ou de l'oublier et de vivre sans monde. Pour Heidegger, le nom le plus ancien pour cette « nécessité » ou ce « destin » est *to khreon* du *Fragment d'Anaximandre*. Plus qu'une « loi » qui gratifie et punit les êtres qui seraient déjà là, *to khreon* est la « nécessité » qui fait *être* les étants et les dispose les uns par rapport aux autres : il « donne la présence » (*einhändigen*) à ce qui est présent, et il le « manie » (*brauchen* dit simultanément qu'il en a

1 « Das Ge-Stell », GA 79, p. 24 *sq.*

2 *Cf.* p. ex. J.- F. Mattéi, dans *La métaphysique à la limite*, p 132, 134.

3 GA 65, p. 65. 81. Sur la prétendue mathématicité du système hégélien voir p. ex. GA 36/37, p. 69.

4 P. ex. EHD, p. 167 / 216 ; VA 244.

besoin et qu'il l'utilise)[1]. Associé à la « main » qui donne et dispose l'être, *to khreon* est à la fois la donation originaire qui libère l'étant à être, et le destin qui soumet les étants à un *rassemblement* (*logos*) ou *ajointement* (*Fug*) chaque fois fini. L'étant ne peut *être* hors l'ajointement de tout un monde.

Cette interprétation de *moira* comme *to khreon* souligne le fond archi-éthique et archi-historique de la pensée héraclitéenne du monde. Revue par Hölderlin, la pensée de la destination acquiert un sens historique[2]. Hölderlin prend la mesure de la différence entre les destins grec et moderne, et montre que le propre du destin moderne est d'interroger la destination comme historialité. À partir de là, Heidegger maintient qu'il n'y a pas d'être en soi, car l'être est uniquement dans ces envois rares et lents qui constituent « l'histoire de l'être ». Chaque époque est une destination qui *demeure*, et offre ainsi un *séjour* aux mortels. Il est possible d'entendre le « demeurer d'une époque » comme « déconstruction » d'un « esprit du temps » et le « séjour » comme déconstruction d'un « esprit du peuple ». Dans ce cas, « esprit » s'articulerait comme *Ge-stell*, alors que la destination de l'être ouvrirait l'horizon quadripartite avant toute figure ou *Ge-stell*.

Ainsi la pensée de l'*Ereignis*, et par extension celle du quadriparti, est une « déconstruction » de l'idée post-herdérienne de l'incarnation de l'idée dans les peuples historiques[3], à laquelle Hegel a donné sa profondeur philosophique. Comme l'absolu, le sens de l'être n'est pas un *logos* extratemporel offert à une conscience désincarnée : il n'est *que* pour le *Dasein* et par lui, à savoir, pour et par l'humain jeté dans un monde historique fini. Comment la pensée de l'envoi de l'être et de son déploiement comme quadriparti déconstruit-elle la pensée hégélienne de l'esprit fini ?

Du point de vue du seul *logos* (de l'absolu / de l'*Ereignis*),

---

1 HW, p. 361-362 / 441-442.

2 Heidegger décrit la poésie hölderlinienne dans les termes du quadriparti (p. ex. EHD, p. 170 / 222) et interprète les mots hölderliniens de « sacré » et de « *Geschicht* » (ce qui envoie et détermine le destin historique) exactement comme *to khreon* (*p. ex*. EHD, p. 104-106 / 133-136).

3 Cf. Charles Guignon, « The History of Being », in Dreyfus & Wrathall, *A Companion to Heidegger*, p. 399 *sq*.

les deux pensées demeurent encore indistinctes. Si la destination du sens de l'être vient de l'avenir et détermine le monde comme écart, le monde fini hégélien se détermine également comme *telos* qui reste à saisir et comme négativité qui reste à réconcilier, tant qu'on l'observe *du point de vue de l'habitant* du monde en question. Il ne suffit pas de parler abstraitement de l'avenir et de la non-conciliation pour distinguer entre les deux versions du monde fini.

La différence tient plutôt à la communauté qui reçoit et réalise le *logos* historial. Chez Hegel, l'idée saisit la communauté selon la figure de « Zeus, dieu politique » et détermine une communauté politique, dans laquelle il y va de la juste reconnaissance de ses membres, comme dans la tragédie politique. Chez Heidegger en revanche, les humains ne s'opposent pas les uns aux autres mais se fondent dans « les mortels », lesquels se rapportent aux immortels : ce rapport mortels-immortels est une sorte de « reconnaissance »[1] si originaire que seule la *présence* ou l'*absence* de l'un proche de l'autre peut y être reconnue. C'est la communauté interrompue de l'homme avec le dieu, la com-parution des incomparables, que Heidegger ressent de manière la plus poignante dans la tragédie poétique de Hölderlin (si on peut nommer ainsi sa vocation de poète). Telle est la communauté de la « justice originaire », dont la mesure est la distance entre l'homme et le sacré et qui est ainsi plus originaire, selon le « Fragment d'Anaximandre », que toute justice politique. Une justice originaire règne peut-être toujours dans la « sagesse » (*sophon, geschicklichkeit*)[2] des peuples, mais elle ne se donne à penser que lorsqu'un *logos* a le pouvoir d'ouvrir un monde historial et de montrer sa mesure. Ce *logos* peut être une œuvre d'art et notamment le poème hölderlinien ; ou il peut être la pensée

1 Il arrive à Heidegger d'utiliser le mot de « reconnaissance » pour décrire le « salut » par lequel le sacré et l'humain se renvoient chacun à son être propre. P. ex. (EHD, p. 96-97 / 122-123.)

2 La *Geschicklichkeit* n'est pas pour Heidegger simplement l'adresse et le savoir-faire, mais la capacité de se conformer au destin, *Geschick. Geschicklichkeit* traduit pour lui le mot grec *sophon*, sagesse, qui ne signifie dès lors pas « muni de raison » mais : comportement mesuré de l'homme face à son destin. VA, p. 209 / 263, WM, p. 357-358 / Q III-IV, 123-124.

explicitant ce poème[1]. Il n'informe pas les actions politiques proprement dites mais déploie l'horizon dans lequel l'action peut avoir lieu : un monde, le lieu où les mortels peuvent « habiter », « bâtir » et « penser ».

Bien que Heidegger ne le dise pas dans ses œuvres publiées[2], il serait possible de cerner l'opposition Hegel-Heidegger de manière claire comme une opposition « politique » : il s'agirait alors moins d'une opposition dans *la* politique (p. ex. « droite / gauche ») que d'un désaccord concernant *le* politique, qui fournit le fond ultime de la politique, aussi. La communauté historique hégélienne est éminemment politique. Elle n'est pas *fondée* par un dieu ni par une œuvre spirituelle mais naît de l'interaction des humains. Après coup, elle peut se *représenter* et se réfléchir dans des dieux, dans des œuvres et dans la philosophie. L'esprit absolu est la vérité de l'esprit fini : il le suit, le traverse, le dépasse et le délaisse peut-être, mais ne le guide pas. La tâche du philosophe demeure critique, y compris dans les constructions de la *Philosophie du droit*. La communauté heideggérienne en revanche est plus et moins que politique, c'est sa grande ambiguïté. D'un côté, en particulier dans son interprétation via Hölderlin, c'est une « politique du poème »[3] : le poème peut y instaurer la vérité comme mesure de la sagesse pratique, ce qui n'exclut pas la politique mais expose au contraire la communauté au risque totalitaire. D'un autre côté, comme il est expressément apolitique au sens courant du terme, et comme il dirige le regard vers la condition existentiale, terrestre et céleste du politique, il ouvre aussi une brèche qui invite à concevoir une « politique » qui inclurait un monde plus vaste que la communauté des citoyens. C'est pourquoi certains ont cherché dans Heidegger des éléments pour une

1 Ce sont des œuvres dans lesquelles l'homme fonde la vérité. *cf.* GA 65, p. 16.

2 Exception faite des notes de cours publiées dans *GA 36/37 Sein und Wahrheit*, où Heidegger attaque Hegel et Platon dans le cadre d'une nouvelle politique – national-socialiste. Son analyse ne porte néanmoins pas sur les théories politiques de ses adversaires.

3 L'expression est de Philippe Lacoue-Labarthe, dans le livre éponyme.

pensée écologique[1] – et que d'autres en ont profité pour soutenir leur idée (sans fondement) du fascisme inhérent de l'écologie profonde en général[2]. Je ne peux pas entrer dans ces débats dans le cadre de ce travail. Hegel et Heidegger ont une certaine utilité dans la pensée du politique, car ils nous apprennent à penser l'existence *finie* : Hegel nous apprend la nécessité de penser l'activité humaine, y compris lorsqu'elle semble irrationnelle ; Heidegger nous apprend à regarder ce qui échappe à la volonté humaine. Ils nous lèguent la question : quelle est la politique à la mesure du monde ? Mais leurs réponses ne nous suffisent plus : notre défi est de penser une politique mondiale et terrestre pour eux inimaginable.

b. Le souvenir des amis

Selon Heidegger, le « site historique » que vise son explication avec Hegel ne se détermine pas comme un lieu politique mais comme un site de pensée. Nous allons voir maintenant comment le passage du politique au philosophique permet aussi le passage du monologique au dialogique : s'il n'y a pas chez Heidegger de dialogue politique, il y a un dialogue pensant, et il est indispensable pour la pensée de l'être.

Le « site historique » découvert dans l'explication est une autre époque : une autre expérience de l'être, du temps et – entre Hegel et Heidegger – de l'historialité. Bien que la question de l'historialité soit au centre de « l'antagonisme le plus vif » concernant la transcendance finie[3], Heidegger évite de l'aborder de front. Il me semble qu'elle vient au

1 P. ex. Michel Haar, Frank Schalow, David Wood, John Sallis et John Llewelyn on trouvé chez Heidegger des éléments pour une pensée écologique, notamment depuis sa notion de la « terre », mais ces lectures n'ont pas donné lieu à une pensée proprement politique. Hans Jonas et Jacques Derrida, entre autres, ont émis des doutes fondés quant à la possibilité de trouver chez Heidegger une pensée du vivant ou de la nature.

2 Luc Ferry, *Le Nouvel Ordre Écologique*, Grasset 1992.

3 *Cf.* aussi « Hegel et le problème de la métaphysique », p. 56/57.

jour le plus clairement à l'arrière-fond de son interprétation de Hölderlin. Le débat souterrain est désigné dans une note accolée à « Souvenir »[1], où il apparaît comme la juxtaposition de deux « lois de l'historialité » qui sont deux formes du « souvenir » : *Andenken* et *Erinnerung*.

Souvenir (*Andenken*) est selon Heidegger à la fois la loi essentielle du chant poétique hölderlinien et la loi essentielle de la destination de l'être qui « utilise » (*braucht*) le poète[2]. La loi dit que le voyage à l'étranger est indispensable pour la découverte du séjour propre – le souvenir étant bien entendu le « voyage dans le temps » par lequel Hölderlin parvient à penser la germanité comme souvenir de la Grèce ancienne. Le *Dasein* « propre » est fondé par l'œuvre poétique qui re-trace ce voyage vers le sacré et vers l'origine archaïque. Comme l'*Erinnerung* hégélienne, le souvenir hölderlinien décrit donc la constitution du « sujet » depuis son histoire. Mais le sujet hégélien est le sujet absolu, alors que le « sujet » hölderlinien est le poète, « demi-dieu »[3] peut-être, mais avant tout un mortel. C'est pourquoi *Erinnerung* peut s'approprier tout son passé et en *présenter* la vérité, alors que *Andenken* ne s'affronte guère qu'à la lointaine Grèce, laquelle se montre comme vérité *perdue*. L'opposition s'atténue si la négativité

1 « Dans quelle mesure ce que disent poétiquement ces vers, qui posent dans ce langage la loi de l'historialité, peut se laisser dériver du principe de la subjectivité inconditionnelle de la métaphysique absolue propre à la pensée allemande et telle qu'on la rencontre chez Hegel et Schelling, selon lesquels l'être-en-soi-même de l'esprit exige d'abord le retour à soi-même, qui ne peut s'effectuer à son tour qu'à partir de l'être-hors-de-soi, dans quelle mesure donc une telle référence métaphysique, même si elle fait apparaître des relations "historiquement exactes", n'obscurcit pas la loi poétique bien plus qu'elle ne l'éclaire, c'est la question que nous nous contentons de livrer à la méditation de toute pensée. » (EHD, p. 90 / 114). Pour Beda Allemann, Heidegger parle ici « de façon absolument métaphysique » et la différence entre les lois de l'historialité hölderlinienne et idéaliste est nulle (Allemann, *Hölderlin et Heidegger*, p. 220). Pour Adorno, cette différence est « sans importance pour le poématique » (Adorno, *Parataxe*, p. 147). Je pense que cette différence, réductrice pour la poésie, est signifiante pour la philosophie.

2 EHD 83, 87 / 105,111.

3 P. ex. EHD, p. 103 / 132.

annihilatrice et créatrice d'*Erinnerung* est prise au sérieux. *Andenken* désigne un néant plus profond cependant : la *perte* de ce qui a été et le *manque* d'essence du présent, réduit à n'être que le transport vide entre le passé perdu et l'avenir inconnu. La négativité d'*Erinnerung* et le néant d'*Andenken* sont donc opposés – mais leur opposition est bancale, car elle ne tient qu'à l'assimilation confuse de deux sujets incommensurables, le savoir absolu et le poète. Mieux vaudrait comparer le savoir absolu à *Ereignis* et le poète au héros de l'histoire.

Le *poète* hölderlinien préfigure le *penseur* heideggérien. Le poète de *Approche de Hölderlin* est tout d'abord celui qui est « salué par le sacré » : le sacré le fait poète, et sa poésie instaure le sacré parmi les hommes de sa « patrie ». C'est le transport d'*inspiration* qui explique la poésie comme monologue du *logos* originaire retentissant par l'intermédiaire du poète chez le « peuple ». Dans « Souvenir », Heidegger explique ce mouvement par un autre, apparemment contraire, car il y précise que la poématisation ne peut avoir lieu que grâce au souvenir *des amis*. Du coup, la « question véritable » (*echte Frage*) du poète est : « mais où sont les amis ? »[1] La question des amis ouvre la dimension de l'histoire. Qui plus est, l'histoire s'ouvre comme *être-avec authentique*, enfin possible comme communauté transhistorique des « amis » du poète.

L'amitié hölderlinienne constitue un changement fascinant par rapport à *Être et temps*, dans lequel l'analytique anhistorique de l'être-avec ne permettait pas à l'être-avec authentique d'avoir *lieu*. Dans *Approche de Hölderlin*, l'existence du *on* s'assimile à la vie tranquille des habitants du *Dasein* propre, nommés « compatriotes » ou « paysans »[2].

---

1 EHD, p. 83 / 106.

2 EHD, p. 29 / 35. Le poète a deux types de « parents » : les compatriotes (*Landesleute*) et les amis (*Freunde*) qui ne sont généralement pas dans la patrie mais sont des « navigateurs » partis au loin. Les compatriotes sont une réinterprétation et revalorisation proto-historiale de l'être-avec inauthentique *d'Être et temps* : la figure majeure du « compatriote » est ici le « paysan » qui a un certain savoir-être (*Geschicklichkeit*) entre ciel et terre (*cf.* le début de « Comme au jour de fête… »). Il incarne l'habitant de la terre – de l'élément natif dans lequel l'homme se trouve de prime

Les « amis » du poète sont distincts des « compatriotes », et un dialogue est possible avec eux. Nous verrons qu'une telle amitié est possible *à condition de ne pas partager de lieu* (*Da*) ni d'*être* (*Sein*) : l'être-avec authentique – l'amitié – est possible uniquement entre des *Dasein* distincts. L'histoire est l'écart des *Dasein* que le souvenir fait apparaître.

L'amitié comme l'être-avec historial est manifestement un rapport entre mortels. Les amis du poète ne sont pas des dieux mais des « mortels » (des « navigateurs » ou des « amants »[1]) se montrant à la façon des mortels selon leurs « amours et actes »[2]. Se souvenir des amis, c'est dialoguer avec eux dans un dialogue qui « ne peut être que le penser des pensées mortelles »[3]. Ce dialogue est « bon » parce qu'« en lui, un souvenir en rencontre un autre. Dans cette rencontre, l'unisson des mêmes pensées et ainsi l'appartenance mutuelle (*Zueinanderhören*) se révèlent (*wird erfahren*) comme la substance et la constance de l'amitié (*das Bestehen der Freundschaft*). » L'amitié est possible – si les amis ne sont pas *là*, mais au loin, y compris dans la distance historique des amis morts dont le poète se souvient ou des poètes encore à venir[4]. Dans l'amitié entre mortels, la mort a d'ores et déjà séparé les amis.

L'amitié authentique ne se soucie donc pas de l'être de l'ami ni de sa personne. La « véritable question » des amis ne demande pas *qui* ils sont mais *où*. L'enjeu n'est pas leur *existence* : morts ou vifs, *il y a des amis* dès qu'il y a le dialogue. L'ami n'est ni l'unique amour ni l'humanité toute entière : les amis sont plusieurs mais peu nombreux, *plus d'un*, *quelques-uns* (*manche* en allemand). La question « où ? » interroge uniquement leurs « sites », entendu comme « essence du lieu

abord jeté. (Voir M. Haar, *Le chant de la terre*, p. 200, 204-206 ; sur l'existence native voir F. Dastur, *La mort*, p. 66-67.) Il serait possible de comparer le travail du « paysan » au travail « féminin » chez Hegel : les deux produisent la seconde nature et surtout la langue « maternelle », mais ils produisent en conservant, pas en créant.

1 EHD, p. 143 / 183.

2 Les citations des trois paragraphes suivants : « Souvenir », in EHD, p. 123-129 / 158-165.

3 *Cf.* EHD, p. 143 / 183.

4 EHD, p. 84 / 107.

comme tel, la situation où chacun des amis a été à présent appelé (*bestimmt*) ». Ce que le poète demande, c'est le site de chaque ami, son *Da* sans *Sein* : puisque les amis sont ici d'autres poètes (ou d'autres « grands hommes »), leurs sites s'ouvrent comme d'autres *expériences* du « sacré », ou de l'être. L'ami se montre dans ce qu'il a de différent du poète : son site époqual. Ce site, qu'il n'est pas et qui ne lui appartient pas, est ce qu'il a pourtant de plus propre.

Le poète appelle son ami depuis sa *solitude*. Il situe l'autre afin de se trouver lui-même en racontant l'absence de l'ami. Comme l'amitié poétique, l'explication philosophique se confronte au *Dasein* étranger afin de distinguer son propre *Dasein* : c'est le « retour » qui rapproche Hölderlin, Hegel et Heidegger.

L'analyse heideggérienne du poète hölderlinien sert de matrice pour sa description de l'acte propre du *penseur*[1]. Comme le poète, le penseur se trouve à la croisée entre l'expérience de l'être et le dialogue avec l'histoire.

Dans un premier temps, le penser est l'expérience requise par l'*Ereignis* : le « saut » entre le monde commun et quotidien et l'espace-temps de la résolution pour cor-respondre à l'appel de la vérité[2]. Du point de vue de la temporalité du *Dasein*, cette expérience semble anhistorique : le « saut »[3] est un « instant » (*Augenblick*) de la perte du temps présent vers l'origine du temps. D'autre part, le penser appartient aussi au savoir-être (*Geschicklichkeit*) des Mortels en tant qu'ils savent cor-respondre à la destination (*Geschick*) de la vérité de l'être[4]. Le penser a besoin de la parole des mortels, laquelle est nécessairement historiale. L'origine de la parole pensante est l'être qui se donne comme possibilité du sens : les mortels parlent lorsqu'ils répondent de manière

---

1 Comme le montre Michel Haar dans le chapitre « Les actes de pensée » de *Heidegger et l'essence de l'homme*, la pensée (et ses composantes se-souvenir et penser-en-avant) sont bien des *actes*, dans la mesure où la passivité apparente de l'homme heideggérien peut aussi être un acte.

2 « Qu'appelle-t-on penser ? », p. 3, 8 / 21, 26. *Cf.* H. Birault, *Heidegger et l'expérience de la pensée*, p. 364.

3 *Le principe de raison*, p. 158 / 207.

4 WM, p. 359 / Q III-IV, p. 126.

convenable (*geschicklich*) à la destination (*Geschick*) de l'être. La parole du penseur (*sprechen*) est une *traduction*, en langage des mortels, de la parole de l'être, de « ce qu'il y a à dire » (*sagen*)[1].

Dans un deuxième temps, dès que le penser est historial et destinal, il est aussitôt un se-souvenir. Comme Heidegger le dit p. ex. dans « Qu'appelle-t-on penser ? », « penser est penser en avant tout en se souvenant »[2]. La pensée, *Denken*, est une circulation entre *Andenken* et *Vordenken* : ce mouvement entre la pensée-ayant-été et la pensée-à-venir détermine l'histoire de l'être. La pensée n'existe pas sans la parole d'un mortel : le mortel ne peut inventer la parole *ex nihilo* mais doit la recevoir du passé pour la léguer à l'avenir. La parole d'un mortel n'a aucune vérité si elle n'est « rendue vraie » (*bewahrt*), à savoir, « gardée » par d'autres mortels[3]. Selon Heidegger, penser consiste à attendre, à préparer et à apprendre la pensée[4]. L'apprentissage passe par la « garde » des paroles passées.

Les paroles sont gardées dans la « mémoire » (*Gedächtnis*) et permettent ainsi le souvenir (*Andenken*)[5]. Le souvenir ne coïncide pas directement avec le « non-oubli » de l'*a-letheia*, car celui-ci est un mouvement de l'être, alors que la mémoire porte sur des mortels, lesquels font signe vers l'*aletheia* médiatement. Ce n'est pas une faculté de l'homme non plus, dans la mesure où ce dernier ne contrôle pas sa mémoire qui lui est plutôt donnée et prise. Le souvenir est possible parce que les paroles *sont déjà là*, offertes par d'autres mortels. L'être ne fait pas signe directement (tout au plus un dieu peut-il le signaler, *winken*), mais par signes (*Zeichen*) « bâtis » par d'autres mortels. « Bâtisse » d'un mortel, « chose » par excellence, le signe est installé pour

---

1 « Le chemin vers la parole », UZS, p. 250-253 / 237-239, 257-264 / 244-253. Toute la lecture heideggérienne de Hölderlin est la description de ce mouvement.

2 « Denken is andenkendes Vordenken », *Principe de raison*, p. 159 / 207. *Cf.* « *Denken ist Andenken.* » VA, p. 131 / 161

3 « L'Origine de l'œuvre d'art », HW, p. 53 / 75.

4 *Nietzsche I*, p. 15 / 16; VA, p. 124 / 152.

5 VA, p. 131-132 / 161; EHD, p. 141-142 / 181-182.

laisser être l'être[1]. Sans signe, l'être ne serait pas : pas là, pour nous. Le signe a une source dans le divin et dans le ciel où les dieux habitent ; il a une autre source dans la terre et dans les mortels qui, en l'habitant, trouvent aussi les mots pour en parler[2]. Il est l'équilibre entre les deux, leur rapport découvert dans l'expérience du poète.

Les paroles gardées par le penseur sont donc des *signes*. Comme l'ami du poète chez Hölderlin, le signe (*Zeichen*) est le poète (ou le penseur) lui-même en tant qu'il *montre* (*zeigt*) l'être et *fait signe* vers une expérience de l'être[3]. Contrairement au signe linguistique ordinaire, le signe ne contient pas de signification : le signe pensant n'abrite pas simplement de thèse sur l'être (il le fait aussi, mais ce n'est pas par la thèse qu'il *fait* signe). Expression plus précise pour ce qu'est en réalité l'« ami », le signe n'est pas le monument d'une personne passée non plus, tel un abri pour protéger son identité personnelle (un tombeau). Il est signe de l'expérience faite par l'ami, de la destination de l'être accueilli par lui. Bien entendu, l'expérience comme telle ne dure pas ; le signe porte sa trace comme son cœur, invisible mais audible pour qui sait écouter.

Comme les amis navigateurs dans Hölderlin, les *signes* nous font signe *de loin*. Ils nous sont nécessaires,

---

1 Et l'*Ereignis,* qui est à la source ultime de la parole. VA, p. 15-18 / 17-20.

2 « L'origine de l'œuvre d'art », HW, p. 31 / 48-49.

3 Le poète est signe : celui qui montre, « montreur » (VA, p. 130 / 160) ou « la monstre » (EHD, p. 97 / 123). Cette acception du « signe » est différente de l'acception moderne qui l'entend comme un composé du signifiant et de la signification : le signe heideggérien est plutôt le *nom*, la présentation de la chose même (Escoubas, « De la traduction comme "origine des langues : Heidegger et Benjamin », p. 118). Ici, le signe (nom) présente l'*expérience* entière, et non pas seulement une chose. Heidegger fait écho à la conception humboldtienne de la langue dans laquelle la parole comme œuvre (*ergon*) est secondaire par rapport à la production de la parole ou à la parole en acte (son *energeia*). Dès lors que la parole s'interprète depuis l'*acte* de parler (le « cheminer » du poète ou du penseur), l'idée d'une signification idéelle et unique échoue et les langues se montrent historiques, plurielles, et changeantes. *Cf.* Greisch, *La parole heureuse*, p. 173 *sq.*, Escoubas, *op. cit.* p. 105.

surabondants et pauvres à la fois : nous n'y voyons en fin de compte que l'oubli de l'être, car l'expérience qu'ils abritent n'est plus la nôtre. Le signe ne clôt jamais le sens de l'être : il est signe de ceci qu'il reste à penser et que nous non plus, nous ne pensons pas encore ni ne savons ce qu'est la pensée[1]. Le mouvement entier du souvenir porte en arrière pour apprendre que nous ne pensons pas encore, et c'est ce qu'il lègue à son tour à l'avenir : la possibilité et le manque de pensée qui ouvrent l'avenir. Le souvenir ne garde pas la parole pour la protéger telle quelle mais pour apprendre à penser lui-même. C'est pourquoi la garde revient souvent à transformer, voire à détruire la parole originale. Ainsi le penseur garde les paroles du poète en les élucidant, et il garde les paroles de l'autre penseur en s'expliquant avec lui. De la même manière, il offre ses propres paroles à un avenir incontrôlable.

La logique du souvenir soutient les explications heideggériennes avec les penseurs du passé. D'un côté, comme nous l'avons vu, il ignore le *logos* de son interlocuteur et n'y voit guère plus que l'indice d'un oubli de l'être. D'un autre côté, il « situe » (*erörtet*), à travers l'intention de son interlocuteur, le rythme destinal qui résonne dans ses paroles. C'est ainsi qu'il situe la « patrie » du poète et « l'époque » du penseur – c'est un certain sens du temps qui détermine l'époque de Hegel face à l'époque de Heidegger. Celui-ci situe le *logos* destinal de l'être dans un « Dict » (*die Sage* du penseur et *das Gedicht* d'un poète)[2], qui résonne dans la parole d'un mortel comme l'« onde », le « rythme » ou le « chant »[3] qui la porte. Indicible, audible uniquement à qui sait prêter l'oreille, le « Dict » est le cœur qui détermine le « site » de la pensée. Voilà ce que vise Heidegger dans ses explications avec les penseurs passés. Il ne vise pas l'être comme tel, car celui-ci ne peut *apparaître* qu'*oublié*. Il ne vise pas le penseur dans son être personnel – car la mort n'étouffe pas le signe, au contraire[4]. Il vise uniquement son

1 VA, p. 123 / 153.

2 *Cf.* p. ex. *Principe de raison*, 105-106 / 145 ; UZS, p. 37-38 / 41-42.

3 UZS, p. 266 / 255 ; *Qu'appelle-t-on penser ?* p. 21 / 39.

4 Chez Heidegger, le souvenir ne porte jamais sur des individus mais

« site », la constellation époquale du séjour d'une expérience donnée – et perdue. C'est ainsi que Heidegger renvoie l'autre à son fond essentiel[1], tout comme, selon lui, l'amour rend à l'aimé ce qui lui est le plus propre, au lieu de le lui ravir[2].

La situation de l'autre permet donc l'éclaircissement du site propre, et l'explication mesure l'écart historique des deux. Pour constituer le propre, le simple distancement de l'autre ne suffit cependant pas, car il ne montre le propre que selon la distinction abstraite d'un temps mortel par rapport à un autre. L'autre constitue le propre positivement parce que, après tout, il lui lègue les *paroles* mortelles pour dire l'être. Le *Dasein* propre doit s'expliquer avec ce qu'il garde déjà en produisant l'écart historial à même les paroles. Cet écart vient au jour lorsque le dialogue avec le passé est *traduction* de ses signes.

---

uniquement sur des « époques ». Au contraire, il est possible d'interpréter Hölderlin comme signe de la finitude de l'homme (*cf.* Ph. Lacoue-Labarthe, *Il faut*, p. 435) et sa mémoire des signes comme deuil de l'aimé (Haverkamp, *Laub voll Trauer*, p. 68).

1 *Cf. Die Beiträge*, GA 65, p. 187 : « *Les grandes philosophies* / Sont des montagnes s'élevant si haut qu'on ne peut ni ne pourra les escalader. Mais elles gardent pour la terre (Land) ce qu'elle a de plus haut et font signe en direction de sa roche primitive. Elles se tiennent debout comme points de repère et forment le champ de vision ; elles endurent le regard et le cèlement. Quand de telles montagnes sont-elles ce qu'elles sont ? Certainement pas quand nous croyons les avoir escaladées et grimpées. Seulement quand elles se tiennent véritablement debout pour nous et pour la terre. Mais peu nombreux sont ceux qui sont capables de laisser s'élever la domination la plus vivante à même le calme du massif montagneux et se tenir eux-mêmes dans le domaine de cette domination. L'explication pensante véritable doit s'efforcer à parvenir dans cet étant, et rien d'autre. / L'ex-pli-cation avec les grandes philosophies – en tant que positions métaphysiques à l'intérieur de l'histoire de la question directrice – doit s'établir de sorte que chaque philosophe puisse parvenir à se tenir debout comme montagne entre des montagnes et, ainsi, ériger ce qui, pour elle, est le plus essentiel. » [Ma traduction.]

2 EHD, p. 143-144 / 183-184.

c. La traduction comme explication de Heidegger avec Hegel

Nous sommes maintenant en mesure de comprendre les enjeux philosophiques de l'explication de Heidegger avec Hegel. L'explication philosophique est une modification de l'amitié véritable, et son *logos*, comme celui de l'amitié, s'éclaircit comme *traduction*.

Nous venons de voir comment la figure hölderlinienne de l'amitié fournit à Heidegger une pensée de l'être-avec authentique, au sein duquel les amis sont séparés dans leurs êtres selon le temps, mais se montrent cependant à même leur éloignement selon leurs sites respectifs. L'ami est double : parce qu'il est à la fois *replié* sur soi (selon son existence) et *exposé* à l'ami distant (selon son site), l'amitié est à la fois un laisser-être de l'ami et un lien avec lui. Le *logos* est fidèle à l'amitié lorsqu'il respecte le repli tout autant que l'exposition du signe qu'est l'ami. « Nous » avons besoin de la parole de l'ami, car c'est elle qui nous donne de prime abord à penser ; mais « nous » ne pouvons plus l'utiliser telle quelle, et c'est pourquoi nous devons la traduire pour pouvoir nous l'approprier. Même si les amis semblent partager une seule langue (p. ex. l'allemand de Hegel et de Hölderlin), l'*expérience* à la racine de chaque parole reste intraduisible, et c'est pourquoi la parole elle-même requiert l'interprétation. La traduction marque ainsi à la fois la parenté et l'étrangeté des deux paroles. La traduction est le contraire du *logos* monologique, car elle affirme la pluralité définitive des langues.

Existentialement et historialement, ce motif de l'être-avec nous libère de l'étouffement du *on* et du *peuple d'Être et temps*. Il reste cependant ambigu. L'être-avec authentique semble possible – mais se réalise uniquement en tant qu'histoire de « grands hommes » et ne concerne guère « notre » existence *là*, ici, maintenant. D'un côté, la pensée de l'amitié véritable héritée de Hölderlin porte chez Heidegger l'écho romantique que nous entendons également chez Hegel : l'amitié se transforme alors en une communauté secrète d'Éleusis et du feu héraclitéen. En particulier dans *Die Beiträge*, elle s'accorde avec une politique mythologico-élitiste de l'« Allemagne secrète » qui venait de renaître dans le cercle de Stefan Georg[1]. Alors, l'amitié se réduit à une alliance fantasmatique en vue de l'*Ereignis* à venir, qui prend le rôle du sens monologique. De ce côté, nous n'avons rien à attendre.

D'un autre côté, l'amitié peut également être interprétée philosophiquement, de sorte qu'elle décrive l'histoire de l'être comme site de tous les sites d'essence. Dans ce cas, l'*Ereignis* attendu par « quelques-uns » devient la question de ce qu'est la *donation du temps* pour que *des temps* puissent être et se distinguer les uns des autres. La pensée de l'histoire de l'être se *fait* en s'expliquant avec toute une communauté des penseurs de l'être : lorsque les penseurs ne parlent plus à l'unisson mais les paroles des mortels s'entrechoquent au contraire dans chaque pensée. Cette interprétation radicalement historiale de la communauté de grands esprits émerge lorsqu'il est montré que les amis ne partagent rien (et surtout pas un horizon messianique) et lorsque leur amitié se tourne en inimitié. Dès lors, aucun *logos* unique ne peut surplomber l'histoire, qui s'étend comme traduction entre *logoi* différents. C'est ce qui arrive entre Hegel et Heidegger.

Sur ce fond, les étranges malentendus et mésinterprétations de l'explication heideggérienne avec Hegel s'expliquent

1 Voici comment *Die Beiträge* décrit le rassemblement de quelques-uns comme préparation du passage du dernier dieu : « Seuls les êtres singuliers (Einzelnen) grands et cachés créeront le silence pour le passage du dieu et, entre eux, l'accord qui se tait entre ceux qui sont prêts. [...] Uniquement entre la masse et ceux qui ont été proprement sacrifiés, quelques-uns pourront se chercher et se trouver, et chercher et trouver leur alliance (Bund), afin qu'ils puissent deviner que quelque chose de caché leur advient, à savoir ce passage, à même le processus dans lequel tout "événement" est rabattu sur la rapidité, sur ce qui est entièrement maniable et sur ce qui se consume de manière inquiète. » (GA 65, p. 414). Ici, l'amitié de quelques-uns est l'amitié à venir qui s'ouvre depuis le dieu à venir, à savoir, depuis l'*Ereignis*. Le trait le plus curieux (et le plus ancien) de cette communauté reste le « sacrifice essentiel » – peut-être l'« homme seul » (le poète) qui doit selon « Souvenir » être sacrifié afin d'apprendre le libre usage du propre (EHD, p. 141 / 180-181).

comme étant dictées par l'historialité de l'être. Heidegger présente Hegel comme son « ami » – l'ami de son « amitié historiale » la plus conflictuelle et polémique, du rapport où la « lutte amoureuse » tourne sans cesse au combat de francs ennemis. La violence de ce combat révèle la structure de l'explication mieux que ne le ferait un accord amical.

En quoi l'explication heideggérienne se distingue-t-elle de la « réfutation » hégélienne, qui pensait également avec et contre les penseurs passés ? D'après Heidegger, la différence serait majeure : seul Heidegger penserait historialement. Et s'il était vrai que Hegel n'a jamais pensé l'histoire que comme aliénation provisoire de l'idée, sa philosophie de l'histoire resterait sans doute anecdotique et sans portée pour la pensée. J'ai voulu montrer au contraire que, si on prend au sérieux le désir hégélien de penser l'idée dans sa réalisation historique, la différence entre les deux pensées disparaît.

Hegel et Heidegger finissent tous les deux par présenter l'histoire de la philosophie comme une « communauté de grands hommes ». Aucun accord sur la « chose » ne règne dans cette communauté, dont les membres se combattent au contraire âprement, rejetant et malmenant les propos, les propositions et les systèmes des uns et des autres. Pourtant ses membres se reconnaissent au « feu » qui les anime tous, chacun à sa manière : c'est l'esprit ou l'expérience de l'être comme principe pratique de leur action.

En principe, Hegel ordonne cette communauté dans une généalogie (mais Heidegger *n'exclut* pas une exposition généalogique de l'histoire de l'être) ; en principe, Heidegger ouvre cette communauté à ceux qui viennent (mais Hegel *n'exclut* pas l'avenir non plus). Hegel voit son époque comme la plus riche de toutes, alors que Heidegger trouve son époque la plus démunie et pauvre. Mais un besoin ou une détresse animent les deux, qui voient leurs époques privées de pensée, bien que remplie de connaissances.

En principe, les sujets dialectique et phénoménologique sont incommensurables. Cependant, la distinction théorique se perd dans une indistinction pratique des deux « agents » de la philosophie, tous deux négatifs, inconscients et dépendants des autres. Si l'un « travaille » et l'autre « laisse être », savons-nous réellement, en philosophie arrêter la différence entre le travail et le laisser-être ? Nullement, parce qu'il n'est pas possible de figer en thèses ces opérations qui ne *sont* qu'en *se produisant*.

V

POUR FINIR : ENTRE HEGEL ET HEIDEGGER ET AU-DELÀ

Dans ce livre, nous avons vu pourquoi Hegel et Heidegger, en dépit de leur « mêmeté », ne partagent aucune chose commune. J'ai essayé de montrer pourquoi ils ne se reconnaissent pas l'un l'autre – si ce n'est en désignant dans leur interlocuteur un obscur fond « oublié » dans lequel l'interlocuteur ne se reconnaîtrait pas lui-même. Pourtant, quelque chose s'est produit dans leur entre-deux.

Dans le parcours de ce livre, leur entre-deux est venu au jour le long d'une double « déconstruction » – qui est encore une version de la *réfutation*, de la *destruction*, de l'*explication*, de la *dissociation*, du *pas en arrière,* etc. En lisant Hegel avec Heidegger et Heidegger avec Hegel, nous avons vu chacun d'eux se transformer au fur et à mesure, pour sortir changés par la confrontation.

Le changement des pensées philosophiques s'est fait en fonction de leur confrontation. Cette explication est un événement unique qui naît à partir de ceux qui s'y expliquent : seul *ce* débat exceptionnellement serré peut montrer la chose de la philosophie *ainsi*, aussi inconditionnelle et conflictuelle à la fois. Événement de la rencontre des penseurs singuliers, l'explication n'est pas l'outil neutre et objectif du commentateur impartial, sa matrice pour une théorie générale du dialogue ou sa méthode applicable à n'importe quelle juxtaposition de philosophes. L'explication Hegel-Heidegger est singulière, mais elle a néanmoins une force historiale qui en fait plus qu'une simple contingence historique. Chez eux, l'explication est requise par la chose même et, dès lors, celui qui veut penser l'historialité de l'être est contraint à se *mesurer* au désaccord Hegel-Heidegger – bien qu'il n'ait nullement à y prendre *modèle*.

Que s'est-il donc passé entre Hegel et Heidegger ?

Le *sujet* de la philosophie a changé légèrement, lorsque l'attention a été portée de la *connaissance* de soi du sujet à l'*agir* du penseur. Le « sujet », désormais, se montre *pluriel*. Ni solitaire ni collectif, le langage de la philosophie n'est plus monologique ni harmonieux. La pensée se fait « en dialogue » – à condition de bien vouloir prendre au sérieux l'irréductibilité des voix dialoguantes, à vrai dire leur polylogie discordante. Ce passage de l'accord classique au désaccord sans conciliation possible peut libérer la pensée – dans certaines limites. Entre Hegel et Heidegger, la pluralité de la pensée s'explique comme une communauté aristocratique de « grands esprits », qui ne partagent certes aucune autre *chose* que le conflit, mais qui partagent cependant le « feu » qui anime les *cœurs*. Mais cette « communauté du feu sacré » n'est-elle pas fermée et exclusive comme le sont toutes les aristocraties électives ? Par-delà Hegel et Heidegger, la question en effet s'ouvre encore de savoir à quelle condition la pensée peut s'ouvrir davantage et devenir hospitalière à des « esprits » encore plus inquiétants.

La chose de la philosophie a changé légèrement, dès lors que l'être n'est plus que le conflit sur son sens. Ni pour Hegel ni pour Heidegger, l'être n'est chose ou personne transcendante : il est purement et simplement l'événement de sa propre naissance. L'explication entre Hegel et Heidegger nous a montré comment mieux éviter la conciliation (qui les guette chacun séparément) et tenir fermement à la conflictualité de l'être, car leur désaccord fondamental nous a interdit de fixer le moindre sens de l'être. Dès qu'un *logos* de l'être commence à prendre forme, un autre le brise : l'être demeure une dimension de pensée qu'on ne peut refermer par une thèse. Mais cela ne suffit plus. Entre Hegel et Heidegger, nous pensons toujours encore en fonction de l'humain. Pouvons-nous pousser par-delà, plus en avant, et y compris dans la dimension d'un être inhumain et élémental ?

Le *logos* de la philosophie a changé légèrement. Entre Hegel et Heidegger, il ne reste plus de langage univoque de l'être : l'être n'a plus de *nom*. La déconstruction de ses noms, dialectiques et onto-phénoménologiques, a dilué la possibilité d'un monolinguisme philosophique. L'explication n'est plus un dialogue, si le dialogue est un échange entre positions différentes mais à l'intérieur d'un seul langage. C'est un dialogue si le dialogue peut être la traduction de l'absence d'un langage commun. Le *logos* n'est plus que traduction, transport entre plusieurs langues. Entre Hegel et Heidegger, la traduction ne « réussit » jamais à produire un nouveau mot : l'être n'est que le conflit à son sujet parce que dès qu'il acquiert un nom, un autre nom le contredit d'ores et déjà.

Il me semble que la dimension ouverte par ces légers changements du sujet, de la chose et du *logos* présuppose avant tout un petit changement dans l'articulation du temps lui-même. Ni pour Hegel ni pour Heidegger le temps n'est hors de l'histoire, car il est sa propre activité et sa donation même : il est le « rien » de ce rien-dehors. À la différence des sciences classiques, qui voyaient le temps comme une dimension neutre à remplir, Hegel et Heidegger sembleraient proposer de penser le temps comme une pure puissance vide contribuant activement à la naissance du sens. Le temps conditionnant leur explication n'est rien en soi non plus – mais les expressions « rien » et « en soi » ne sont plus tout à fait valables ici. En tout cas, le « rien » de ce temps n'est plus une puissance, même vide, car aucune constellation époquale ne peut surgir de sa négativité pour regrouper les expliquants sous un *logos* plus général. Si le temps de l'explication n'est (évidemment) rien de naturel, y compris au sens de la *Naturphilosophie* spéculative, il n'est rien d'historique non plus, y compris au sens de la temporalité d'un monde fini figuré par Hegel et réinterrogé par Heidegger. Qui plus est, le temps de l'explication n'est pas du tout de l'ordre de l'« en soi », comme pouvaient encore le paraître le temps comme « idée » et le temps comme « cela (qui donne le temps, etc.) », parce qu'il *a lieu uniquement* dans le débat sur son sens. Le temps de l'explication existe comme communauté des temporalisations différentes. Il est non seulement la dimension de leur comparaison mais plus précisément l'espacement ouvert par leur explication : le temps du conflit sur le sens du temps.

Au-delà des temps naturel et historique – au-delà de l'idée et de la figure – il s'agit ici du *temps de la pensée en acte* émergeant là où le sens du temps est débattu (et non seulement questionné). À supposer qu'on puisse emprunter une image aux sciences naturelles pour éclaircir une dimension encore sans nom de ce que Hegel appelait « esprit », et que Heidegger expliquait plus exactement comme « pensée », on pourrait parler ici d'une « relativité générale » du temps de la pensée : non pas d'un « relativisme » (que personne n'a jamais défendu) mais d'un temps n'existant que comme *relation* entre plusieurs temporalisations déterminées. Voici, à penser, le temps de la pensée elle-même.

Dans l'entre-deux de Hegel et Heidegger, nous nous trouvons déjà, légèrement, par-delà eux. Entre eux, nous sommes enjoints de penser sérieusement la pluralité de la pensée. Dans cet entre-deux, on pense avec un « ami » – mais en ennemi plutôt qu'en partisan. Il ne parle pas avec nous mais *contre* nous et par-dessus nous. Est-il possible de penser ainsi sans tomber dans un babélisme pour lequel tout nom de l'être se vaut ?

Bien sûr. Que resterait-il à penser si la chose était déjà clairement identifiée et l'accord sur son sens régnait déjà ?

SIGLES UTILISÉS

Ouvrages de Hegel

W suivi du volume et de la page : *Werke in zwanzig Bänden.*
PDG *Phänomenologie des Geistes* (*Phénoménologie de l'esprit*)
WL *Wissenschaft der Logik* (*Science de la logique*)
ENZ *Enzyklopädie der philosophischen Wissenschaften* (*Encyclopédie des sciences philosophiques*)
GPR *Grundlinien der Philosophie des Rechts (Principes de la philosophie du droit)*
VPG *Vorlesungen über die Philosophie der Geschichte* (*Leçons sur l'histoire de la philosophie*)
VGP *Vorlesungen über die Geschichte der Philosophie* (*Leçons sur la philosophie de l'histoire*), éd. Jaeschke, tr. Marmasse
GW 7 *Jenaer Systementwürfe II : Logik, Metaphysik, Naturphilosophie*
GW 8 *Jenaer Systementwürfe III* : *Realphilosophie*

Ouvrages de Heidegger

GA suivi du volume et de la page : *Gesamtausgabe, cf.* bibliographie
SZ *Sein und Zeit* (*Être et temps*)
HW *Holzwege* (*Chemins qui ne mènent nulle part*)
WM *Wegmarken*
Q I-II *Questions I-II*
Q III-IV *Questions III-IV*
ID *Identität und Differenz* (publié dans *Questions I-II*)
UZS *Unterwegs zur Sprache* (*Acheminement vers la*

parole)
KPM *Kant und das Problem der Metaphysik* (*Kant et le problème de la métaphysique*)
ZSD *Zur Sache des Denkens (« Temps et être » dans Questions III-IV)*
EHD *Erläuterungen zu Hölderlins Dichtung* (*Approche de Hölderlin*)
EM *Einführung in die Metaphysik* (*Introduction à la métaphysique*)
VA *Vorträge und Aufsätze* (*Essais et conférences*)
Schelling Schellings Abhandlung über das Wesen der menschlichen Freiheit, 1809, (Le traité de 1809 sur l'essence de la liberté humaine)
HPM *Hegel und das Problem der Metaphysik (Hegel et le problème de la métaphysique)*

BIBLIOGRAPHIE

1. Œuvres de Hegel citées

a) Textes allemands

Pour des raisons de commodité, je cite le plus souvent *Werke in zwanzig Bänden*, éditées par E. Moldenauer et K. M. Michel, Frankfurt am Main, Suhrkamp, 1986, me référant surtout aux tomes suivants :

Bd. 1 : *Der Geist des Christentums und sein Schicksal, Eleusis. An Hölderlin.*

Bd 2 : *Jenaer Schriften (1801-1807)*, 1986.

Bd 3 : *Phänomenologie des Geistes*, 1991.

Bd 5-6 : *Wissenschaft der Logik I-II*, 1986.

Bd 7 : *Grundlinien der Philosophie des Rechts*, 1996.

Bd 8-10 : *Enzyklopädie der philosophischen Wissenschaften I-III*, 1986.

Bd 12 : *Vorlesungen über die Philosophie der Geschichte*, 1995.

Bd 13-15 : *Vorlesungen über die Ästhetik I-III*, t. 1 : 1994, t. 2 : 1995, t. 3 : 1993.

Bd 18-20 : *Vorlesungen über die Geschichte der Philosophie I-III*, t. 1 : 1996, t. 2 : 1993, t. 3 : 1996.

Autres ouvrages cités

Vorlesungen über die Geschichte der Philosophie. Einleitung, Orientalische Philosophie. éd. Walter Jaeschke, Meiner Philosophische Bibliothek, Hamburg, 1993.

Jenaer Systementwürfe II : Logik, Metaphysik, Naturphilosophie, GW 7, hrsg. R. P. Horstmann und J. H. Trede, Düsseldorf, Hamburg, Felix Meiner, 1971.

Jenaer Systementwürfe III : *Realphilosophie*, GW 8, hrsg.

R. P. Horstmann und J. H. Trede, GW 7, Düsseldorf, Hamburg, Felix Meiner, 1977.
Vorlesungen über die Philosophie der Natur, Vorlesungen Bd 16, hrsg. M. Bondelli und Hoo Nam Seelmann, Felix Meiner, Hamburg, 2002.

b) Traductions consultées

Manuscrits d'Iéna sur le temps (1804/1806), tr. Ch. Bouton, *Philosophie* n° 49, mars 1996.
Manuscrits de Berlin sur le temps et l'espace (1821/1822), tr. Ch. Bouton, *Philosophie* n° 52, décembre 1996.
Le droit naturel, tr. A. Kaan, Paris, Gallimard, 1972.
La différence entre les systèmes philosophiques de Fichte et de Schelling, tr. B. Gilson, Paris, Vrin, 1986.
Phénoménologie de l'esprit, tr. J.-P. Lefebvre, Paris, Aubier, 1991. (*La phénoménologie de l'esprit* I-II, tr. J. Hyppolite, Paris, Aubier-Montaigne, 1983 (1941).)
Science de la logique, I-III, tr. P.-J. Labarrière et G. Jarczyk, Paris, Aubier, 1972. (*Science de la logique* I-II, tr. S. Jankélévitch, Paris, Aubier, 1947).
Principes de la philosophie du droit, tr. A. Kaan, Paris, Gallimard, 1940.
Encyclopédie des sciences philosophiques, I. Science de la logique, 2° éd., 1979 ; *II, Philosophie de la nature*, 2004; *III, Philosophie de l'esprit*, 1988. Tr. B. Bourgeois, Paris, Vrin.
Leçons sur la philosophie de l'histoire, tr. J. Gibelin, Paris, Vrin, 1970.
Cours d'esthétique I-III, tr. J.-P. Lefebvre et V. von Schenk, Paris, Aubier, t. 1 : 1995, t. 2 : 1996, t. 3 : 1997.
Leçons sur l'histoire de la philosophie. Introduction : Système et histoire de la philosophie, tr. J. Gibelin, Paris, Gallimard, t. 1 : 1990 (1954), t. 2 : 1970 (1954)
Leçons sur l'histoire de la philosophie. T. 3, La philosophie grecque, 1972 ; *T. 6, La philosophie moderne*, 1985. Tr. P. Garniron, Paris, Vrin,.
Leçons sur l'histoire de la philosophie. Introduction, Bibliographie, Philosophie orientale, tr. Gilles Marmasse, Vrin, Paris, 2004.

2. Œuvres de Heidegger citées

a) Textes allemands

Gesamtausgabe, Vittorio Klostermann, Frankfurt am Main (Abréviation GA suivi du volume et de la page).

GA 1 : *Frühe Schriften*, 1987.

GA 15 : *Seminare* (*Heraklit, Vier Seminare, Zürcher Seminare*) (1951-1973)

GA 16 : *Reden und andere Zeugnisse eines Lebensweges (1910 – 1976)*, 2000.

GA 18 : *Grundbegriffe der aristotelischen Philosophie*, 2002.

GA 20 : *Prolegomena zur Geschichte des Zeitbegriffs* (1925), 1979.

GA 21 : *Logik. Die Frage nach der Wahrheit* (1925-1926), 1976.

GA 24 : *Die Grundprobleme der Phänomenologie* (1927), 1989.

GA 28 : *Die deutsche Idealismus (Fichte, Schelling, Hegel) und die philosophische Problemlage der Gegenwart* (1929), 1997.

GA 29 / 30 : *Die Grundbegriffe der Metaphysik. Welt — Endlichkeit — Einsamkeit* (1929 / 1930), 1980.

GA 32 : *Hegels Phänomenologie des Geistes* (1980), 1988.

GA 33 : *Aristoteles : Metaphysik 1-3* (1931), 1990.

GA 36 / 37 : *Sein und Wahrheit* (1933-1934), 2001.

GA 39 : *Hölderlins Hymnen "Germanien" und "Der Rhein"* (1934-1935), 1980.

GA 49 : *Der Metaphysik des deutschen Idealismus. Zur erneuerten Auslegung von Schelling : Philosophische Untersuchungen über das Wesen der menschlichen Freiheit und die damit zusammenhängenden Gegenstände (1806)* (1941), 1991.

GA 54 : *Parmenides* (1942-1943), 1982.

GA 55 : *Heraklit. 1. Der Anfang des abendländischen Denkens (1943), 2. Logik. Heraklits Lehre von Logos (1944),* 1994.

GA 64 : *Der Begriff der Zeit* (1924), 2004.

GA 65 : *Beiträge zur Philosophie (Vom Ereignis*) (1989), 1994.

GA 66 : *Besinnung*, 1997.

GA 68 : *Hegel. 1. Die Negativität, 2. Erläuterug der « Einleitung » zu Hegels Phänomenologie des Geistes* (1938-1942), 1993.
GA 79 : *Einblick in das was ist*, 1994.

Publications séparées

Sein und Zeit, Tübingen, Max Niemayer (1927), 1984.
Holzwege, Frankfurt am Main, Vittorio Klostermann (1950), 1980.
Identität und Differenz, Pfullingen, Günther Neske (1957), 1990.
Wegmarken, Frankfurt am Main, Vittorio Klostermann (1967), 1978.
Unterwegs zur Sprache, Stuttgart, Günther Neske (1959), 1993.
Der Begriff der Zeit. Vortrag vor der Marburger Theologenschaft, juli 1924, Tübingen, Max Niemayer, 1989.
Die Selbstbehauptung der deutschen Universität / Tr. G. Granel, *L'auto-affirmation de l'université allemande* (éd. bilingue), Paris, TER, 1982.
Der Satz vom Grund, Pfullingen, Günther Neske (1957), 1992.
Was heißt denken ?, Stuttgart, Reclam (1954), 1992.
Nietzsche I-II. Pfullingen, Günther Neske (1961), 1989.
Kant und das Problem der Metaphysik, Frankfurt am Main, Vittorio Klostermann (1929), 1991.
Zur Sache des Denkens, Tübingen, Max Niemayer Verlag, 1969.
Erläuterungen zu Hölderlins Dichtung, Frankfurt am Main, Vittorio Klostermann (1944), 1996.
Einführung in die Metaphysik, Tübingen, Max Niemayer (1953), 1987.
Vorträge und Aufätze, Stuttgart, Günther Neske (1954), 1994.
Schellings Abhandlung über das Wesen der menschlichen Freiheit (1809), Tübingen, Max Niemayer Verlag (1971), 1995.
Hegel und das Problem der Metaphysik, dans *La fête de la pensée, hommage à François Fédier*, éd. H. France-

Lanord et F. Midal, Lettrage distribution, Paris, 2001.
Martin Heidegger – Elisabeth Blochmann, *Briefwechsel 1918-1969*, Hrsg Joachim W. Storck, Deutsches Literatur-Archiv, Marbach am Neckar, 1989.
Colloquium über Dialektik. Hegel-Studien, Band 25, 1990.
Der Begriff der Zeit. Vortrag vor der Marburger Theologenschaft, juli 1924, Tübingen, Max Niemayer, 1989.

b) Traductions consultées

« Le concept de temps », tr. M. Haar et M. B. de Launay, in *Cahier de l'Herne : Heidegger*, Éditions de l'Herne, Paris, 1983.
Être et temps, tr. E. Martineau, Authentica, 1985. (*Être et temps*, tr. F. Vézin, Paris, Gallimard, 1986.)
Kant et le problème de la métaphysique, tr. A. de Waelhens et W. Biemel, Paris, Gallimard, 1953 (1994).
Approche de Hölderlin, tr. H. Corbin, M. Deguy, F. Fédier et J. Launay, Paris, Gallimard, 1996.
Chemins qui ne mènent nulle part, tr. W. Brokmeier, Paris, Gallimard, 1990 (1962).
Introduction à la métaphysique, tr. G. Kahn, Paris, Gallimard, 1996.
Qu'appelle-t-on penser ?, tr. A. Becker et G. Granel, Paris, PUF, 1992.
Essais et conférences, tr. A. Préau, Paris, Gallimard, 1996.
Le principe de raison, tr. J. Beaufret, Paris, Gallimard, 1996.
Acheminement vers la parole, tr. J. Beaufret, W. Brokmeier et F. Fédier, Paris, Gallimard, 1994.
Nietzsche I-II, tr. P. Klossowski, Paris, Gallimard, 1971.
Schelling, Le traité de 1809 sur l'essence de la liberté humaine, tr. J.-F. Courtine, Paris, Gallimard, 1977.
La "Phénoménologie de l'esprit" de Hegel, tr. E. Martineau, Paris, Gallimard, 1984.
« L'Origine de l'œuvre d'art », première version (1935), tr. E. Martineau, in *Conférence n° 4*, printemps 1997.
Les hymnes de Hölderlin : la Germanie et le Rhin, tr. F. Fédier et J. Hervier, Paris, Gallimard, 1988.
Questions I-II, tr. J. Beaufret, F. Fédier, J. Hervier, J. Lauxerois, R. Munier, A. Préau, C. Roëls, Paris, Gallimard, 1990.

Questions III-IV, tr. J. Beaufret, F. Fédier, J. Hervier, J. Lauxerois, R. Munier, A. Préau, C. Roëls, Paris, Gallimard, 1990.
Hegel. 1. La négativité. Éclaircissement de l'Introduction à la Phénoménologie de l'esprit de Hegel. Tr. Alain Boutot, Gallimard, Paris, 2007.
« Hegel et le problème de la métaphysique », tr. François Vézin, dans *La fête de la pensée, hommage à François Fédier*, éd. H. France-Lanord et F. Midal, Lettrage distribution, Paris, 2001.
Colloque sur la dialectique. Tr. Pascal David et Jürgen Gedinat, *Philosophie* n° 69, 2001.

3. Autres ouvrages

AGAMBEN, Giorgio, « La passion de la facticité », in *Heidegger, questions ouvertes*, Paris, Osiris, 1988.
ADORNO, Theodor W., « Parataxe », in Hölderlin, *Hymnes, élégies et autres poèmes*, Paris, Flammarion, 1983.
— *Jargon de l'authenticité*, Paris, Payot, 1989.
ALLEMANN, Beda, *Hölderlin et Heidegger*, Paris, PUF, 1987.
ARENDT, Hannah, *Condition de l'homme moderne*, Paris, Calmann-Lévy, 1983.
ARISTOTE, *De l'âme*, Paris, Les Belles Lettres, 1989.
— *Physique I-II*, Paris, Les Belles Lettres, 1996.
— *Métaphysique I-II*, Paris, Vrin, 1991.
— *De l'interprétation*, in *Organon II*, Paris, Vrin, 1989.
— *Rhétorique*, Paris, Gallimard (éd. Belles lettres), 1991.
— *Éthique à Nicomaque*. Paris, Vrin, 1990.
BAAS, Bernard, *De la chose à l'objet. Jacques Lacan et la traversée de la phénoménologie*, Leuven, Peeters Vrin, 1998.
BATAILLE, Georges, *L'expérience intérieure* (1943), *Œuvres complètes V*, Paris, Gallimard, 1973.
— « Hegel, la mort et le sacrifice » (1955), *Œuvres complètes XII*, Paris, Gallimard, 1988.
— « Hegel, l'homme et l'histoire » (1956), *Œuvres complètes XII*, Paris, Gallimard, 1988.

BEAUFRET, Jean, *Dialogue avec Heidegger I-IV*, PARIS, Paris, Minuit, 1973, 1973, 1974, 1985.
BENJAMIN, Walter, « La tâche du traducteur », dans *Œuvres I*, Paris, Gallimard Folio, 2000.
BIEMEL, Walter, « Kunst und Übersetzung », dans *Destruktion und Übersetzung. Zu den Aufgaben der Philosophiegeschichte nach Martin Heidegger*, Hrsg. Thomas Buchheim, Weinheim, VCH, 1989.
BIRAULT, Henri, « Existence et vérité d'après Heidegger », dans *Revue de Métaphysique et de Morale*, janvier-mars 1951.
— *Heidegger et l'expérience de la pensée*, Paris, Gallimard, 1978.
BLANCHOT, Maurice, *L'amitié*, Paris, Gallimard, 1971.
BOER, Karin de, *Thinking in the Light of Time. Heidegger's Encounter with Hegel*, SUNY Press, Albany, 2000.
BOURGEOIS, Bernard, *Éternité et l'historicité de l'esprit selon Hegel*. Paris, Vrin, 1991.
— *Études hégéliennes. Raison et décision*. PUF, Paris, 1992.
— *Hegel. Les actes de l'esprit*. Vrin, Paris, 2001.
BOUTON, Christophe, « L'épitaphe et le tombeau : imagination et raison dans la psychologie de Hegel »
— « Hegel penseur de la "fin de l'histoire ?" », dans *Après la fin de l'histoire. Temps, monde, historicité*, éd. J. Benoist et F. Merlini, Vrin, Paris, 1998.
— « L'histoire dont les événements sont des pensées », *Revue philosophique de Louvain*, n°2 mai 2000.
— *Temps et esprit dans la philosophie de Hegel. De Francfort à Iéna*. Vrin, Paris, 2000.
— « La conception hégélienne du temps à Iéna », Philosophie 49, 1996
BRAUER, Oskar Daniel, *Dialektik der Zeit. Untersuchungen zu Hegels Metaphysik der Weltgeschichte*. Problemata frommann-holzboog, Stuttgart-Bad Cannstatt, 1982.
BROGAN, Walter, *Heidegger and Aristotle. The Twofoldness of Being*. State University of New York Press, Albany, 2005.
BRÖCKER, Walter, *Auseinandersetzungen mit Hegel*. Klostermann, Frankfurt a. M., 1965.
BUTLER, Judith, *Undoing Gender*, Routledge, New York

& London, 2004.
COLETTE, Jacques, « La manifestation phénoménologique de l'absolu », *Revue des sciences philosophiques et théologiques*, n°1, 1996.
COURTINE, Jean-François, *Heidegger et la phénoménologie*, Paris, Vrin, 1990.
CORETH, Emerich, « Das Fundamentalontologische Problem bei Heidegger und Hegel ». *Scholastik, Vierteljahrscrift für Theologie und Philosophie*, XXIX Jahrgang, 1954.
DASTUR, Françoise, *Heidegger et la question du temps*, Paris, PUF, 1990.
— *La mort. Essai sur la finitude*, Paris, Hatier, 1994.
— *Heidegger*, Vrin, Paris, 2007.
— *Heidegger et la question anthropologique*, Peeters, Louvain – Paris, 2003.
DELEUZE, Gilles et GUATTARI, Félix, *Qu'est-ce que la philosophie ?,* Minuit, Paris, 1991.
DERRIDA, Jacques, *Parages*, Paris, Galilée, 1968.
— *Politiques de l'amitié*, Paris, Galilée, 1994.
— « Le temps des adieux. Heidegger (lu par) Hegel (lu par) Malabou », *Revue philosophique de la France et de l'étranger*, Paris, PUF, 1998.
— *Spectres de Marx*, Galilée, paris, 1993.
— *L'écriture et la différence*, Paris, Seuil, 1967.
— *Marges de la philosophie*, Paris, Minuit, 1972.
— *Glas I-II*, Paris, Denoël/Gonthier, 1981.
— *La vérité en peinture*, Paris, Champs-Flammarion, 1978.
— *Heidegger et la question*, Paris, Flammarion, 1990.
DESCARTES, René, *Œuvres et Lettres*, éd. de la Pléiade, Paris, Gallimard, 1953.
DREYFUS, Hubert L. and Wrathall, Mark A (éd.) *A Companion to Heidegger*, Blackwell, Malden, Oxford, Victoria, 2005.
Les écoles présocratiques, éd. Jean-Paul Dumont, Gallimard, Paris, 1991.
ESCOUBAS, Éliane, « De la traduction comme "origine" des langues : Heidegger et Benjamin «, *Les Temps Modernes*, n° 514-515, 1989.
FARIAS, Victor, *Heidegger et le nazisme*, Verdier, 1987.
FARIA Blanc, Mafalda da, « De l'idée à l'Ereignis : la lecture

heideggérienne de l'ontologie de Hegel ». *Heidegger Studies* vol. 17, 2001.

FISCHBACH, Franck, *Du commencement en philosophie. Étude sur Hegel et Schelling*. Vrin, Paris, 1999.

— *L'Être et l'acte. Enquête sur les fondements de l'ontologie moderne de l'agir*. Vrin, Paris, 2002.

FRANCK, Didier, « Ombre de Dieu », *Philosophie* n° 42, 1994.

FRANK, Manfred, *Le dieu à venir (leçons I-XI)*, Actes Sud, Arles, 1990.

GADAMER, Hans-Georg, « Hegel und Heidegger », in *Gesammelte Werke 3. Neuere Philosophie I*. J.C.B. Mohr, Tübingen, 1987.

GREISCH, Jean, *La parole heureuse. Martin Heidegger entre les choses et les mots*, Paris, Beauchesne, 1987.

GROßMAN, Andreas, « Augenblick des Geistes. Heideggers Vorlesung "Die Grundfrage der Philosophie" von 1933 ». *Perspektive der Philosophie, Neues Jahrbuch* (Rodopi), Bd. 19 / 1993.

— *Spur zum Heiligen. Kunst und Geschichte im Widerstreit zwischen Hegel und Heidegger. Hegel-Studien Beiheft 36*, Bouvier, Bonn, 1996.

GUÉNOUN, Denis, *Hypothèses sur l'Europe*. Circé, Paris, 2000.

HAMACHER, Werner, *Pleroma - dialecture de Hegel*, Paris, Galilée, 1996.

HAAR, Michel, « Structures hégéliennes dans la pensée heideggérienne de l'Histoire », *Revue de métaphysique et de morale*, janvier-mars 1980.

— *Heidegger et l'essence de l'homme*, Jérôme Millon, Grenoble, 1990.

— *La fracture de l'histoire*, Jérôme Millon, Grenoble, 1994.

— *Le chant de la terre. Heidegger et les assises de l'histoire de l'être*, Paris, L'Herne, 1985.

HAVERKAMP, Anselm, *Laub voll Trauer. Hölderlins Späte Allegorie*, München, Wilhelm Fink Verlag, 1991.

HERRMANN, Friedrich Wilhelm von, *Wege ins Ereignis. Zu Heideggers "Beiträgen zur Philosophie"*, Vittorio Klostermann, Frankfurt a.M., 1994.

HOMMES, Jakob, *Zwiespältiges Dasein. Die existentiale*

Ontologie von Hegel bis Heidegger, Verlag Herder, Freiburg, 1953.
HYPPOLITE, Jean, *Logique et existence*, Paris, PUF, 1953.
— *Genèse et structure de la "Phénoménologie de l'esprit" de Hegel*, 2 vol., Paris, Aubier, 1959.
HÖSLE, Vittorio, *Hegels System I-II*, Felix Meiner, Hamburg, 1987.
JANICAUD, Dominique, « Heidegger – Hegel : un "dia logue" impossible ? », dans *Heidegger et l'idée de la phénoménologie, Phaenomenologica 108*, 1987, Kluwer Academic Publishers.
— *Heidegger en France*, Albin Michel, 2001.
JANICAUD, Dominique et MATTEÍ, Jean-François, *La métaphysique à la limite*, PUF Épiméthée, Paris, 1983.
JARCZYK, Gwendoline et LABARRIÈRE, Pierre-Jean, *De Kojève à Hegel. 150 ans de pensée hégélienne en France*, Paris, Albin Michel, 1996.
KANT, Immanuel, *Kritik der Urteilskraft*, Frankfurt am Main, Suhrkamp, 1995. Tr. J.-R. Ladmiral, M. B. de Launay et J.-M. Vaysse, *Critique de la faculté de juger, Œuvres Philosophiques II*, Paris, Pléiade / Gallimard, 1985.
KISIEL, Theodor, *The Genesis of Heidegger's Being and Time*, Univ. of California Press, Berkeley – Los Angeles– London, 1995.
KOJÈVE, Alexandre, *Introduction à la lecture de Hegel*, Paris, Gallimard, (1947) 1994.
KOLB, David, *The Critique of pure Modernity. Hegel, Heidegger, and After*, Chicago and London, University of Chicago Press, 1986.
KOYRÉ, Alexandre, « Hegel à Iéna », in *Études d'histoire de la pensée philosophique*, Paris, Gallimard, 1971.
— « La terminologie hégélienne », in *Études d'histoire de la pensée philosophique*, Paris, Gallimard, 1971.
LABARRIÈRE, Pierre-Jean, « La sursomption du temps et le vrai sens de l'histoire conçue », in *Revue de métaphysique et de morale*, n° 1, 1979.
LACOUE-LABARTHE, Philippe, *La fiction du politique*, Paris, Christian Bourgois, 1987.
— « Typographie », in Agacinski, Derrida, et al., *Mimesis*

des articulations, Paris, Flammarion, 1975.
— *L'imitation des modernes*, Paris, Galilée, 1986.
— *Le sujet de la philosophie. Typographies I*, Paris, Aubier-Flammarion, 1979.
— *Politique du poème*, Paris, Galilée, 2002.
LACOUE-LABARTHE, Philippe et NANCY, Jean-Luc, *L'Absolu littéraire. Théorie de la littérature du romantisme allemand*. Seuil, Paris, 1978.
LEBRUN, Gérard, *La patience du Concept. Essai sur le Discours hegélien*, Paris, Gallimard, 1972.
— « Vivre dans l'universel », in *Hegel aujourd-hui* (coll.), Paris, Vrin, 1995.
LÉVINAS, Emmanuel, *Totalité et infini. Essai sur l'extériorité*, Paris, Livre de Poche, biblio essais, Kluwer academic, 1994.
LORAUX, Nicole, *Les mères en deuil*, Paris, Seuil, 1990.
LÖWITH, Karl, *Heidegger, Denker in dürftiger Zeit*, Frankfurt am Main, Fischer Verlag, 1953.
LUCKNER, Andreas, *Martin Heidegger : 'Sein und Zeit'. Eine einführende Kommentar*, Paderborn 1997.
LUTHER, *Œuvres*, Paris, coll. de la Pléiade, 1999.
MABILLE, Bernard, *Hegel, Heidegger et la métaphysique. Recherches pour une constitution*. Vrin, Paris, 2004.
MACANN, Christopher (éd.), *Martin Heidegger. Critical Assessments I-IV*, Routledge, London and New York, 1992.
MAJETSCHAK, Stefan, *Die Logik des Absoluten. Spekulation und Zeitlichkeit in der Philosophie Hegels*, Akademie Verlag, Berlin, 1992.
MALABOU, Catherine, « Négatifs de la dialectique entre Hegel et le Hegel de Heidegger : Hyppolite, Koyré, Kojève », *Philosophie n° 52*, Paris, Minuit, 1996.
— *L'avenir de Hegel. Plasticité, temporalité, dialectique*, Paris, Vrin, 1996.
MALLET, Marie-Louise, *La musique en respect*, Galilée 2002.
MAN, Paul de, « Hegel on the sublime », in *Aesthetic Ideology*, éd. A. Warminski, Univ. of Minnesota Press, Minneapolis, London, 1996.
MARCUSE, Herbert, *L'ontologie de Hegel et la théorie de*

l'historicité, Paris, Minuit, 1972.
MARION, Jean-Luc, *Réduction et donation. Recherches sur Husserl, Heidegger et la phénoménologie*. PUF Épiméthée, Paris, 1989.
— *Étant donné. Essai d'une phénoménologie de la donation*. PUF Épiméthée, Paris 1997.
— « Du pareil au même, ou : comment Heidegger permet de refaire de l' "histoire de la philosophie" », in *Cahier de l'Herne : Heidegger*, Paris, l'Herne, éds. Le livre de poche, 1983.
MARX, Werner, *Absolute Reflexion und die Sprache*, Frankfurt am Main, Vittorio Klostermann, 1967.
— *Heidegger und die Tradition*, Hamburg, Felix Meiner Verlag, 1980.
— « Les mortels », in *Le cahier du collège international de philosophie*, n° 8, Ed. Paris, Osiris, 1989.
MEULEN, Jan van der, *Heidegger und Hegel oder Widerstreit und Widerspruch*, Meisenheim / Glan, Verlag Anton hain KG, 1959.
NANCY, Jean-Luc, *La remarque spéculative (un bon mot de Hegel)*, Galilée, Paris, 1973.
— *Hegel, l'inquiétude du négatif*, Hachette, Paris, 1997.
— *Une pensée finie*, Paris, Galilée, 1990.
— *La communauté désœuvrée*, Christian Bourgois, Paris, 1990.
— *Être singulier pluriel*, Paris, Galilée, 1996.
— *Le partage des voix*, Paris, Galilée, 1982.
NANCY, Jean-Luc et BAILLY, Jean-Christophe, *La comparution (politique à venir)*, Paris, Christian Bourgois, 1991.
PLATON, *Ion*, in *Premiers dialogues*, Paris, GF Flammarion, 1967.
— *La République*, Paris, Folio Essais, Galimard, 1993.
PLUTARQUE, *L'ami véritable*, Paris, Arléa, 1997.
PÖGGELER, Otto, *Der Denkweg Martin Heideggers*, Pfullingen, 1986.
— « Hölderlin, Schelling und Hegel bei Heidegger », *Hegel-Studien* Bd 28, Bouvier, Bonn,1993.
— « Hegel und Heidegger über die Negativität », *Hegel-Studien* Bd. 30, 1995.

RICŒUR, Paul, *Parcours de la reconnaissance.* Stock, Paris, 2004.
RANCIÈRE, Jacques, *La mésentente*, Galilée, Paris, 1995.
SAFRANSKI, Rüdiger, *Ein Meister aus Deutschland, Heidegger und seine Zeit*, Fischer, Frankfurt am Main, 1997.
SCHMIDT, Dennis J., *The Ubiquity of the Finite. Hegel, Heidegger, and the Entitlements of Philosophy*, The MIT Press, Cambridge and London, 1988.
SCHÜRMAN, Reiner. *Le Principe d'anarchie, Heidegger et la question de l'agir*, Seuil, Paris, 1982.
SELL, Annette, *Martin Heideggers Gang durch Hegels "Phänomenolgie des Geistes"*, *Hegel-Studien Beiheft* 39, Bouvier, Bonn, 1998.
SIEP, Ludwig, *Anerkennung als Prinzip der praktischen Philosophie: Untersuchungen zu Hegels Jenaer Philosophie des Geistes*, Alber Verlag, Freiburg, 1979.
SMITH, P. Christopher, « The Uses and Abuses of Aristotle's Rhetoric in Heidegger's Fundamental Ontology: The Lecture Course, Summer, 1924 » (dans Babette E. Babich (ed), *From Phenomenlogy to Thought, Errancy and Desire : Essays in Honor of William J. Richardson. Phenomenologica* 133, Kluwer, Dodrecht-Boston-London, 1995.
SOMMER, Christian, *Heidegger, Luther, Aristote. Les Sources aristotélicienne et néo-testamentaires d'*Être et temps, PUF, Paris, 2005.
SOUCHE-DAGUES, Denise, « Une exégèse heideggérienne : le temps chez Hegel d'après le § 82 de Sein und Zeit » dans *Revue de Métaphysique et de Morale*, janvier-mars 1979.
— *Du Logos chez Heidegger*, Jérôme Millon, Grenoble, 1999.
— *Le cercle hégélien*, Paris, PUF, 1986.
SURBER, Jere Paul, « Heidegger's Critique of Hegel's Notion of Time », *Philosophy and Phenomenological Research*, Buffalo, 1979.
TAMINIAUX, Jacques, *Le regard et l'excédent*, La Haye, Martinus Nijhoff, 1977.
— *Recoupements*, Bruxelles, Ousia, 1982.

— « L'essence vraie de la technique », dans *Cahier de l'Herne : Heidegger*, Paris, l'Herne, éds. Le livre de poche, 1983.

— *La fille de Thrace et le penseur professionnel. Arendt et Heidegger*, Paris, Payot, 1992.

— *Lectures de l'ontologie fondamentale. Essais sur Heidegger*, Grenoble, Jérôme Millon, 1995.

— *Introduction* pour la traduction de Hegel, *Système de la vie éthique*, Paris, Payot, 1992.

THOMÄ, Dieter (Hrsg.), *Heidegger Handbuch. Leben-Werk-Wirkung*, Verlag J.B. Metzler, Stuttgart 2003.

VALLEGA-NEU, Daniela, *Heidegger's Contributions to Philosophy. An Introduction*. Studies in Continental Thought, Indiana UP, Bloomington and Indianapolis, 2003.

VAYSSE, Jean-Marie, *Hegel, temps et histoire*, Paris, PUF, 1998.

VIEILLARD-BARON, Jean-Louis, *Le temps. Platon, Hegel, Heidegger*, Paris, Vrin, 1978.

WILLIAMS, Rober R. *Recognition. Fichte and Hegel on the Other*. State University of New York Press, Albany, 1992.

— *Hegel's Ethics of Recognition*, University of California Press, Berkeley, Los Angeles, London, 1997.

ZARADER, Marlène. *La dette impensée. Heidegger et l'héritage hébraïque*. Paris, Seuil, 1990.

TABLE DES MATIÈRES

L'HARMATTAN, ITALIA
Via Degli Artisti 15 ; 10124 Torino

L'HARMATTAN HONGRIE
Könyvesbolt ; Kossuth L. u. 14-16
1053 Budapest

L'HARMATTAN BURKINA FASO
Rue 15.167 Route du Pô Patte d'oie
12 BP 226
Ouagadougou 12
(00226) 76 59 79 86

ESPACE L'HARMATTAN KINSHASA
Faculté des Sciences Sociales,
Politiques et Administratives
BP243, KIN XI ; Université de Kinshasa

L'HARMATTAN GUINÉE
Almamya Rue KA 028
En face du restaurant le cèdre
OKB agency BP 3470 Conakry
(00224) 60 20 85 08
harmattanguinee@yahoo.fr

L'HARMATTAN CÔTE D'IVOIRE
M. Etien N'dah Ahmon
Résidence Karl / cité des arts
Abidjan-Cocody 03 BP 1588 Abidjan 03
(00225) 05 77 87 31

L'HARMATTAN MAURITANIE
Espace El Kettab du livre francophone
N° 472 avenue Palais des Congrès
BP 316 Nouakchott
(00222) 63 25 980

L'HARMATTAN CAMEROUN
BP 11486
(00237) 458 67 00
(00237) 976 61 66
harmattancam@yahoo.fr

625620 - Octobre 2015
Achevé d'imprimer par